上海对外经贸大学马克思主义学院
马克思主义理论学科建设系列

新时代高速铁路发展的制造业集聚效应研究

林玉妹 著

同济大学出版社·上海

内 容 简 介

本书立足于我国高速铁路运输的独特性和区域经济的异质性，从高速铁路发展引致的市场准入、企业区位选择、区域市场融合等机制入手，通过构建理论解释框架和模型、提出理论假说、开展实证检验，解析了高速铁路发展的制造业集聚效应，得出一些重要结论和政策建议。本书有助于厘清哪些区域的高速铁路建设有利于制造业集聚，对完善高速铁路规划和布局以及制订区域制造业发展规划和政策，具有一定的参考价值。

图书在版编目(CIP)数据

新时代高速铁路发展的制造业集聚效应研究 / 林玉妹著. -- 上海：同济大学出版社，2022.6
(马克思主义理论学科建设系列)
ISBN 978-7-5765-0371-5

Ⅰ.①新… Ⅱ.①林… Ⅲ.①高速铁路—制造工业—工业发展—研究—中国 Ⅳ.①F426.4

中国版本图书馆 CIP 数据核字(2022)第 159488 号

新时代高速铁路发展的制造业集聚效应研究

林玉妹 **著**

责任编辑 姚烨铭 由爱华 **助理编辑** 常任川 **责任校对** 徐春莲 **封面设计** 张 微

出版发行 同济大学出版社 www.tongjipress.com.cn
(地址：上海市四平路 1239 号 邮编：200092 电话：021-65985622)
经 销 全国各地新华书店
印 刷 江苏凤凰数码印务有限公司
开 本 787 mm×1092 mm 1/16
印 张 12.25
字 数 306 000
版 次 2022 年 6 月第 1 版
印 次 2022 年 6 月第 1 次印刷
书 号 ISBN 978-7-5765-0371-5

定 价 76.00 元

前　　言

制造业是国民经济的重要支柱，是国民经济增长的重要源泉，是立国之本、兴国之器、强国之基。2020 年，我国工业增加值已达 31.31 万亿元，连续 11 年成为世界第一制造业大国，占全球制造业的比重接近 30%。我国是全世界唯一拥有联合国产业分类中全部工业门类的国家，制造业门类齐全、体系完整。但毋庸讳言，我国是制造业大国，还不是制造业强国。促进制造业高质量发展，提升制造业国际竞争优势，建设制造业强国，是全面建设社会主义现代化国家的重要任务之一。产业集聚是全球性的经济现象，已成为全球性的经济发展潮流，并构成当今世界经济的基本空间构架（阎钢军，2009）。① 我国制造业发展质量的提升，在国际上竞争优势的保持，关键在于提升制造业集聚发展水平。这离不开技术创新，但技术创新并非唯一因素，区域市场环境同样重要。正如保罗·克鲁格曼（1991）指出的那样，在收益递增和不完全竞争条件下，集聚并不一定是技术外部性的产物，与市场规模效应变化有关的货币外部性也很重要。②

交通基础设施是产业集聚的重要影响因素（Tabuchi 和 Thisse，2006）。交通设施及相关的运输费用是古典区位论和现代区位论分析区位决策的重要因素，也是新经济地理学分析产业集聚的重要参数。③ 高速铁路是我国重要的战略性基础设施，运营里程已突破 4 万公里。我国已建成世界上运营里程最长、运输密度最高、成网运营场景最复杂的高速铁路网。与其他交通方式相比，高速铁路具有自身特征，如只有客运没有货运、速度快但运费高、可达性具非连续性等。区位理论和新经济地理学都以货物运输费用为理论逻辑和模型构建的重要参数，难以直接用来分析高速铁路对制造业集聚的影响。那么，高速铁路对制造业集聚是否产生影响并如何产生影响？高速铁路运输的独特性，决定了理论创新的必要性，但现有的研究文献较少。作为全球唯一成网运营的高速铁路网和全球规模最大、体系最完整的制造业体系拥有者，中国为高速铁路对制造业集聚影响的研究提供了极好的样本。本书立足于我国高速铁路的独特性和区域异质性，以高速铁路对制造业集聚的影响为主线，通过构建理论解释框架和模型、提出理论假说、开展实证检验，得出一些重要结论和政策建议。本书主要研究工作有以下几个方面：

第一，引入基于高速铁路的市场准入，构建高速铁路影响制造业集聚的理论解释框架和

---

① 阎钢军.产业集聚与地区竞争力研究——兼论鹰潭铜产业发展的途径[J].中国浦东干部学院学报，2009，3(1)：4.

② Krugman P. Increasing returns and economic geography[J]. Journal of Political Economy，1991，99(3)：483-499.

③ Tabuchi T，Thisse J F. Regional specialization，urban hierarchy，and commuting costs[J]. International Economic Review，2006，47(4)：1295-1317.

模型。根据高速铁路带来的交通可达性变化，引入反映潜在市场规模和时间可达性的市场准入概念，建立了基于制造业集聚的微观机制即企业区位选择、区域市场融合的理论解释框架，构建了两地区空间选择模型，解释了只有客运而没有货运、速度快但运费高、可达性具非连续性特征的高速铁路为什么并且将如何影响制造业集聚，以及对不同地区、不同城市和不同类别制造业集聚的影响为什么存在差异。

第二，拓展和改进了市场准入测算方法，采用中国数据测算了衰减函数的相关参数。关于我国市场准入的测算，现有研究文献直接采用其他国家的参数进行估算，可能存在偏差。本书对市场准入测算方法进行了拓展和改进，构建我国城市间的高速铁路客流向 O-D 矩阵，测算了各城市历年高速铁路引致的市场准入，增强了指标测算的可靠性。

第三，实证检验了高速铁路开通对制造业集聚的影响。根据高速铁路影响区域市场准入，进而影响制造业集聚的思路，开展高速铁路影响制造业集聚的实证检验，结果表明，高速铁路开通对制造业集聚具有显著促进作用，且随着高速铁路服务强度（通车频次）的提升而提升。在区域异质性、城市异质性和行业异质性的检验中，发现高速铁路不仅对不同地区、不同城市的影响具有差异，而且对技术密集型、资本密集型和劳动密集型制造业的影响也存在差异。

第四，实证检验了高速铁路开通对制造企业区位选择和区域市场融合的影响。根据影响机制的分析思路，区域市场准入影响集聚的微观机制即区位选择，市场准入有赖于外部环境即区域市场融合，开展高速铁路影响制造企业区位选择和区域市场融合的实证检验，结果表明，高速铁路开通对制造企业区位选择和区域市场融合均具有显著促进作用，不仅随着高速铁路服务强度的提升而提升，而且存在区域异质性、城市异质性和行业异质性。

第五，在数据和指标处理上，本书搜集和整理了所有地级及以上城市高速铁路开通时间、频次以及制造业等相关数据，并利用 ArcGIS 构建中国高速铁路及其与城市之间的公路连接地图，采用 O-D matrix 矩阵方法计算出相关年度各地级及以上城市之间的实际通行时间，据此测算了各地级市市场准入、制造业集聚及相关指标。

笔者对高速铁路影响产业集聚问题的研究已有相当长的时间，花费了很大精力，但因研究水平有限，加上数据等多方面的限制，还存在诸多不足。长路漫漫，学无止境。在今后的学习工作中，笔者仍将继续跟踪和深入研究。希望本书的出版能够起到抛砖引玉的作用，并为产业集聚理论研究尽自己的绵薄之力。同时，对樊涛、武健、杨学辉、叶炜、黄珺珮、林若飞等团队成员的长期合作和共同努力表示衷心的感谢。

林玉妹

2022 年 1 月 28 日

目　　录

第1章　绪　　论

本章主要阐述本书背景和本书意义、研究目标和思路、研究方法和技术路线，以及本书的主要特色和创新点。

1.1　研究背景

1.1.1　现实背景

改革开放以来，我国制造业得到快速发展，2020年工业增加值达到31.31万亿元，按不变价计算，是2000年的5.47倍，年均增长8.87%。我国是世界上工业品类最全、工业体系最为完整的国家，拥有联合国产业分类中全部工业门类。在500种主要工业产品中，有40%以上产品的产量世界第一。2020年制造业增加值达到26.6万亿元，占全球比重近30%，我国是自2010年起连续保持世界第一的制造业大国。我国制造水平不断提升，在2021年世界500强企业中入围的中国工业企业有73家，光伏、新能源汽车、家电、智能手机和消费级无人机等重点产业的竞争力跻身世界前列。然而，我国虽是制造业大国，但还不是强国，制造技术与美国、日本和欧盟等发达国家和地区仍有差距。在全球价值链中，多数产品仍处于中低端，一些产业的关键材料、核心零部件仍需要进口，先进工艺、产业技术基础等基础能力依然薄弱，一些核心技术仍被“卡脖子”，部分领域产品质量和可靠性有待提升。我国制造业格局呈现出“双向挤压”，低端产能过剩、高端能力不足，面临受发达国家高精尖技术的限制和与新兴国家争夺中低端价值链的窘境。

制造业是国民经济的重要支柱，是国民经济增长的重要源泉，是立国之本、兴国之器、强国之基。随着工业化和城市化的发展，我国制造业增加值在国内生产总值中的占比从2011年的32.06%下降到2020年26.18%。但是，制造业仍然是我国国民经济发展最重要的源泉，是国家竞争力的根本。主要发达国家的国际竞争力之所以强大，重要的特征之一就是拥有世界一流的制造业。制造业的重要性，是由其本身所具有的特点决定的：

首先，制造业是技术的载体和转化的媒介。推动经济发展的主要动力，无疑来自技术进步。技术的进步，一方面表现为制造业本身不断吸纳最新的科技成果，技术水平不断提高；另一方面表现为制造业提供更加先进的工具和手段，使新的科技成果不断地转化为现实生产力，推动经济和社会的进步。从历史上看，第一次技术革命以纺织机械的革新为起点，以蒸汽机的发明和广泛应用为标志，实现了生产从手工工具到机械化大生产的转变。在纺织和纺织机械业、蒸汽机制造业蓬勃发展的同时，也促进了机械、冶金、采煤和化工等制造业的发展。第二次技术革命以电力技术为主导，极大地推动了化工、钢铁、内燃机等相关技术的全面发展，使汽车、船舶、机车和石油等一系列相关制造业迅速兴起，迎来了材料工业的钢铁时代，有机合成化学工业开始成长。20 世纪 40 年代以来，信息、核能、空间、激光、生物和新材料等技术的重大突破及其广泛应用，产生了高新技术制造产业，如电子计算机、通信设备、生物医药等一大批新兴制造业，创造出像电子计算机、电视机、电话、飞机、基因产品、激光器、核能、人造地球卫星、航天飞机、光导纤维以及因特网等这样一些前所未有的崭新产品，深刻地改变了人类的生产方式、生活方式和思维方式。进入 21 世纪，生命、信息、材料和环境等一批前沿科学领域实现重大突破，同样是依赖于制造业的进步。

其次，制造业是国民经济的重要支柱，是国民经济最重要的增长极。在世界各国，制造业在促进经济增长、推动技术进步等方面都发挥着重要和不可替代的作用。即使在发达国家，在一定时期内，制造业还是国民经济增长的主要来源。

最后，制造业是其他产业现代化和技术进步的基础。制造业为建筑业、采掘业、公用事业提供了现代装备，促进了这些产业的现代化，提高了生产率；在工业化过程中，制造业向农业部门扩展，为农业提供了机器设备、化肥、农药等生产手段，促进了农业现代化；制造业向服务业扩展，为服务业提供生产设施和生产手段，创造了服务业现代化，如现代交通运输业、现代金融服务业、信息服务业、医疗服务业和现代商业等。

综上，可以说，没有制造业，就没有了生产的工具与设施，也就谈不上现代的农业、采掘业、建筑业、公用事业和服务业。

集聚发展是产业发展的基本规律，是制造业向中高端迈进的必由之路。滴水不成海，独木难成林。企业因分工而集聚，因集聚而成产业，产业集聚对推动企业专业化分工协作、有效配置生产要素具有重要意义。提升我国制造业发展水平，关键在于提升制造业集聚发展质量。产业集聚受多种因素影响，交通设施是其中一个因素。高速铁路发展是中国交通现代化的重要标志，对我国国土空间格局影响深远，具有显著的“时空压缩效应”。

中国高速铁路建设起步较晚，但发展速度很快，后来居上。世界上第一条正式的高速铁路系统是 1964 年建成通车的日本东海道新干线。到 2010 年，全世界高速铁路营业里程达 13 414 公里，分布在 14 个国家和地区。2003 年 10 月，我国秦沈客运专线全段建成通车，设计时速为 250 公里，为我国第一条试验运行的高速铁路。2007 年 4 月，我国开通第一列动车组“和谐号”，时速为 200 公里。2008 年 8 月，京津城际铁路开通运营，是第一条时速为 350 公里的高速铁路。到 2020 年，我国高铁营业里程 3.8 万公里，建成世界最大的“四纵四横”高速铁路网，基本连接省会城市和其他 50 万人口以上大城市，实现主要城市群内 0.5～2 小时交通圈，是全球运营里程最长、密度最高、唯一成网运营的高速铁路网。

与其他交通方式相比，高速铁路具有自身特征，只有客运而没有货运、速度快但运费高、可达性具非连续性。那么，高速铁路是否影响制造业集聚发展呢？如果有影响，又是如何影响制造业集聚发展呢？这是本书试图回答的问题。

1.1.2　理论背景

关于交通基础设施对产业集聚影响的研究，一直是政策制定者和学者们共同关注的焦点，包括古典和现代区位论和新经济地理学。

杜能（Thünen，1826）认为，运费是农业生产部门选择最佳布局的重要考虑因素；韦伯（Weber，1909）认为，运费的高低决定着厂商的区位选择方向。其后，胡佛（Hoover，1936，1937，1948）对韦伯的理论进行了完善，建立了交通区位理论，认为运输量、运输方向、运输距离及其他运输条件的变化会引起经济活动区位的变化，并提出集聚指向的区位选择理论。Harris(1954)则将运输成本与市场需求有机地结合在一起，构造市场潜力模型，系统分析了制造业的空间分布规律。

20 世纪 90 年代以来，以克鲁格曼（Krugman）、藤田昌久（Fujita）、维纳布斯（Venables）和蒲格（Puga）等为代表的新经济地理学，在迪克西特和斯蒂格利茨垄断竞争与规模报酬递增模型（D-S 模型）基础上，引入萨缪尔森（Samuelson）在 50 年代提出的“冰山运输成本”（Iceberg transport Cost）的概念，提出了“中心-外围”模型（C-P 模型），解释了在两个外部条件完全一样的地区，为什么制造业会在一些地区集聚（中心）问题。在梅里兹（Melitz）异质性企业理论基础上，鲍德温（Baldwin）、大久保（Okubo）等分析了异质性企业空间选择行为，发现由于“选择效应”的存在，一些高效率的企业倾向于集中在同一地区，不同类别的企业对集聚的偏好程度不同。

上述理论发展的脉络，都是以货物运输成本为基础，构建区位理论和新经济地理模型，解释集聚为什么发生的问题。面对高速铁路这种新型运输方式，对制造业将产生什么影响，在理论上还有待于进一步拓展研究。

1.1.3　研究问题

研究高速铁路与制造业集聚关系，离不开两个特殊性。

(1) 高速铁路独特性。高速铁路独特性带来的理论挑战，主要表现在：①考虑到高速铁路只有客运而没有货运、速度快但运费高的特点，建立在节省运输成本基础上的解释框架就未必能够成立。②高速铁路可达性具非连续性的特点，对市场融合的作用弱于普通公路、高速公路。高速铁路是全封闭、全立交的交通系统，站场设置有严格的规定，站场之间距离较长，因此对市场的融合作用具有局限性。

(2) 中国区域异质性。中国区域经济差异性很突出，不仅在地理上有胡焕庸线两侧的人口密度差异、地理地貌差异、文化差异和民族分布差异，也有沿海与内陆、港口城市与非港口城市、中心城市与腹地城市、城市位序差异，以及各地区域文化、区域政策等方面的差异。这些差异，决定了中国区域制造业发展和空间分布具有异质性。

现有的文献不仅没有突出高速铁路的独特性，对区域异质性考虑也不充分。研究高速铁路对制造业集聚的影响，既要考虑与其他交通方式相比的高速铁路独特性，也要考虑对不同区域的不同影响。

根据以上分析，本书主要研究以下三个问题：

（1）基于高速铁路独特性和区域异质性视角，高速铁路对制造业集聚是否有影响，具有哪些异质性特征？

（2）高速铁路对制造业集聚的影响，是通过什么机制发挥作用的？

（3）中国高速铁路与制造业集聚的关系，带来哪些政策启示？

1.2 研究目标和意义

1.2.1 研究目标

第一，在理论模型上，基于空间选择模型，通过引入基于时间距离和时间成本的市场潜能，拓展空间选择分析框架，构建高速铁路影响制造业集聚的理论模型。

第二，在实证分析上，基于测算地级市制造业集聚指标，整理地级市高速铁路数据集，验证了高速铁路发展对制造业集聚的影响，并开展异质性分析。

第三，根据空间引力模型测算基于高速铁路的"市场潜能"指标，用于解释高速铁路开通对制造业集聚影响的机制。其中，市场潜能变化引致的企业微观机制即区位选择的变化，区域市场融合是市场潜能变化的外部条件。针对与市场潜能相关的两个机制，开展实证检验。

第四，在政策启示上，根据理论分析和实证分析结论，提出优化高速铁路布局和促进制造业集聚的政策建议。

1.2.2 研究意义

1.2.2.1 理论意义

第一，有利于拓展产业集聚理论。在现有的研究中，无论是古典区位理论还是新经济地理学，均把交通基础设施对企业空间选择的影响，从成本角度简化为运输费用或冰山运输成本，不能解释没有货运、运输费用更高的高速铁路如何影响产业集聚问题，忽视了区域异质性、行业异质性的差异。本书以城市之间的市场潜能为切入点，从市场融合带来市场潜能变化、市场潜能带来区位选择变化两个角度说明高速铁路影响制造业集聚的机制，并引入区域异质性，对现实具有更好的解释能力。

第二，有利于拓展交通基础设施投资理论。根据现有研究，从交通运输可达性、运输费用或冰山运输成本等角度分析高速铁路对区域经济的影响，高速铁路投资效应似乎难以估计，而且区域之间是无差别的。但是，从城市之间市场潜能差异的角度进行研究，高速铁路投资效应不仅更容易估计，而且区域之间是有差别的。本书预期研究结果，市场潜能越大的区域，高速铁路利用效率越高，投资效果越好。

1.2.2.2 现实意义

第一,有利于改善高速铁路布局规划和政策。通过高速铁路对制造业集聚、异质性差异的研究,有助于厘清哪些区域的高速铁路有利于制造业集聚,对完善高速铁路规划和布局,具有参考价值。

第二,有利于完善区域制造业集聚规划和政策。通过高速铁路对异质性区域制造业集聚影响的研究,有助于厘清高速铁路有利于哪些区域制造业集聚,对完善区域制造业集聚规划和政策,具有参考价值。

1.3 研究思路和方法

1.3.1 研究思路

(1) 理论构建:在空间选择模型基础上,构建高速铁路影响制造业集聚的理论模型。

本书在文献综述的基础上提出研究方向,即高速铁路通过区域市场潜能的变化,影响制造企业区位选择,进而影响制造业集聚。其中,高速铁路有助于打破区域市场分割,促进要素流动,是区域市场潜能变化的外部条件;高速铁路促进劳动力和人才流动,有利于空间溢出效应(共享、匹配和学习效应),进而影响企业区位选择。在对典型事实描述和理论解释框架分析的基础上,构建高速铁路影响制造业集聚的理论模型。

(2) 实证检验:检验高速铁路影响制造业集聚、异质性差异的影响及其机制。

首先,根据空间引力模型,改进并测算基于高速铁路的区域市场潜能,据此表征高速铁路建设对制造业集聚的影响机制,多视角验证高速铁路对制造业集聚的影响,而市场潜能是其中中介变量。

其次,验证影响机制。重点验证高速铁路对企业区位选择、市场融合的影响,而市场潜能是其中中介变量。

制造企业区位选择行为受多方面影响,市场潜能是其中一个重要因素(颜银根,2014)。本书直接验证了高速铁路对制造企业区位选择的影响,把市场潜能作为其中的中介变量。

市场融合是指打破地理因素、制度因素形成的市场分割,促进区域市场之间的一体化。市场融合意味着劳动力等要素流动障碍减少乃至消除,这是市场潜能发挥作用的外部条件。没有市场融合,要素不流动,市场潜能就难以发挥作用。本书测算了市场融合指数,检验了高速铁路的市场融合效应。

(3) 政策研究:最后在研究结论中,结合中国高速铁路布局和区域制造业集聚规划的实际情况,分别提出政策建议。

1.3.2 研究方法

(1) 实证研究和规范研究相结合。实证研究是依据现实或历史数据,得出的是过往的实事状况和规律，力图回答“是什么”的问题。规范研究偏重对表象的推理和演绎，力图回答“为什么”“怎样做”的问题。

(2) 定性研究与定量研究相结合。在第 3 章中，从历史演进视角对中国高速铁路和区域制造业集聚进行描述，梳理高速铁路对制造业集聚影响的机理。在定量研究的同时，对影响机理进行必要的定性研究。同时，本书第 2 章和第 7 章在文献评述和政策分析中，主要采用定性分析。

(3) 数理分析方法。本书第 3 章在分析影响机理的基础上，引入市场潜能，从消费者行为、生产者行为和一般均衡分析，构建高速铁路对制造业集聚影响的数理模型。

(4) 计量经济学方法。本书第 4 章、第 5 章、第 6 章和第 7 章，采取模型双重差分(Differences In Differences，DID)双向固定效应模型，对高速铁路影响制造业集聚进行实证分析，以及对其影响机制，即区位选择、市场融合进行实证检验。

1.3.3 技术路线

本书按照提出问题—研究问题—解决问题的总体构架，先提出科学问题，然后构建理论解释框架和模型并开展实证研究，最后提出政策建议，如图 1.1 所示。

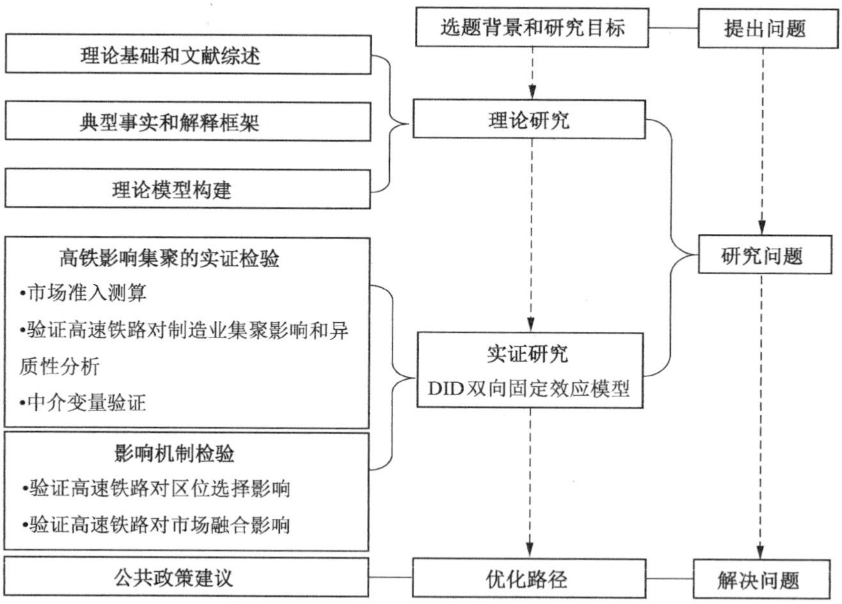

图 1.1 技术路线示意图

1.4 内容框架

第 1 章，阐明论文的研究背景、研究目标和研究意义；概括本书的研究内容，并对研究方法进行说明；厘清本书的技术路线，指出论文可能取得的创新点。

第2章，首先梳理了关于马克思主义劳动区域分工理论、西方经济学产业集聚理论等理论基础，回顾了交通基础设施、高速铁路对产业集聚影响的相关文献，提出本书的研究视角。

第3章，分析了高速铁路和区域制造业集聚的典型事实，引入市场潜能，在空间选择模型基础上，构建高速铁路影响区域制造业集聚的理论模型。

第4章，根据空间引力模型，引入市场潜能指标，表征高速铁路建设对制造业集聚的影响机制。首先是回顾了市场潜能、市场准入等概念、测算方法的发展过程，提出拓展和改进测算方法；其次是依托区域经济数据库和地级市高速铁路数据库，对我国高速铁路发展引致的市场潜能进行测算。

第5章，利用中国工业企业数据库和高速铁路等数据集，采用DID双向固定效应模型，实证分析高速铁路开通对制造业集聚的影响，验证了市场潜能的中介变量作用。

第6章，利用中国工业企业数据库和高速铁路等数据集，采用DID双向固定效应模型，实证分析高速铁路开通对制造企业区位选择的影响。

第7章，利用价格法测算不同城市之间市场融合指数，检验高速铁路发展对市场融合的影响。

第8章，对本书的研究内容进行总结，指出研究存在的不足，并提出政策建议，以及未来研究的努力方向。

1.5 主要创新点

第一，拓展和改进"市场潜能"测算方法。现有文献对市场潜能(或市场潜能)测算的相关参数，多直接引用国外文献的数据，可能有偏差。本书回顾了市场潜能(或市场潜能)测算方法的演进过程，拓展和改进"市场潜能"测算方法，并利用中国高速铁路和区域数据，建立高铁起讫点OD(Origin-Destination)数据集，测算基于高速铁路最短旅行时间的市场潜能指标，具有创新性。

第二，根据中国高速铁路独特性和区域异质性，引入市场潜能概念，构建了高速铁路影响制造业集聚的理论解释框架和理论模型，解释了具有只有客运而没有货运、速度快但运费高、可达性具非连续性等特点的高速铁路如何影响制造业的集聚问题。

第三，在实证分析方面，运用DID双向固定效应模型检验了高速铁路对地级市制造业集聚的影响，从多角度拓展异质性分析，并把市场潜能作为中介变量进行检验，回答了高速铁路是否影响、如何影响制造业的集聚问题。

第四，利用地级市相对价格测算的市场融合指数，实证检验了高速铁路通过企业区位选择、市场融合影响制造业集聚的机制，进一步验证了高速铁路如何影响制造业的集聚问题。

第 2 章　国内外研究现状

本章首先梳理了马克思主义经典作家对集聚和交通基础设施的相关论述，为本书研究提供理论基础。其次梳理了国内外关于集聚经济、交通设施对集聚经济影响的相关研究，为本书研究提供参考和借鉴。

2.1　马克思主义经典作家相关论述

2.1.1　关于劳动地域分工理论

马克思、恩格斯虽然没有专门分析产业集聚理论，但大量描述了当时的产业集聚现象。产业集聚是劳动地域分工的具体表现形式之一，马克思主义劳动地域分工理论也是分析产业集聚的重要理论支撑。

2.1.1.1　马克思、恩格斯关于产业集聚现象的考察

相关企业按照其经济技术联系，在空间上相互集中，就是产业集聚。通常，产业集聚被分为专业化集聚和多样化集聚。马克思、恩格斯对产业集聚，尤其是专业化集聚进行了大量描述。

马克思在《资本论》第一卷在分析牙关紧闭症时，对英国火柴制造业分布的描述："火柴制造业是从 1833 年发明用木梗涂磷的办法之后出现的。自 1845 年起，它在英国迅速地发展起来，并由伦敦人口稠密的地区传到曼彻斯特、伯明翰、利物浦、布利斯托尔、诺里奇、新堡及格拉斯哥等地。"①

马克思的《资本论》第一卷中在分析工人寿命时，对英国制陶业集聚的描述："在特伦特河畔的斯托克和在沃尔斯坦登这两个陶业区，人的寿命特别短。20 岁以上的男子从事陶业生产的，在斯托克区虽然只占 36.6%，在沃尔斯坦登只占 30.4%。"②

马克思的《资本论》第三卷在引用《工厂视察员报告》时，对英国棉纺织业集聚的描述："联合王国有 2 887 家棉纺织厂，其中有 2 109 家在我的管区(郎卡郡和柴郡)。"也就是说，

---

① 马克思，恩格斯.马克思恩格斯全集：第 23 卷[M].中共中央马克思、恩格斯、列宁、斯大林著作编译局，译.北京：人民出版社，1972：275.

② 马克思，恩格斯.马克思恩格斯全集：第 23 卷[M].中共中央马克思、恩格斯、列宁、斯大林著作编译局，译.北京：人民出版社，1972：274.

73%的英国棉纺织业是集聚在郎卡郡和柴郡，而且曼彻斯特和波尔顿主要是纺细纱的。① 对约克郡西莱丁区精梳毛纺织业的描述："约克郡西莱丁区精梳毛纺织业的繁荣时期是 1849—1850 年。那里，该行业雇用的工人，1838 年为 29 246 人；1843 年为 37 000 人；1845 年为 48 097 人；1850 年为 74 891 人。这个区使用的机械织，1838 年为 2 768 台；1841 年为 11 458 台；1843 年为 16 870 台；1845 年为 19 121 台；1850 年为 29 539 台。"②"布莱得弗德梳毛区的工厂 1836 年只有 318 家，1846 年已有 490 家。这个数字远没有表示出生产的实际增加，因为原有的工厂同时也显著扩大了。"③

恩格斯在《英国工人阶级状况》中，对英国棉纺织业发展情况进行分析，指出整个英国直接或间接靠这一工业部门生活的几乎有 150 万人。"这种工业的中心是郎卡郡，郎卡郡是棉纺织业的摇篮，而棉纺织业又使得郎卡郡完全革命化，把它从一个偏僻的很少开垦的沼泽地变成了热闹的熙熙攘攘的地方；这种工业在 80 年内使郎卡郡的人口增加了 9 倍，并且好像用魔杖一挥，创造了居民共达 70 万人的利物浦和曼彻斯特这样的大城市及其附近的城市：波尔顿(60 000居民)、罗契得尔(75 000居民)、奥尔丹(50 000居民)、普雷斯顿(60 000居民)、埃士顿和斯泰里布雷芝(共40 000居民)以及一系列的其他工厂城市。""苏格兰的格拉斯哥形成了第二棉纺织区(包括拉纳克郡和伦弗鲁郡)的中心，这个主要城市的人口自兴办这种工业的时候起到现在也从 3 万人增加到 30 万人。"对织袜业集聚的描述："诺定昂和得比的织袜业，由于棉纱价格的降低也获得了新的推动力，制造花边的工作无限地简化了，而对花边的需求随着它的跌价而大大增长，以致现在从事于这种生产的已经不下 20 万人。它的主要中心是诺定昂、莱斯特和英格兰西部(威尔特郡、戴文郡等)"④对羊毛加工业集聚的描述："这种工业的主要中心是约克郡的西部地区，在这里，特别是在布莱得弗德，英格兰的长羊毛制成供编织等用的毛线，而在其他城市，例如里子、哈里法克斯、哈得兹菲尔德等地，短羊毛制成合股毛纱，然后再制成呢绒织物；其次，是郎卡郡和约克郡接近的那一部分，即罗契得尔附近地区，这里除了生产棉纺织品，还生产许多法兰绒；最后，是英格兰西部，这里生产最精致的呢子。"⑤对麻织品加工业集聚的描述："纺麻工厂的数目在 1835 年达到了 347 个，共有工人 33 000 人；其中一半是在苏格兰南部，有 60 多个在约克郡西部地区(里子及其附近)，25 个在爱尔兰的拜尔法斯特，而其余的在多尔塞特郡和郎卡郡。麻织品的生产是在

① 马克思，恩格斯.马克思恩格斯全集：第 25 卷[M].中共中央马克思、恩格斯、列宁、斯大林著作编译局，译.北京：人民出版社，1972：148.

② 马克思，恩格斯.马克思恩格斯全集：第 25 卷[M].中共中央马克思、恩格斯、列宁、斯大林著作编译局，译.北京：人民出版社，1972：140.

③ 马克思，恩格斯.马克思恩格斯全集：第 25 卷[M].中共中央马克思、恩格斯、列宁、斯大林著作编译局，译.北京：人民出版社，1972：142.

④ 马克思，恩格斯.马克思恩格斯全集：第 2 卷[M].中共中央马克思、恩格斯、列宁、斯大林著作编译局，译.北京：人民出版社，1965：288.

⑤ 马克思，恩格斯.马克思恩格斯全集：第 2 卷[M].中共中央马克思、恩格斯、列宁、斯大林著作编译局，译.北京：人民出版社，1965：289.

苏格兰南部、在英格兰的某些地方，但主要是在爱尔兰。”①对蚕丝加工业集聚的描述：“1835年，大不列颠共有捻丝厂 263 个，工人共计 3 万人，这些工厂大部分集中在柴郡（麦克尔士菲尔德、康格尔顿及其附近地区）、曼彻斯特和索美塞特郡。”②恩格斯对英国当时各种工业的分布都做了详细的描述。

恩格斯还进一步分析了不同行业的联系和集中，机器的使用提高了棉纺织业生产率，又刺激了金属制品业、冶金、矿产业的发展。同时，一个产业发展带动了其他配套产业的集聚。对一个产业带动多样化集聚的分析时指出：“工业日益集中的趋势并不就止于此。人口也像资本一样地集中起来……这些工人必须住在近处，甚至在不大的工厂近旁，他们也会形成一个完整的村镇。他们都有一定的需要，为了满足这些需要，还须有其他的人，于是手工业者、裁缝、鞋匠、面包师、泥瓦匠、木匠都搬到这里来了。”③

2.1.1.2 产业集聚是劳动地域分工的表现形式

马克思在分析英国服饰品生产的工场手工业时指出，1861 年在英格兰和威尔士的这些工业部门中雇用的女工总计有586 298人，英格兰和威尔士的制帽业、制鞋业、手套业及裁缝业雇用的男工有437 969人。这些工人不像过去那样为单个消费者生产，而是为手工工场生产，“这样一来，往往整个城市和整个地区都专门从事某种行业”。④“把一定生产部门固定在国家一定地区的地域分工，由于利用各种特点的工场手工业生产的出现，获得了新的推动力。在工场手工业时期，世界市场的扩大和殖民制度（二者属于工场手工业时期的一般存在条件），为社会内部的分工提供了丰富的材料。在这里，我们不去进一步论证，分工除了扩展到经济领域以外，又怎样扩展到社会的其他一切领域，怎样到处为专业化、专门化的发展……”⑤机器大工业的发展，推动了劳动地域分工的发展。“一方面，机器直接引起原料的增加……另一方面，机器产品的便宜和交通运输业的变革是夺取国外市场的武器。机器生产摧毁国外市场的手工业产品，迫使这些市场变成它的原料产地……一种与机器生产中心相适应的新的国际分工产生了，它使地球的一部分转变为主要从事农业的生产地区，以服务于另一部分主要从事工业的生产地区”。⑥

列宁在《俄国资本主义的发展》第六章中专门安排一节“地域的分工和农业同工业的分

① 马克思，恩格斯.马克思恩格斯全集：第 2 卷[M].中共中央马克思、恩格斯、列宁、斯大林著作编译局，译.北京：人民出版社，1965：290.

② 马克思，恩格斯.马克思恩格斯全集：第 2 卷[M].中共中央马克思、恩格斯、列宁、斯大林著作编译局，译.北京：人民出版社，1965：291.

③ 马克思，恩格斯.马克思恩格斯全集：第 2 卷[M].中共中央马克思、恩格斯、列宁、斯大林著作编译局，译.北京：人民出版社，1965：300.

④ 马克思，恩格斯.马克思恩格斯全集：第 23 卷[M].中共中央马克思、恩格斯、列宁、斯大林著作编译局，译.北京：人民出版社，1972：516.

⑤ 马克思，恩格斯.马克思恩格斯全集：第 23 卷[M].中共中央马克思、恩格斯、列宁、斯大林著作编译局，译.北京：人民出版社，1972：392.

⑥ 马克思，恩格斯.马克思恩格斯全集：第 23 卷[M].中共中央马克思、恩格斯、列宁、斯大林著作编译局，译.北京：人民出版社，1972：494-495.

离"，明确提出"地域的分工"，并指出："同整个分工有直接联系的是地区的分工，即各个地区专门生产一种产品，有时是产品的一个品种，甚至是产品的某一部分。"地域分工"是工场手工业（包括俄国和其他国家）的特点"，"工场手工业不仅造成了连成一片的地区，而且在这些地区内实行了专业化（按商品的分工）"。他还批评了哈里佐勉诺夫先生对地域分工的意义估计不足。①

经济地理学家巴朗斯基（Н. Н. Баранский）根据马克思主义观点，系统地阐述了劳动地域分工："所谓地理分工就是社会分工的空间形式。"之后，这一理论被广泛接受，尤其在经济地理学界。萨乌什金（Ю.Г. Саущкцн）进一步拓展和丰富了劳动地域分工理论，认为劳动地域分工是"各地、中心、企业的各种各样的经济专门化的形成，在很大程度上，是经济社会过程的结果"。

根据以上分析可见，尽管马克思主义经典作家没有使用"产业集聚"或"集聚经济"等概念，但根据他们劳动地域分工的思想，可以把产业集聚看作是劳动地域分工的一种具体表现形式。

2.1.1.3　劳动地域分工是社会分工发展的结果

地域分工理论是马克思社会分工理论的一个重要组成部分。所谓劳动地域分工，是指各地区都专门生产某种产品，有时是某类产品，甚至是某类产品的一部分。②在古典经济学派诞生之前，就有了劳动地域分工的思想，亚当·斯密（A.Smith）很明确、系统地提出劳动地域分工理论。马克思是在批判继承、扬弃古典经济学的基础上，提出自己的劳动地域分工理论。马克思关于社会分工的理论是理解劳动地域分工的基础，也是理解产业集聚的理论基础。

地域分工是以社会分工为基础，也是社会分工发展的结果。马克思社会分工理论在马克思主义政治经济学中占据十分重要的地位。列宁指出，"社会分工是商品经济和资本主义全部发展过程的基础"，"这种日益发展的社会分工就是资本主义国内市场建立过程中的关键"。③"国内市场是在商品经济出现的时候出现的；国内市场是由这种商品经济的发展建立的，而社会分工的精细程度决定了它的发展水平"。④可见，社会分工对商品经济、国内市场和资本主义发展过程具有关键性作用。

马克思的社会分工理论是以劳动为切入点的。他认为："各种使用价值或商品体的总和，表现了同样多种的、按照属、种、科、亚种、变种分类的有用劳动的总和，即表现了社会分工……在商品生产者的社会里，作为独立生产者的私事而各自独立进行的各种有用劳动的

①② 列宁.列宁全集：第 3 卷[M].中共中央马克思、恩格斯、列宁、斯大林著作编译局，译.北京：人民出版社，1984：389.

③ 列宁.列宁全集：第 3 卷[M].中共中央马克思、恩格斯、列宁、斯大林著作编译局，译.北京：人民出版社，1984：19.

④ 列宁.列宁全集：第 3 卷[M].中共中央马克思、恩格斯、列宁、斯大林著作编译局，译.北京：人民出版社，1984：52.

这种质的区别，发展成为一个多支的体系，发展成社会分工。”①马克思把劳动分工分为三个类型：一般的、特殊的和个别的分工。“单就劳动本身来说，可以把社会生产分为农业、工业等大类，叫作一般的分工；把这些生产大类分为种和亚种，叫作特殊的分工；把工场内部的分工，叫作个别的分工”。②

马克思分析了社会分工的起源。“在家庭内部，随后在氏族内部，由于性别和年龄的差别，也就是在纯生理的基础上产生了一种自然的分工。随着共同体的扩大，人口的增长，特别是各氏族间的冲突，一个氏族之征服另一个氏族，这种分工的材料也扩大了……不同的共同体在各自的自然环境中，找到不同的生产资料和不同的生活资料。因此，它们的生产方式、生活方式和产品，也就各不相同。这种自然的差别，在共同体互相接触时引起了产品的互相交换，从而使这些产品逐渐转化为商品。交换没有造成生产领域之间的差别，而是使不同的生产领域发生关系，从而使它们转化为社会总生产的多少互相依赖的部门。在这里，社会分工是由原来不同而又互不依赖的生产领域之间的交换产生的”。③

马克思认为，社会分工是随着商品经济的发展而发展。以分工为基础的协作的产生，使“各种操作不再由同一个手工业者按照时间的先后顺序完成，而是分离开来，孤立起来，在空间上并列在一起，每一种操作分配给一个手工业者，全部操作由协作者同时进行。这种偶然的分工一再重复，显示出它特有的优越性，并渐渐地固定为系统的分工”。在这种分工的基础上产生了工场手工业。“一方面，它以不同种的独立手工业的结合为出发点，这些手工业非独立化和片面化到了这种程度，以致它们在同一个商品的生产过程中成为只是互相补充的局部操作。另一方面，工场手工业以同种手工业者的协作为出发点，它把这种个人手工业分成各种不同的特殊操作，使之孤立和独立化到这种程度，以致每一种操作成为一个特殊工人的专门职能。因此，一方面工场手工业在生产过程中引进了分工，或者进一步发展了分工，另一方面它又把过去分开的手工业结合在一起。”④随着机器的出现，机器大工业取代工场手工业，使“在自动工厂里，代替工场手工业所特有的专业化工人的等级制度的，是机器的助手所要完成的各种劳动的平等化或均等化的趋势，代替局部工人之间的人为差别的，主要是年龄和性别的自然差别”。⑤“机器生产用相对少的工人人数所提供的原料、半成品、劳动工具等的数量不断增加，与此相适应，对这些原料和半成品的加工也就分成无数的部门，因

① 马克思，恩格斯.马克思恩格斯全集：第23卷[M].中共中央马克思、恩格斯、列宁、斯大林著作编译局，译.北京：人民出版社，1972：55-56.

② 马克思，恩格斯.马克思恩格斯全集：第23卷[M].中共中央马克思、恩格斯、列宁、斯大林著作编译局，译.北京：人民出版社，1972：406-407.

③ 马克思，恩格斯.马克思恩格斯全集：第23卷[M].中共中央马克思、恩格斯、列宁、斯大林著作编译局，译.北京：人民出版社，1972：407-408.

④ 马克思，恩格斯.马克思恩格斯全集：第23卷[M].中共中央马克思、恩格斯、列宁、斯大林著作编译局，译.北京：人民出版社，1972：392.

⑤ 马克思，恩格斯.马克思恩格斯全集：第23卷[M].中共中央马克思、恩格斯、列宁、斯大林著作编译局，译.北京：人民出版社，1972：483.

而社会生产部门的多样性也就增加”。[①]“机器生产同工场手工业相比使社会分工获得了无比广阔的空间。”[②]

马克思认为，分工产生专业化生产和劳动协作，具有很多优越性。所谓协作，就是“许多人在同一生产过程中，或在不同的但相互联系的生产过程中，有计划地一起协同劳动，这种劳动形式叫作协作”。[③] 协作可以提高工作效率，产生“集体力”，扩大劳动空间范围，降低成本费用。“且不说由于许多力量融合为一个总的力量而产生的新力量。在大多数生产劳动中，单是社会接触就会引起竞争心和特有的精力振奋，从而提高每个人的个人工作效率。”[④]“一方面，协作可以扩大劳动的空间范围，因此，某些劳动过程由于劳动对象空间上的联系就需要协作……另一方面，协作可以与生产规模相比相对地在空间上缩小生产领域。在劳动的作用范围扩大的同时劳动空间范围的这种缩小，会节约非生产费用。”[⑤]“生产资料使用方面的这种节约，只是由于许多人在劳动过程中共同消费它们。即使许多工人只是在空间上集合在一起。”[⑥]协作“就可以缩短制造总产品所必要的劳动时间”。[⑦]

2.1.2　关于交通设施及其作用的思想

马克思关于交通设施的思想，突出了对道路建设的研究，着重分析了为什么要建设道路、经费来源、政府责任和道路重要性等问题。

(1) 交通设施及其特殊性质。马克思认为，两类生产条件在物质生产过程中是必须的，一是用于企业直接生产过程的条件，二是“那些处于直接生产过程之外的生产过程的条件”，[⑧]前者称之为“特殊生产条件”，后者称之为“一般的共同的生产条件”。“一般的共同的生产条件”就是通常意义上的经济基础设施。马克思认为，基础设施的性质是属于劳动资料的一部分。从广义上讲，除了那些将劳动的作用传递给劳动对象，从而以某种方式作为活动的传导体之外，劳动过程进展所需的所有物质条件都被视为过程资料。[⑨] 部分生产资料进入了生产过程，另一部分它固定在某个地方，如机器上；或者它是以一种不能

---

①② 马克思，恩格斯.马克思恩格斯全集：第 23 卷[M].中共中央马克思、恩格斯、列宁、斯大林著作编译局，译.北京：人民出版社，1972：512.

③ 马克思，恩格斯.马克思恩格斯全集：第 23 卷[M].中共中央马克思、恩格斯、列宁、斯大林著作编译局，译.北京：人民出版社，1972：396.

④ 马克思，恩格斯.马克思恩格斯全集：第 23 卷[M].中共中央马克思、恩格斯、列宁、斯大林著作编译局，译.北京：人民出版社，1972：362-363.

⑤ 马克思，恩格斯.马克思恩格斯全集：第 23 卷[M].中共中央马克思、恩格斯、列宁、斯大林著作编译局，译.北京：人民出版社，1972：381.

⑥ 马克思，恩格斯.马克思恩格斯全集：第 23 卷[M].中共中央马克思、恩格斯、列宁、斯大林著作编译局，译.北京：人民出版社，1972：361.

⑦ 马克思，恩格斯.马克思恩格斯全集：第 23 卷[M].中共中央马克思、恩格斯、列宁、斯大林著作编译局，译.北京：人民出版社，1972：364.

⑧ 马克思，恩格斯.马克思恩格斯全集：第 46 卷[M].中共中央马克思、恩格斯、列宁、斯大林著作编译局，译.北京：人民出版社，1980：16.

⑨ 马克思.资本论：第 1 卷[M].中共中央马克思、恩格斯、列宁、斯大林著作编译局，译.北京：人民出版社，2004：211.

与该地点分离的形式开始生产的，如土壤、工厂、运河和铁路等。马克思认为，基础设施和机器形式的固定资本之所以不同，是因为“它同时被不同的资本当作它们共同的生产条件和流通条件来使用”。① 交通基础设施既不单独使用于单一生产过程，也不单独处于某生产过程中，它同时作为生产条件和流通条件被不同的资本使用，同时交通基础设施也无法一次性作为整体出售给使用者。“它部分由这些特殊资本消耗。因此，在这种情况下，对于所有这样的特殊资本及其特殊的生产过程，固定资本是生产部门与它们分开的特殊产品，但它不能像这里的机器销售，也就是说一方生产者无法将它作为流动资本销售，同样另一方生产者无法将其作为固定资本购买。相反，固定资本本身才是唯一可以将其买卖的方式。”②可以看出，马克思的观念是，基础设施是不可分割和非排他性的，例如公共产品或准公共产品。

（2）交通设施的重要性。马克思认为，生产越发展，商品交换也发达，道路就越重要。“就其性质而言，资本力求超越所有的空间边界。因此，创造交换的物质条件——运输手段——对资本来说是必不可少的。”③道路发展的欠缺一方面阻碍了生产力的发展，而且还存在着不断的恶性循环。例如，“在亚洲原有的自给自足公社，一方面不需要道路，另一方面，道路方面的不足使这些公社封闭。因此，这已成为他们长期停滞（如印度）的一个主要因素”。④道路一方面来说是不同地区之间流通的条件，另一方面也是可以改变不同地区生产力发展现状的条件。因此，唯有道路“才能将流通成为一种可能的功能，并具有提高生产力的作用”。⑤ 马克思指出，道路不能像其他商品那样实现价值，但它有使用价值，是必须要修筑的。这就产生表面上的一个矛盾，即道路不能实现价值，而修路必须支付费用，“不管是用徭役劳动来筑路，还是用赋税来筑路，结果是一样的”。⑥ 它的原因是：对于共同体来说，它有着非常重要的使用价值，因为共同体必不可缺。⑦

（3）交通设施的费用来源和资本家修路问题。道路不能实现价值，而修路必须支付费用，那么费用哪里来呢？马克思指出：“利用奴役劳动力修建道路，或以其他形式，利用税收修建道路，就是利用武力将国家剩余劳动力或剩余产品的一部分转化为道路。”⑧也就是说，修建道路的费用来源有两个方面，即徭役和赋税。除此之外，马克思还提出第三种方式，即让资本家来修筑道路。利用这种方式必须达到一定条件才可行，就是“基于资本的生产方式

---

①② 马克思，恩格斯.马克思恩格斯全集：第46卷[M].中共中央马克思、恩格斯、列宁、斯大林著作编译局，译.北京：人民出版社，1980：241.

③④ 马克思，恩格斯.马克思恩格斯全集：第46卷[M].中共中央马克思、恩格斯、列宁、斯大林著作编译局，译.北京：人民出版社，1980：16.

⑤ 马克思，恩格斯.马克思恩格斯全集：第46卷[M].中共中央马克思、恩格斯、列宁、斯大林著作编译局，译.北京：人民出版社，1980：23-24.

⑥⑦ 马克思，恩格斯.马克思恩格斯全集：第46卷[M].中共中央马克思、恩格斯、列宁、斯大林著作编译局，译.北京：人民出版社，1980：18.

⑧ 马克思，恩格斯.马克思恩格斯全集：第46卷[M].中共中央马克思、恩格斯、列宁、斯大林著作编译局，译.北京：人民出版社，1980：16.

已经达到了一个非常高的阶段”。① 这是因为：首先，“资本家需要掌握很多的资本，才能开启这么大规模、同时实现的过程又是如此缓慢的工程”。②通常情况来说，只有股份资本才可以承担这么大规模、周转又很缓慢的投资工程。其次，这种投资也必须能够获得利息，而不是利润。再次，生产力要发展到一定高度，才让修路能够盈利。“使用道路所需的价格对于生产商(使用道路)或提供生产商可以支付的生产力是值得的”。③ 最后，除了拥有足够的资本，“对于生产资本或工业资本来说，道路的价格必须是有利可图的”。④换句话来说就是，需要拥有足够的资本规模，“筑路成为生产者，特别是生产资本本身的必要条件，成为资本家获取利润的条件”⑤。在这种情形下，唯有“当交往有了充分的规模，而交通运输工具缺乏所导致的障碍越来越明显，进而使资本家能够实现道路作为道路的价值(也就是通过使用道路)”。⑥只有在生产上具有必要性，大规模的交换对道路设施具有需求，才有可能让资本家愿意投资道路设施。

(4) 政府建设交通设施的责任。马克思认为，由于资本家修路的利润很小，甚至可能亏本，尤其是生产力水平和资本市场不发达的情况下更是如此。这时，“资本将这些费用转移到国家的肩上，或者在国家仍优于资本的情况下，国家还享有特权和权力，强制所有人从其收入中提取一部分，而不是从资本中提取一部分，用于建设这种公益事业”，“为了把共同条件作为一个国家的需要推广到整个国家。”“所有一般的、共同的生产条件——只要它们不能在资本条件下由资本本身创造——必须由国家收入的一部分支付，并由国库支付。”⑦可见，政府在提供交通基础设施方面具有重要责任，尤其在生产力发展水平比较低的条件下更是政府应尽的责任。

2.2 关于集聚经济的研究

2.2.1 集聚理论的发展过程

产业集聚是指企业在特定地理区域内高度聚中在一起的经济现象。集聚经济描述的是许多生产类似或互补产品的企业彼此靠近时的溢出效应，包括正向和负向两个方面的溢出效应。集聚经济有两种主要类型，一种是同类产业集聚所产生的溢出效应，或称为“本地化经济”，另一种是多样化产业集聚(有时被理解为“城市规模和密度”)所产生的溢出效应，或称为“城市化经济”。

经济活动空间聚集的思想渊源可追溯到古典学派的亚当·斯密的分工理论，马歇尔

---

①② 马克思，恩格斯.马克思恩格斯全集：第 46 卷[M].中共中央马克思、恩格斯、列宁、斯大林著作编译局，译.北京：人民出版社，1980：22.

③④⑤⑥ 马克思，恩格斯.马克思恩格斯全集：第 46 卷[M].中共中央马克思、恩格斯、列宁、斯大林著作编译局，译.北京：人民出版社，1980：23.

⑦ 马克思，恩格斯.马克思恩格斯全集：第 46 卷[M].中共中央马克思、恩格斯、列宁、斯大林著作编译局，译.北京：人民出版社，1980：24.

(Marshall,1890)在《经济学原理》一书中最早对集聚问题加以理论阐述,提出产业区(industrial district,或译为"工业区")、地方化产业(localized industry,或译为"地方化工业")等概念,后经由不同学派阐释,逐步成为比较成熟的理论。

区位论提出产业集聚理论。1909年韦伯(Weber)在《工业区位论》中提出了工业区位指向的"集聚指向"理论,把集聚因素作为工业企业区位选择的一个影响因素。1933年克里斯塔勒(Christaller)在《德国南部的中心地原理》中提出"中心地理论",认为产业集聚规模取决于不同中心地的市场规模。1940年廖什(Lösch)在《区位经济学》中,将集聚分为点状集聚和面状集聚。1956年艾萨德(Isard)在《区位与空间经济》中分析了工业集聚和经济区等集聚形式。但是,传统区位理论假定很严格,立足于成本最小化和收益最大化,没有能够分析集聚经济的内在机理问题。

城市与区域经济学分析了集聚经济的类型。1937年胡佛(Hoover)区分了企业内部规模经济、同类产业集聚和多产业集聚。1969年美国记者雅各布斯(Jacobs)在《美国大城市的死与生》中认为,城市多样性集聚更能获得外部性收益。

产业组织学提出产业集群理论。波特(Porter)在《国家竞争优势》中提出了与集聚(Agglomeration)不同的概念"集群"(Cluster),并分析了集群的形成和作用。所谓产业集群,是指由客户到供应商的垂直关系,或由市场、技术到营销网络的水平关联,形成一大批专业化分工的、相互关联的企业、供应商集结在一定区域内。波特认为,具有国际竞争力的产业是以产业集群形态出现的,会带动其他相关性和支持性产业的发展,推动生产率的提高。"国家的实力根植于该国产业和产业集群的表现,国家竞争优势也正是该国许多产业发展的综合表现。""集群不仅仅降低交易成本、提高效率,而且改进激励方式,创造出信息、专业化制度、名声等集体财富。更重要的是,集群能够改善创新的条件,加速生产率的成长,也有利于新企业的形成。"产业集群一旦形成,集群内部产业之间就会形成互动关系。由于企业之间的谈判关系、技术扩散效应、信息传递和企业多元化经营,激烈的产业竞争气氛往往会由一个产业扩散到另一个产业,带动整个产业集群的升级,并不断产生新的企业。对波特的产业集群概念,一些学者看作是集聚的一种形式,与马歇尔产业区有所不同,也与雅各布斯多样化集聚不同。关于产业集群的分类,Markusen(1996)依据公司的构造、对外和对内的关系,将产业区分为马歇尔式工业区、轮轴式产业区、卫星平台式产业区和国家力量依赖型产业区等四种类型。Knorringa 和 Meyer-Stamer(1998)把产业集群分为意大利式产业集群、卫星式产业集群和轮轴式产业集群等三类。

新经济地理学解释了经济活动空间集聚的形成机制。20世纪90年代以后,以克鲁格曼(Krugman)为代表的经济学家,批评了主流经济学空间均质的假定,试图把空间因素纳入主流经济学一般均衡的分析框架中,通过不完全竞争、规模报酬递增等假设,解释要素如何流动,证明集聚的存在性和持续性。该理论认为,当代表空间移动成本即"冰山成本"下降到一个临界点,相对于分散布局,企业和消费者都能够获得更多的利益,集聚便开始发生。冰山成本的临界点取决于外部规模经济、商品多样性及其效用增加等方面。集聚一旦形成,就具有放大效应、路径依赖效应和不可逆转性。

演化经济地理学提出集聚生命周期理论。演化经济理论最初由 Nelson 和 Winter (1983)提出。20 世纪 90 年代中期开始，演化经济学和经济地理学互相吸收，探索空间经济活动的历史演进问题，逐步形成演化经济地理学。演化经济地理学在解释城市和区域不同集聚区公司、行业、集聚、网络、供应链、收益递增和收益递减时，将时间和生命周期的增长和衰退视为重要决定因素。在分析集聚经济时，开发了一个称为集聚生命周期理论模型，该模型说明了集聚和分散的动机如何随时间演变，以及生命周期如何改变集聚经济。区域专业化和多样化在集聚生命周期不同阶段的重要性是不同的。在萌芽阶段，地理是至关重要的，因为会发生许多演化过程，这些过程会鼓励公司在地理上接近于在行业内创建初创公司的创始人、企业家和明星科学家，称之为“创始人效应”。正因为这样，产业集聚一般会发生在成功企业最初成长的地方。这也使得产业集聚的演化具有路径依赖的特征。在成长阶段，依赖马歇尔集聚经济三位一体，即当地的熟练劳动力池、当地供应商联系和当地知识溢出，获得更大的经济绩效；在成熟阶段，集聚区及周边地区的发展路径被锁定，企业经历集聚经济带来的收益递减，由于知识的编码化、产品的标准化、交易成本降低，企业可以从分散经济中体验到越来越多的回报；在衰退阶段，可能会导致“极端萧条”的风险。此外，演化经济地理学重视技术关联，认为空间邻近不是知识溢出的充分条件，也不是必要条件，认知邻近的意义更大，知识溢出容易发生在具有技术关联的企业之间。

2.2.2　集聚经济的来源

集聚经济是指地理邻近的企业之间存在的正向溢出效应，表现为经济效益提高或成本节约，本质上是一种外部性。相反，就是集聚不经济。关于集聚经济的来源，在经济学界有不同的认识。

艾萨德在《区位与空间经济》中，把集聚经济分为三类：一是大规模经济，指单个企业在单个地点的规模优势；二是本地化经济，是指单一行业在同一地点产生的效益；三是在同一地点，所有行业的所有企业都会产生城市化经济。这里可以忽略第一种类型，因为它不属于外部性。在艾萨德的表述中，分类并不是相互排斥的，本地化经济是城市化经济的一个子集。此外，关于这一现象的地理范围也存在模糊性，其中每个效应都指一个不起眼的“位置”，让人想起粗略的“点状聚集”。尽管 Burger 等人(2008)认为，本地化经济往往比城市化经济具有更小的地理规模，但艾萨德的“嵌套”定义并不足以证明仅基于地理属性的这种主张。例如，仅与特定部门(如港口)相关的专门设施的空间范围可能远远超出特定城市。然而，仅为特定行业定义集聚外部性，在实证中检验这一概念时确实会带来优势。例如，Duranton 和 Overman(2005)发现，与本地化经济相关的区位集聚大多发生在 50 公里以内的小范围内，尽管影响的强度和程度很可能因行业而异。

马歇尔最早提出集聚经济的三个来源，即基于“投入共享”“劳动力池匹配”和“知识溢出”来识别集聚外部性。投入共享由专业供应商提供特定商品和服务，包括基础设施，劳动力池匹配由当地生产集中度提升而产生。除了这些由市场传递的“资金”外部性外，知识外部性还可能对区域内企业的创新能力产生积极影响。由于新创造的知识只能在有限的范围内被利用，一家公司创造的知识可能会溢出到其他公司。然而，Feldman 和 Audretsch(1999)指出，知识溢出效应的发生是在邻近公司之间，并不是任意距离都可以发生，因为它们涉及隐性知识。隐性知识没有记录，没有编码，只能通过社会互动过程获得。因此，知识溢出在地理上局限于创造新经济知识的区域，必须具备地理邻近性的条件。当然，也有不同见解，克鲁格曼就认为，知识流是无形的，不会留下任何可以测量和跟踪它们的书面痕迹，没有令人信服的理由来证明知识溢出具有空间范围限制。Rosenthal 和 Strange(2003a)利用美国六个行业数据，实证检验了知识溢出、劳动力市场匹配和共享投入等集聚经济的存在性，证明产业结构和企业组织会影响特定行业内集群产生的效益。在另一篇论文中，他们进一步实证检验了在专业、非专业劳动力市场上集聚经济的特征。在非专业工人中，集聚减少工作时间；在专业工人中，集聚增加了工人劳动时间，存在“老鼠赛跑效应”。Larsson(2014)实证证明，劳动力市场集中往往遵循基于通勤模式的功能性城市区域的空间规模，而基于紧密互动的技术溢出通常只在非常小的邻里层面上出现。相比之下，企业间的互动可能会在行政城市边界之外定义一个更大的规模，但这在地理上是有限的。因此，集聚外部性是由不同规模的多种机制组成的，并在空间上是可变的、几何结构的单元。其中，某些外部性效应可以覆盖多个城市，而有的外部性效应则取决于地方环境。

多数文献承认知识溢出的重要性，但对于属于同一行业或不同行业的企业之间是否会产生集聚经济存在争议。Glaeser 等人(1992)把 Marshall(1890)、Arrow(1962)和 Romer(1986)提出的类似见解统称为马歇尔-阿罗-罗默外部性模型(The Marshall-Arrow-Romer Externalities, MAR)，认为知识溢出可能会在同一行业内的企业之间产生，并且只能由特定行业的区域集中来支持。与 MAR 模型不同，雅各布斯(Jacobs)认为，知识可能会在互补性行业而非类似行业之间溢出，因为一个行业开发的想法可以应用于其他行业，不同企业和经济主体之间的互补知识交流有助于创新的搜索和实验。因此，地理位置相近的产业的多样性，而不是地理专业化，促进了创新和增长。她以胸罩行业为例，与只有一种类型的厂商聚集相比较，面料、辅配件、花边、丈根、印染和成品等相关多元化厂商聚集更具有创新能力。

波特(Porter)和 MAR 一样，认为特定行业集群的知识溢出刺激了经济增长。然而，他与雅各布斯一样，反对地方垄断，认为地方竞争促进了对创新的追求和快速应用，知识外部性在具有地理专业化、竞争性行业的集群中实现最大化。他列举了意大利陶瓷和黄金珠宝行业的例子，在这些行业中，数百家公司位于一处，在激烈的竞争中实现创新。

尽管认识还有不同，马歇尔外部性也确实针对专业化集聚，但越来越多的人认为，不要局限于专业化集聚和多样化集聚的界限。例如，共享的或密集的劳动力市场可以跨越部门，共享投入（如基础设施）和信息溢出也可以跨越部门。如今，在研究集聚外部性的空间维度中，马歇尔分类得到越来越广泛的应用。根据 Duranton and Puga（2004）的看法，共享效应、劳动力市场匹配效应和学习效应，已经是学者们广泛认同的三个集聚经济来源。许多文献对这三个来源的集聚经济分别开展了理论和实证研究。

关于共享效应问题。集聚的一个好处是共享基础设施的能力，无论用户数量多少，基础设施通常都有固定成本。拥有更多用户的大城市可以更有效地利用基础设施。随着网络密度的增加，交通和电信基础设施作为公共投资的价值都在增加，因为巨大的前期成本可以分摊到更多的企业，进而降低成本。集聚的另一个好处是与客户、供应商的地理邻近，降低了运输成本。交通网络是企业选址决策的重要决定因素。新经济地理学文献强调，在消费地附近布局生产下游商品，更具经济效益优势。运输基础设施网络的完善，使企业更加紧密地联系在一起，既降低了此类基础设施的成本，又提高了集聚的效益。然而，也有一些研究文献发现，交通投资可能通过将增长从人口密集的城市地区分散开来而削弱了集聚经济，交通运输费用在整个20世纪都有所下降，这在历史上一直与城市密度的下降有关。在城市内，由于道路是否拥堵、距离等因素的影响，一些地点更容易到达，这可能会影响居住在大型聚集区的好处。

关于匹配效应问题。劳动力市场池匹配效应，一方面是产业集聚为受教育程度较高的人提供了更好的就业机会，从而使工人与其工作更匹配，另一方面是大城市有更大的劳动力资源，这使得企业更容易找到合格的工人。因此，在密度更高、人力资本存量更高的大都市地区，企业最有可能从集聚中获益。一些实证研究说明，局部聚集也能从劳动力市场匹配中受益。Fagan（2000）根据对美国克利夫兰-阿克伦统一都市统计区（CMSA）的一项研究发现，产业在劳动力市场匹配中产生集聚经济，在低技能生产的相关职业中更为显著。当一个地方经济的可贸易部门创造了一个新的就业机会时，相关的非贸易部门就会创造出更多的新就业机会，尤其是在制造业，产业集中度越高，创造新就业的乘数就越高。

关于学习效应问题。产业集聚的主要好处之一是降低了产生新想法和交换信息的成本。当个人和企业之间的密切接触和面对面接触导致新想法的更快传播，就会产生知识溢出。Acemoglu（1997）认为，在信息不完善或不易编码的条件下，产业集聚对知识溢出尤为重要。在需要专业人才和熟练工人的领域，一方面是工人们正在更快地相互学习，另一方面是技术变革的速度可能更快。这些效应共同作用，促进了知识集聚。这样，处于更大劳动力市场的雇主更有可能投资于技术，因为他们可以找到在公司所需的专业员工。与此同时，员工更有可能投资于人力资本，因为他们知道人力资本在劳动力市场上会被重视。

2.2.3 集聚经济的理论机制

对集聚经济形成的理论机制进行创新研究的，当属以克鲁格曼为代表的新经济地理学，在一般均衡框架内证明集聚的存在性和持续性。

按照新古典经济学，在一个规模报酬不变的世界，比较优势决定国际贸易模式，各国出口具有比较优势的产品，进口不具比较优势的产品。然而，在第二次世界大战之后，国际贸易和长期经济增长的现实表现，尤其是20世纪80年代以来，随着经济活动全球化的兴起，发达国家之间的"产业内贸易"日益构成国际贸易的主要方面，展现出一个与新古典理论所预测的相当不同的经济图景，这是比较优势理论无法解释的，也使得经济地理学的研究尺度从地方、区域而走向"全球"，空间维度引起重视，以不完全竞争和报酬递增理念为基础的新的方法开始表现出强劲的发展势头。

新古典经济学不考虑空间因素的一个关键原因是缺乏处理规模收益递增和不完全竞争的工具。传统的区域科学试图从规模经济、运输成本与要素流动之间的相互作用角度解释经济活动的空间聚集现象，然而对于集聚现象如何发生、何时发生以及如何变化等问题无法给出相应的数理解释。1977年，迪克西特和斯蒂格利茨(Dixit and Stiglitz)提出的垄断竞争与规模报酬递增模型(D-S模型)，从根本上改变了这种情况。他们将张伯伦的垄断竞争概念数学化，建立了D-S垄断竞争模型。该模型从生产和消费两个角度进行分析，建立了单品种商品规模经济和多样化消费之间如何达成均衡的框架。按照假设，在规模经济从而收益递增条件下，具有细微差别的产品，尽管相互之间具有很大程度替代性，但本质上还是不同产品，每种产品的生产者进行激烈的竞争，单个厂商对产品价格没有影响能力(不能制定垄断价格)。在此情况下，单个生产者只有生产一种产品才能有效利用规模经济。消费者则具有消费多样性的偏好，产品种类越多越好，这两者之间便会产生冲突。此时，将商品贸易引入，则市场不断延伸甚至达到整个世界，使参与贸易的各个地区可以相互分享单个商品品种规模生产和产品多样化消费的好处，也就是说即使没有比较优势和资源禀赋，规模经济本身也可以产生贸易，这也构成了新贸易理论的核心思想。

从20世纪70年代起，克鲁格曼连续发表了三篇经典文章，从而奠定了新贸易理论和新经济地理学理论。《收益递增、垄断竞争和国际贸易》(1979)阐述了收益递增和消费者偏好的多样性是如何创造了新的贸易的即产业内分工和新贸易理论;《规模经济、产品差异和贸易的模式》(1980)分析了本国市场规模与一国出口的关系，指出存在规模经济和运输成本时，一个国家将成为其具有较大国内市场规模产品的净出口国，并首次把这种影响称为本地市场效应(Home Market Effect, HME);《收益递增与经济地理》(1991)提出了中心-外围(C-P)模型，这也通常被认为新经济地理学(NEG)的开山之作，结束了主流经济学不考虑空间结构的做法，实现了主流经济学向地理空间的拓展。在该文中，克鲁格曼在迪克西特和斯蒂格利茨垄断竞争与规模报酬递增(D-S)模型基础上，引入萨缪尔森(Samuelson)1952年提出的"冰山运输成本"的概念，提出了C-P模型，考察了两个在"第一自然现象"上没有差别的区域，如何随着冰山运输成本的递减，分别演化成中心区域和外围区域。在分析中，克鲁格曼将D-S模型单个空间里的可解垄断竞争模型拓展到了两个区域，在两个区域对称分布的初始状态下，因劳动力跨区域流动而打破原有的均衡，又因收入在所在地消费，劳动力流入的区域市场规模就会扩大，并通过"本地市场效应"吸引企业入驻；由于商品跨区域流动存在冰山运输成本，因此企业聚集区域的商品由于包含较少的冰山运输成本而使得价格较低，从而产生“价格指数效应”，进而吸引劳动者流入。这两种效应共同产生循环累积因果关系，构成区域聚集力。同时，由于农业劳动力不可流动，一个区域内企业增加会导致竞争加剧，产生“市场竞争效应”，构成区域分散力。聚集力和分散力的权衡形成区域聚集或扩散的格局。

克鲁格曼的研究开拓了一个全新的研究领域，其后众多经济学家沿用克鲁格曼 C-P 模型的思路，采用 D-S 垄断竞争模型、CES 效用函数、冰山运输成本的 DCI 框架开展研究，相继出现大量拓展模型，新经济地理学的理论体系也得以不断完善，关于经济活动空间属性的研究才逐渐被主流经济学所接受，包括 Martin 和 Rogers(1995)的自由资本(FC)模型，Ottaviano(2001)等人的自由企业家(FE)模型，Baldwin(1999)的资本创造模型(CC 模型)，Martin 和 Ottaviano(1999)的全域溢出模型(GS 模型)，Baldwin 等人(2001)的局部溢出模型(LS 模型)，Krugman 和 Venables(1995)，Fujita 等人(1999)的核心-边缘垂直联系模型(CPVL 模型)，Robert(2002)的自由资本垂直联系模型(FCVL 模型)，Ottaviano(2002)的自由企业家垂直联系模型(FEVL 模型)等。其中，克鲁格曼(1992)放松了两地区模型的假设，研究了多区域情况，发现初始的优势具有自我强化的作用，这与之前的两地区模型的研究结论是一致的；同时，多地区模型也发现，相连的地区存在“集聚阴影”，成为边缘区等新的特征。

Ottaviano 等人(2002)放弃 C-P 模型中的不变替代弹性(CES)效用函数和冰山运输成本，通过引入拟线性二次效用函数和线性运输成本，成功地得到了模型的解析解，使得新经济地理学的发展进入一个新的阶段。包括线性自由资本模型(LFE 模型)、线性企业家模型(LFC 模型)等，统称为 OTT 框架。OTT 框架利用准线性二次效用函数假设反映了消费者对工业品的多样性需求偏好。当消费者在效用满足最大化条件下，某种工业品的需求量与该工业品自身的价格负相关，与消费者面对的市场价格水平正相关。企业的最优定价与企业数量的空间分布有关，即与企业面临的市场竞争强度有关。同时，OTT 框架假定工业品运输成本为附加型，即每单位产品的运输需要耗费固定单位产品，这样避免了冰山运输成本条件下工业品价格的任何增加都会导致其运输成本成比例地增加。这些垄断竞争模型假设条件的修正，使得模型更加符合现实。后续许多理论模型以 OTT 模型为原型，进行进一步的拓展和应用。其中，Alonso-Villar(2007)建立了多区域模型线性模型，并在模型中加入了通勤成本，发现随着区域间运输成本的下降，通勤成本成为地区“离心力”的主要因素。Tabuchi 和 Thisse(2006)建立了两区域、两流动部门线性模型，发现随着运输成本的下降，高运输成本的部门与低运输成本的部门将分别集聚在市场规模不同的两个地区。Lang(2010)则引入了运输成本异质的厂商，发现随着地区间运输成本的下降，高运输成本厂商将会集聚在区内运输成本较高的地区，而低运输成本厂商将会集聚在区内运输成本较低的地区，从而更加加剧了两个地区内部的运输成本差异。Takatsuka 和 Zeng(2013)进一步拓展 OTT 框架，将多地区、多产业以及不同产业的区域间运输成本纳入模型,发现随着区域间运输成本的不断降低,运输成本低的企业率先集聚在市场规模大的地区。

此外,还有“知识关联”模型(TP 模型)。其核心视角是强调人力资本的空间选择状态、知识创新与区域经济增长方式,经济增长效率以及经济福利之间的动态变化关系。TP 模型具备一般核心边缘模型的特征,同时也具备线性模型的所有特征。同时,TP 模型也具有其他一些模型所不具备的新特征:如强调“文化”对于经济活动的作用,强调以知识创新为基础的内生增长,关注效率与公平之间关系等特征。

2.2.4 集聚经济研究新进展

自新经济地理学产生以后,国外学术界对集聚经济的研究又有了新的发展,突出表现在异质性理论的兴起。同时,国内学者对集聚经济也开展了富有成效的研究。

2.2.4.1 国外对异质性问题研究

自 20 世纪 90 年代以来,基于规模报酬递增与不完全竞争革命的新经济地理学得到了长足的发展。然而,新经济地理学理论也存在着明显的不足。首先,企业集聚的机制仍然未能得到很好的探索。现有的研究主要从两个方面进行探索:一方面是企业层面共享及合作机制,主要包括知识溢出、基础设施共享与中间产品投入;另一方面是地区层面的搜寻和匹配成本降低的机制,包括劳动力池、成本降低效应等。但是,现有的研究仍然没有办法将上述机制有机地整合起来。其次,新经济地理学的基本假设是劳动者、厂商与地区为同质。

Melitz(2003)首先将企业异质性引入新贸易理论分析框架,认为国家之间的比较优势不能从产业层面去理解,而应该深入企业去理解。在同一个产业内,有些企业能够参与国际贸易,有些企业则不能参与国际贸易,参与国际贸易的企业还不断地提高自己的竞争能力从而逐步壮大,而不能参与国际贸易的企业则逐步萎缩,出现资源在产业内由生产率低的不参与国际贸易的企业向参与贸易的高生产率企业转移,实现了产业内的资源再配置,从而提高了参与国际贸易的国家的整体经济效率。Melitz 异质性理论的建立,标志着“新新贸易理论”的兴起。然而,与“新贸易理论”相同,“新新贸易理论”并没有关注企业竞争对于异质性企业空间选择的影响。但是,“新新贸易理论”催生出了“新新经济地理学”,即新经济地理理论吸收 Melitz(2003)异质性企业思想。主要模型有以下几个方面。

(1) 关于异质性企业的 FC 框架。Baldwin 和 Okubo(2006)结合 Melitz(2003)的异质性企业的贸易模型,与新经济地理的 FC 模型,构建了基于企业异质性的 FC 模型。该模型是基于新经济地理学框架建立的最早的异质性企业区位选择模型,成为异质性企业区位理论的代表性模型,因此被称为让“新经济地理”进入“新新经济地理”的代表作。该模型给出了异质性企业区位理论中核心的选择效应与分类效应,证明对落后地区的补贴政策可能会导致低效率企业集聚在落后地区,而高效率企业集聚在发达地区,从而扩大地区差距。Okubo(2012)沿用 Baldwin 和 Okubo 的基本框架,从理论上分析不同的补贴政策对于企业迁移的影响，并讨论哪种补贴政策最适合落后地区。其研究结论表明，与企业利润成比例的补贴能吸引生产率更高的企业入驻落后地区；在补贴来自本地税收的情况下，落后地区具有强烈的动机提供与利润成比例的补贴政策；发达地区将选择零补贴以避免税收支付，落后地区选择最优水平的补贴，使本地区福利最大化。但该模型忽视了集聚经济的影响，认为生产率最高的企业最具有迁移动机，不能很好地解释城市发展的现实。

(2) 关于异质性企业的 OTT 框架。OTT 框架是 Ottaviano 等人建立的，用拟线性效用函数替代 C-P 模型中的 C-D 函数和 CES 函数，用线性运输成本替代冰山费用的假设，不仅可以得出中心外围的空间分布结果，而且具有解析解。Melitz 和 Ottaviano(2008) 基于 OTT 框架，构造了基于异质性企业贸易的垄断竞争模型。模型结果表明，市场规模与贸易影响了竞争的强度，反过来会作用于异质性企业的选择行为，市场规模越大、越一体化的地区表现了更高的生产率。

(3) 关于异质性企业的 FE 框架。Okubo(2010) Melitz(2003)模型与新经济地理的 FE 模型结合，构建了分析存在生产率异质性的企业在两国定位选择的模型。模型结果表明，当贸易成本进一步下降，市场分割不再能够为低效率企业提供足够保护时，低效率企业也会选择大市场，从而导致生产率之间的差距随市场融合程度的加深而呈先升后降的趋势。从这个角度看，市场的融合会导致生产率收敛。Okubo 和 Forslid(2010)则指出，分类效应是中心区域生产率提升的一个重要机制，中心区域生产率高的另一个重要来源是中心区域具有更显著的选择效应，大市场的激烈竞争导致效率低的企业关闭，而提高了平均生产率。

(4) 关于异质性劳动力与城市的匹配模型。城市体系一直是城市经济学的核心问题，而 Henderson(1974)模型是城市体系的经典框架。但是，Henderson 模型对城市体系的解释建立在行业导致的正外部性差异上。异质性模型深入更深层次的企业或者劳动者个体之间的差异上。Behrens 和 Duranton(2014) 构建了个人与城市的匹配模型，假设个人才能的异质性，在劳动者与城市规模的匹配基础上，构建了一个城市均衡时的模型。研究表明，大城市的高生产率更多地源于高效率企业的选择效应及高效率个人的选择效应，个人才能与城市规模的匹配良好而导致良性循环。城市规模是内生变量，个人的选择效应与个人的位置消费效应构成了城市规模均衡的两种作用力。该文用个人才能与城市规模分布的匹配很好地解释了为什么城市规模分布会呈现 Pareto 分布的特征。Venables(2011)认为，劳动力存在自选择行为，会考虑城市劳动力市场质量，从而更加倾向于选择与自身技能相匹配的城市；同时，城市也存在自选择机制，劳动力市场质量高的城市会吸引与其相匹配的优质劳动力，但因较高的生活成本使部分素质较低的劳动力转移。劳动力自选择行为改善了城市中劳动力配对质量，而城市自选择机制提高了高技能劳动力占比。

(5) 关于异质性企业与城市的匹配模型。Combes 等人(2012)在 Syverson (2004)异质性模型与 Henderson (1974)城市模型的基础上，构建了一个企业异质性与城市规模匹配的理论模型，用来解释大城市生产率优势的来源，即更高的企业生产率，并在理论上给出了选择效应的识别方法。Behrens 和 Robert-Nicoud (2014)将自然禀赋、集聚经济和异质性企业选择效应结合，构建了一个完整的分析框架。研究表明：大城市通过选择效应提高城市的生产率，而高生产率吸引更多高技能劳动者的迁入，从而扩大城市规模。这种循环累积用于解释周期性的大规模城市化及大规模城市生产率的提高。Gaubert (2018)将企业异质性假设与 Henderson (1974)城市体系模型结合，构建了一个企业与城市匹配的模型，用来评估区域补贴政策对异质性企业的影响，并对城市规模体系给出了一个内生的解释。异质性企业在集聚经济的外部性及要素成本之间权衡，从而选择并形成不同规模的城市。该文献主要贡献在于，基于要素自由流动、企业异质性、城市规模内生决定前提下提供了一个可以用于分析区域政策影响的一般均衡的模型。

(6) 关于异质性劳动力与企业的匹配模型。Kim(1989)通过构建两部门的劳动专业化模型，劳动者在人力资本的投资力度决定了他们技能的专业化，在一个规模更大的市场，劳动力市场也更大，工作要求的种类越多，具有专业化技能的劳动者可寻找到和其技能相匹配的企业。也就是说，当市场规模变大时，异质性劳动力与企业需求更容易匹配，劳动力会更加侧重培养个人的专用性技能，劳动力一般性技能(General Skills)占比会降低，而特殊或专用技能(Specific Skills)的占比会提高，进而提高了企业生产率。劳动力特殊或专用技能的区位选择效应与空间分类效应，导致工资和企业生产率的空间分布差异。Mion 和 Naticchioni(2009)使用意大利 1991—1998 年间劳动力-雇主配对的面板数据，同时考虑了异质性劳动力与异质性企业的空间分类效应，发现正向排序匹配(Positive as-sortative Matching)随着城市规模的增大而递减，支持了 Kim(1989)的结论。Kemeny 和 Cooke (2018)利用美国匹配的雇主-雇员数据的研究表明，劳动力-企业技能匹配效率的提高，部分原因是劳动力流出城市、企业的多样性优势(Immigrant Diversity)，各个层次的劳动群体都能从移民多样性溢出效应中获益。

异质性的实证研究也取得重要进展，主要围绕选择效应(Selection Effects)、分类效应(Sorting Effects)和匹配效应(Matching Effects)等方面展开。由于高效率的企业定位于大市场(中心区)能获得更大的市场份额(假设高效率的企业对集聚效应的利用程度高于效率低的企业)，同时也能够应对大市场(中心区域)更加激烈的竞争，因此大市场总是倾向于吸引高效率的企业迁入，并且生产率越高的企业迁移到大市场的意愿越强烈，这种企业根据自身特征自我选择的行为称为选择效应。分类效应是指随着高效率企业迁移到中心区，中心区市场竞争加剧，中心区低效率的企业将不得不向小市场(外围区)转移以逃避激烈的竞争，从而形成高效率企业定位于大市场(中心区域)和低效率企业定位于小市场的格局。选择是分类的前提，选择的同时也伴随着分类，选择效应和分类效应是相伴随的。匹配效应通常认为是集聚经济得以产生的内在机制，包括劳动者与企业的匹配、劳动者与城市的匹配、企业与城市的匹配等方面。总体而言，关于经济地理的选择效应的实证研究文献不多，但针对某个产业是否存在选择效应的实证文献较多。Arimoto 等人利用日本的缫丝行业(1909—1916)数据，从集聚效应中识别是否存在选择效应。研究结果表明，选择效应对企业生产率分布具有不同的影响，集聚区更具有生产率优势，同时集聚区的生产率分布与非集聚区相比更窄，左截尾现象更明显，但没有明显的右移。他们认为，企业的自我选择效应是集聚区纺丝行业高生产率的来源。Combes等人(2012)利用法国的就业密度、工资与TFP数据，对法国城市之间企业生产率的分布进行了研究，并实证检验了就业密度对生产率的影响。研究结果表明，尽管就业密度高的地区TFP值高于就业密度低的地区，但从TFP分布图形中并不能得出法国的大都市区存在显著的选择效应(因为TFP并没有明显的截尾现象)。为什么在法国的大城市中没有发现选择效应呢？针对这一问题，Accetturo等人(2013)从三个方面提出可能的解释：非对称市场进入成本、异质的市场潜能及影响集聚和选择效应的差异化空间尺度。他们利用意大利制造业数据，得出的结果表明，如果不控制市场进入的差异、集聚及选择地区的空间尺度的异质性，在意大利经济中TFP差异的主要动力是集聚效应，如果控制这些因素，就得到明显的选择效应。与Melitz(2003)等模型不同，该文对企业的生产率分布的假设不限于Pareto分布，用通用函数表示，更具有一般性。Di Giacinto等(2013)利用意大利1995—2006年制造业企业数据，从两个不同的空间集聚模式，城市地区(高人口密度)及工业地区(工厂集聚区)方面比较生产率优势。研究结果表明，工业区的生产率优势随时间下降，而城市区的生产率优势比较稳定，劳动力的异质性(白领与蓝领)能解释城市生产率的小部分优势，企业选择城市比选择工业区更具有生产率优势。Okubo和Tomiura(2014)通过日本企业微观数据研究城市生产率的分布差异与地理变量的关系。研究结果表明，在东京、大阪等大都市城区，尽管生产率的平均水平高于外围区域，但其生产率分布范围却更分散了，生产率分布曲线上没有明显的左截尾区域。Behrens等人(2014)在构建个人与城市的匹配模型基础上，采用2000年美国276个大都市的统计数据，检验分类效应与选择效应是否存在，并测度选择效应、分类效应与集聚效应的影响。他们的研究发现，大城市的高生产率更多源于高效率企业的选择效应及高效率个人的选择效应，个人才能与城市规模的匹配越好就越会导致良性循环。Woodcock(2015)利用美国人口普查局的数据库，对劳动力与企业的匹配效应进行估计，证明匹配效应在工资决定中的重要性，是收入分配的一个重要来源，解释了16%的收入变化，并证明“好的员工会在好的公司找到工作”。Dauth等人(2018)利用1985—2014年的德国行政区数据，研究发现大城市的分类匹配更为显著，大城市不仅吸引了更多的高质量工人，而且高质量工人更有可能与高质量企业相匹配，分类匹配放大了工人分类造成的地域工资差异。分类匹配对30年间城市规模的弹性增加了75%，是解释过去30年来地域工资差异增长的一个关键因素。

2.2.4.2 国外对其他集聚问题研究

关于集聚经济的影响问题。企业选址决策不仅取决于人口规模，而且取决于上下游企业地理位置，以及受教育的劳动力数量。集聚经济是企业区位决策的重要驱动因素。Ellison等人(2010)指出，经济上相似的行业之间集聚度较高，表明地理邻近性和经济联系在企业区位决策中都起着重要作用。Alcácer和Chung(2014)发现，对于首次进入美国的外国企业来说，技术工人的聚集和潜在的知识溢出在选址决策上比专业供应商更具吸引力。企业进入新领域最重要的机制是劳动力市场共享，即具有各类专业技能的员工数量，另外是投入共享，尤其是考察较大地理区域(城市之间)的公司选址决策，更显而易见。然而，对技术层次较低的公司，熟练的劳动力池和专业供应商对区位选址决策的影响较小。Holl(2004)发现，部门专业化并不是企业区位选址决策的最重要影响因素，而当地产品需求规模、多元化经济和更合格的劳动力对区位选址决策的影响更大。Glaeser 和 Kerr(2009)发现，对于制造业初创企业，当地劳动力资源是决定区位选址决策的最重要因素，其次是供应商和客户联系的方便程度。Abel 等人(2012 年)发现，在专业服务、艺术和娱乐、信息和金融等知识密集型行业中，集聚经济的影响最大。在这些行业中，分享想法是影响工作过程的核心因素，信息导向和高技术领域(如科学、技术和工程)的工人小时工资率较高。Audretsch 和 Feldman(2004)发现，在高科技行业，机构数量与生产率的提高呈正相关关系，表明集聚经济对生产率具有显著影响。然而，在研发较少的行业中，集聚经济的重要性较小。Niu 等人(2015)发现，与其他行业相比，建筑、金融和保险、专业服务和行政服务领域的公司更可能选址经济中心。

关于集聚规模问题。人们通常认为，集聚经济是在“大都市层面”上的事情。然而，城市不是单中心的，而是由多中心组成，不仅城市间的集聚效应不一致，在城市内部也可能存在多个产业集聚。Giuliano 和 Yuan(2019)认为，有证据表明，集聚发生在许多不同的地理层次。Jofre-Monseny 等人(2011)认为，正是在地方层面(城市内部)，知识溢出变得重要。Verstraten 等人(2019)研究表明，在中等距离[3～6 英里(1 英里＝1.609 公里)]范围内，集聚可以提高工资，但在短距离(小于 3 英里)范围内则不会。Liu 等人(2018)发现，即使在微观地理层面上，集聚经济也是重要的。高生产力的舒适型办公室公司位于高处，而生产力较低的办公室位于低处，零售租户非常容易进入，他们集中在地面，而且租金的垂直变化幅度与附近就业规模变化幅度相关。在一个邮编区中，就业人数翻一番则平均会增加约10.7%的商业租金，建筑内就业人数的影响更大。这一结果也进一步说明，集聚产生的生产率溢出随着距离的增加而迅速衰减。相比之下，在同一个邮政编码区域内增加 10 万名工人，对商业租金的影响大致相当于搬上 30 层楼。Liu 等人(2020)发现，即使在建筑物内，当建筑物在同一楼层包含多个同行业的机构时，每平方英尺(1 平方英尺＝0.0929 平方米)办公空间的就业率也会更高。Rosenthal 和 Strange(2019)认为，信息技术的进步有利于促进各种地理空间尺度上的集聚经济。在更小的层次上，包括社区、建筑，甚至建筑内部，地理邻近都有好处。

关于集聚经济问题的议题十分广泛，除了上述问题外，还包括集聚经济与企业产品多样化、产品质量、研发投入、生产率分布、城市规模、空间溢出距离和城市网络外部性等问题。限于篇幅，这里不一一列举。

2.2.4.3 国内对集聚经济问题研究

国内学者利用中国案例和样本，借鉴国外学者模型和方法，对集聚经济也开展了卓有成效的研究。集聚一直是经济地理学的重要概念，但国内对集聚经济的关注，始于 20 世纪 90 年代后期。其原因，一方面是克鲁格曼新经济地理学和波特国家竞争优势理论的传播，另一方面是我国各地出现了较为典型的产业集聚或集群的实践模式。大体上，国内对集聚经济的研究，主要围绕三个方面：一是对国外集聚经济理论的介绍和吸收。1992 年费洪平的博士论文《企业空间行为、产业集聚与空间组织研究》、1999 年周文的博士论文《产业空间集聚机制研究》，是比较早吸收国外集聚经济理论研究中国产业集聚问题的文章。2001 年王缉慈出版的《创新的空间》、2004 年梁琦出版的《产业集聚论》、2005 年安虎森出版的《空间经济学原理》等，是比较早的系统地介绍和研究国外集聚经济的著作。二是关于产业集聚形成的影响因素的研究。例如，贺灿飞等人(2007)认为，资源和劳动力投入强度影响制造业分布格局。黄玖立和黄俊立(2008)认为，中国制造业的“中心—外围”趋势持续强化，和本地市场是产业规模报酬递增的重要源泉，本地市场效应的影响要显著大于国外、地区市场，而这又与地区保护政策有关。范剑勇(2006)利用中国 2004 年地级城市和副省级城市的数据，发现中国内地集聚效应在省际之间有存在差异和没有差异两种情况，非农产业劳动生产率对非农就业密度的弹性系数为 8.8%左右。金煜等人(2006)利用 1987—2001 年省级面板数据，研究了导致中国地区工业集聚的因素，认为由于地理优势，沿海地区产业集聚通过规模效应不断强化。赵伟和张萃(2007)从三个层面实证考察了 *fdi* 因素对制造业空间集聚的影响。范剑勇等人(2021)从地理距离与投入产出关系出发，认为行业间距离对新企业选址具有更为显著的影响。三是产业集聚对相关经济的影响。孙浦阳等人(2013)认为，产业集聚会对劳动生产率带来拥塞效应和集聚效应两种影响，产业集聚的不同时期两种效应的地位不一样，但从长远看，产业集聚能够提升劳动生产率。赵伟和隋月红(2015)分析了专业化、多样化两种集聚类型对劳动生产率与工资之间动态差异的影响。杨仁发(2013)利用 2003—2010 年 269 个地级及以上城市的数据，分析了产业集聚对地区工资差距的影响。张国峰等(2016)研究了产业集聚对出口的影响，发现通过沟通外溢性渠道，产业集聚对出口集约边际和扩展边际具有显著影响，并具有随地理距离而衰减的特征。邵朝对和苏丹妮(2019)研究了产业集聚对出口国内附加值率的影响，发现产业集聚对出口国内附加值率具有显著促进作用。茅锐(2015)研究了产业集聚对融资约束的影响，发现其影响取决于固定资产依赖度以及企业间增长差异。盛丹和王永进(2013)研究了集聚对融资的影响，发现通过降低信息不对称，集聚可以降低融资成本、提高信贷资源配置效率。

国内学者对企业异质性问题也开展了研究。梁琦等(2012)研究了异质性企业的选择效应，揭示了影响地区生产率差异和地区经济差距的另一重要机制，即企业的选择行为，而且欠发达地区补贴政策总是倾向于吸引低效率企业的进入，扩大地区之间的生产率差异。傅江帆(2013)利用 1998—2007 年中国工业数据，考察中国城市生产效率的差异及其影响机制，发现中国城市生产效率具有显著的集聚效应，但选择效应不明显。李晓萍等(2015)利用中国城市级数据，考察了中国企业是否存在选择效应问题，发现选择效应显著。陈强远等(2016)利用中国工业企业数据库，研究了大城市生产率溢价问题，发现大城市的生产率优势是集聚效应、选择效应、分类效应和竞争效应共同作用的结果。王永进和张国峰(2016)考察了中国开发区是否存在选择效应问题，发现开发区的集聚效应存在，但仅 3 年，而且选择效应是开发区生产率优势的主要来源。王俊(2021)考察了经济集聚、技能匹配与大城市工资溢价之间关系,发现经济集聚促进了匹配效率的提升和工资水平增长。此外,不少学者从地方案例、集聚与创新、集聚与绿色增长、服务集聚与制造业集聚关系等视角进行研究。

2.2.5 文献评述

近 20 年来,国内外集聚经济研究的文献逐步增加,理论内涵和外延不断拓展,极大地提高了集聚现象的理论解析深度,为空间经济学发展作出了极其重要的贡献。但是,随着实践的不断发展,集聚经济理论研究仍然存在以下一些问题。

(1) 对集聚经济效应的理论认识仍需要拓展。产业集聚是现象,本质上是集聚经济,即外部性。现有文献对集聚外部性主要是共享、匹配和学习三大效应,但对其内涵和外延仍需要进一步明晰。在内涵上,哪些设施、渠道可以共享,存在哪些方面的匹配,哪些方面的知识溢出,都需要进一步研究。如华人社会的血缘、地缘等以“缘”为纽带的商帮,在集聚外部性上如何解释,都还没有深入探讨。在外延上,共享、匹配和学习效应的空间尺度多大呢?现有文献有的大到全球范围,有的小到社区范围,外部性影响到底是多大的空间尺度,仍然不明确。特别是随着现代快速交通发展、信息技术发展,共享、匹配和学习效应的空间尺度应该是发展变化的。

(2) 对异质性问题的研究还处于起步阶段。现有文献对异质性问题的研究,主要集中于企业生产率异质性、劳动力异质性两个视角,成熟的理论模型比较少。即使已经形成的异质性企业的 FC 框架、OTT 框架和 FE 框架及异质性劳动力与城市的匹配模型、异质性企业与城市的匹配模型、异质性劳动力与企业的匹配模型等,也是初步的、不成熟的。因此,异质性问题研究仍需要拓展。

(3) 现有研究受传统区位论思维约束比较大。新经济地理学几乎所有模型都建立在货物运输费用等货物空间移动成本的基础上,意味着这些模型仅仅适用于物质生产部门和货物运输方式。无论是发达国家,还是中国,经济形态转变为以服务业为主导的服务经济,但对服务经济集聚的理论研究十分有限。同时,像高速铁路、城市轨道交通等只有客运、没有货运的快速交通方式迅速发展,对集聚经济影响的理论研究十分不足。

(4) 实证研究的范围涵盖面小、存在较大局限性。新经济地理学的大量模型,在实证上还比较少,数值模拟得比较多。对异质性问题的实证研究仅局限在分类效应、选择效应和匹配效应等主题的应用统计分析上,而且文献相当有限。其中原因,一方面受制于数据的不足,另一方面受制于应用统计方法本身的局限性。对集聚经济问题的其他实证方法,主要包括案例分析等,其中有深度剖析的文献比较少。

(5) 对中国集聚经济的研究还有待提升。中国经济的快速发展,催生了一大批产业集聚现象。尽管关于中国集聚现象的文献汗牛充栋,但现象描述、定性描述的文献占多数,有深度的、有说服力的文献比较少。

2.3　关于交通基础设施影响集聚经济的研究

2.3.1　交通基础设施对集聚经济的影响

从杜能开始的古典区位论到现代区位论，交通费用一直是区位决策的重要影响因素。在新经济地理学里，交通费用是解析集聚形成机制的重要参数。根据克鲁格曼(1991)的 C-P 模型，当工业企业通过降低运输成本，同时最大化内部生产规模，在寻求产品市场的优势时，集聚就会产生。虽然 Glaeser(2000)认为，与过去相比，运输成本现在微不足道，但 Puga(1998)的研究表明，在运输成本降低的假设下，集聚更加突出。与克鲁格曼相似，Mori(1997)开发了一个分析模型，描述了特大城市的形成机制，即运输成本下降，制造商可以获得更大的市场区域，实现内部规模经济，导致生产企业集聚，促使大都市的形成。

但是，把交通基础设施与集聚经济之间的关系作为研究主题，则是新近的事情，尤其是 21 世纪初在大型交通基础设施投资评估中提出"更广泛的经济影响"(WEI)以后，这个主题才成为热点问题。根据英国交通运输部 2014 年制定的大型项目评估指南，交通基础设施投资的收益分为两类：一是直接用户利益(DUB)，即交通基础设施对新用户和现有用户直接产生的影响，通过一般旅行成本(如时间和运营成本)或运输服务质量进行评估；二是更广泛的经济影响(WEI)，指的是规模经济、不完全竞争和税收导致的市场不完善对经济产生的影响，集聚外部性是其中最重要的部分。交通基础设施与集聚外部性之间存在内在联系。交通改善降低了企业之间、工人之间、工人和企业之间以及企业和消费者之间的互动成本，称为"静态"集聚效应。这是因为企业和工人没有改变工作场所或居住地点，也没有在空间上变得更加集中。交通基础设施改善使一些地方比其他地方更具吸引力，可能导致公司和工人搬迁、土地使用变化，以及企业等机构集中度的增加，产生了额外聚集效应，称为"动态"集聚效应或"集群效应"。动态集聚效应可能是正的，也可能是负的，取决于交通基础设施改善所产生的空间均衡导致集聚的增加或减少。

许多学者从不同视角对交通基础设施与集聚经济的关系展开研究。西班牙学者 Holl(2018)从不同交通方式、不同行业等多个视角展开长期研究，认为无论何种交通基础设施对制造业、服务业集聚效应都有影响，影响大小取决于交通基础设施所在的环境，具有空间异质性。Credit(2018)考察了 2008 年开通的美国亚利桑那州凤凰城轻轨系统对新公司设立的影响，发现开通后到 2014 年公交邻近区的知识密集型公司增加了 88%，服务业增加了 40%，零售业增加了 28%，但这种影响随时间延长而减弱，还随着与车站的距离而减弱。Gerritse 和 Arribas-Bel(2018)考察了美国公路对集聚经济的影响，发现公路对城市人口迁移有影响，并产生集聚外部效应，移民的选择取决于城市人口数量和出行的便利程度，公路密度提高了集聚效应，公路网密度更大的城市从集聚中获得更大的收益。Yu(2018)研究了达拉斯-沃思堡都市区的产业集聚与轨道交通之间的关系，发现轨道交通对产业集聚具有显著影响,但对不同行业的影响存在差异,对制造业、知识和服务业等行业集聚影响比较大,对零售业等行业集聚的影响比较弱。Mejia-Dorantes 等人(2012)评估了马德里地铁 12 号线扩建对商业区位模式的影响,发现经济活动区位模式与城市可达性有关,对集聚起着重要作用。Le Néchet 等人(2012)对巴黎盆地特大城市交通与集聚效应之间的关系进行实证分析,研究发现交通诱导的集聚效应在不同的行业有所不同,商业服务业的集聚效应更大,而且生产率与运输诱导的集聚效应之间的关系具有相当大的非线性。

还有一些学者研究了交通基础设施与共享、匹配和学习效应等集聚经济三个来源的关系。Glaeser 等人(2008)发现,交通成本降低能够提高就业的便利性,促使农村地区低收入家庭迁移到城市,促进劳动力市场共享。特别是提高低工资工人技能与工作匹配度,可长期以扩大城市规模来降低就业搜索成本。Chatman 等人(2016)利用 1991—2008 年得克萨斯州达拉斯和俄勒冈州波特兰的企业数据库,分析了企业选址与火车站邻近性之间的关系,发现火车站邻近性对企业诞生率、企业集聚具有显著的积极影响,但主要机制是通过劳动力市场扩大,而不是通过增加信息溢出或增加面对面接触。Cervero 和 Landis(1997)考察了旧金山湾区快捷交通运输系统(BART)1973 年开通以后 20 年土地利用的变化,发现 BART 促使土地开发的变化,中央商务区和公共交通节点附近地区的就业人口更加密集,与熟人和同事进行随意互动,在公司之间、在社交活动和网络中实现知识共享。

国内学者对交通基础设施与集聚经济的关系也开展了一些研究。张学良(2007)利用 1993—2004 年面板数据,对交通基础设施与集聚之间的关系进行研究,发现交通基础设施对城市经济集聚具有促进作用,但存在区域差异。胡鞍钢和刘生龙(2009)利用中国 1985—2006 年 28 个省份的数据,研究发现交通基础设施的改善可以降低交通运输成本,产生城市规模经济和城市聚集经济。刘荷和王健(2014)利用 2000—2012 年省级面板数据,研究了交通基础设施与制造业集聚的关系,发现交通基础设施对我国制造业集聚具有显著的外溢效应,呈现非线性的"倒 U 形"关系,而且铁路大于公路,具有地区和行业差异。周浩等人(2015)利用 1998—2007 年公路交通网络计算交通可达性指标,研究了可达性对企业选址的影响,发现集聚经济是吸引新企业选址的重要因素,而且专业化集聚比多样化集聚更明显。林善浪等人(2018)利用 1998—2007 年高速公路网和企业数据,研究高速公路对企业选址的影响,发现高速公路通过市场需求扩大和总成本降低影响新企业选址,具有显著的集聚效应。

2.3.2 高速铁路对集聚经济的影响

关于高速铁路与集聚经济之间的关系,近几年的文献逐步增多。Vickerman(1997)通过对法国 TGV、德国 ICE、西班牙 AVE 和意大利 Direttissima 的考察,指出高铁发展会有利于核心区域公司的扩张行为,促使产业向核心区域集聚。Hall(2009)认为,服务行业和知识密集型行业由于更加依赖人力资本和信息流,因此对高铁更为"敏感",容易产生集聚。Graham 和 Melo(2012)评估了英国高速铁路运输改善带来的集聚效应问题,认为高速铁路压缩了旅行时间,促进了集聚,但集聚效应具有长途旅行距离衰减特征。Wetwitoo 和 Kato

(2017)以日本高铁为例，从高铁车站、高铁出行时间等多个视角进行研究，发现高速铁路通过集聚对生产率产生影响，并且拥有高铁车站的地区、距离最大城市 150～200 公里半径范围内的地区效果最为显著。Sun 等人(2017)利用 2000—2015 年北京—广州高速铁路沿线地区的面板数据，研究了高铁与制造业集聚之间的联系，发现总体上高速铁路对制造业集聚具有显著促进作用，但高铁的集聚效应因地区而异。Shao 等人(2017)利用长江三角洲地区 25 个城市的数据，研究发现高速铁路对服务业集聚有显著影响，依高铁频次和服务业行业差异而不同。Ahlfeldt 和 Feddersen(2018)的研究认为，高铁项目对城市和地区具有时空溢出效应。Meng 等人(2018)利用 2006—2014 年中国县级面板数据，发现具有高铁站的地区经济增长更快，而且源于资源再分配效应。Tian 等人(2021)利用 2008—2017 年中国数据，研究高速铁路网络位置对服务业集聚的影响，发现网络中心性的提高会抑制周边地区服务业集聚，而且距离核心城市越远的地区损失越大。Lin 等人(2021)采用 2004—2013 年中国 284 个城市的面板数据，发现产业协同集聚在高铁与区域绿色技术创新之间发挥中介作用。

国内相关的研究文献也逐步增加。李红昌等(2016)的研究表明，高铁开通导致可达性变化、集聚租金变化，促进城市服务业空间集聚。李雪松和孙博文(2017)以我国京广高铁沿线城市为观察样本，利用 2000—2014 年面板数据探讨了高铁开通对站点城市制造业集聚的影响。结果显示，高铁开通对站点城市制造业集聚效应将逐渐经历集聚加速阶段(阶段Ⅰ)、集聚弱化阶段(阶段Ⅱ)以及扩散阶段(阶段Ⅲ)等三个阶段。高铁开通普遍提高了站点城市制造业的集聚水平，对中心城市制造业集聚的影响处于集聚弱化阶段(阶段Ⅱ)，对非中心城市制造业集聚的影响处于集聚加速阶段(第Ⅰ阶段)。覃成林和杨晴晴(2017)利用 2003—2012 年中国 218 个地级及以上城市的数据，研究发现高铁对沿线生产性服务业集聚具有显著促进作用，作用大小因经济联系强度而异，具有显著的“虹吸效应”。邓涛涛等(2017)利用长三角的数据，研究发现高铁网络的扩大对城市服务业集聚具有显著影响，但在高铁营运初期不显著。宣烨等(2019)从专业化集聚和多样化集聚两个方面，研究高铁开通对高端服务业空间集聚的影响，发现对多样化集聚有显著影响，对专业化集聚没有显著影响。

2.3.3　文献评述

关于交通基础设施对集聚经济影响的研究，虽然已经有一些文献，但总体上还比较少，还存在不少局限性。

(1) 关于交通基础设施对集聚经济影响的研究，在内涵和外延上都还很不足。对交通基础设施项目的评估仍然局限于传统可观察的投入产出分析上，以至于对中国高速公路、高速铁路等大规模交通基础设施建设是否有必要还存在争议，争议的焦点就是高速公路、高速铁路等大规模投资是否具有经济效益。少数国家开展的大型基础设施项目“更广泛的经济影响”(WEI)的研究和评估，包括对集聚经济影响的研究和评估，仍然处于刚刚起步阶段，在中国还没有引起重视。在共享、匹配和学习效应方面，交通基础设施如何影响、渠道有哪些、范围多大等问题，都缺乏深入探讨。

(2) 关于交通基础设施对集聚经济影响的研究,实证分析文献比较少。国内外对交通基础设施影响集聚经济的研究,现象描述得多,实证分析得少。研究交通基础设施影响集聚经济的实证分析,不仅应用统计方法的文献,有深度的案例分析和田野调查的文献也很少。

(3) 针对高速铁路等新型交通方式对集聚经济影响的研究,受传统区位论思维约束比较多,缺乏有针对性的理论研究和实证研究。现有关于高速铁路等新型交通方式影响集聚经济的文献,多数搬用新经济地理学基于货物运输费用的模型和方法,适用性不足。实证研究文献屈指可数,有待于大力拓展。其原因,一方面是除了中国之外,多数国家的高速铁路规模小,制约了国外经济学家的相关研究;另一方面是国内相关理论创新不足,缺乏基于中国高速铁路网的深度调查和理论思考。

2.4 本章小结

马克思主义经典作家虽然没有专门分析产业集聚理论,但大量描述了他们所处时代时的产业集聚现象。产业集聚是劳动地域分工的具体表现形式之一。因此,马克思主义劳动地域分工理论也是分析产业集聚的重要理论支撑。马克思关于交通设施的思想,突出了对道路建设的研究,着重分析了为什么要建设道路、经费来源、政府责任和道路重要性等问题。这些关于交通基础设施的思想对我们具有重要启发。

自马歇尔注意到集聚现象,并提出集聚经济的三个来源以后,集聚理论经历了从传统区位论到现代区位论,再到新经济地理学的发展过程,已经成为当代分析区域经济问题的重要理论基础。关于集聚经济的来源,在经济学界有不同的认识,但共享效应、劳动力市场匹配效应和学习效应,已经是学者们广泛认同的三个集聚经济来源,并开展了大量理论和实证研究。对集聚经济形成的理论机制进行开创性研究的是以克鲁格曼为代表的新经济地理学,在一般均衡框架内证明集聚的存在性和持续性,并构建了一系列理论模型。之后,异质性理论的兴起,构建了新的理论模型,提出选择效应、分类效应等新的研究视角。但是,总体上,新经济地理学关于集聚经济问题的实证研究文献比较少,尤其是关于异质性的实证研究还只是刚刚起步。

从杜能开始的古典区位论到现代区位论,交通费用一直是区位决策的重要影响因素。在新经济地理学中,交通费用是解析集聚形成机制的重要参数。但是,把交通基础设施与集聚经济之间的关系作为研究主题,则是新近的事情。许多学者从不同视角对交通基础设施与集聚经济的关系展开研究,有的学者从交通基础设施与共享、匹配、学习效应之间的关系展开研究。但是,关于交通基础设施与集聚经济之间的关系的研究文献比较少,实证研究文献更少。

高速铁路是新兴的快速交通方式,与其他交通方式具有显著的差异,具有自身独特性。国内外对高速铁路与集聚经济之间关系的研究,虽然近几年的文献逐步增多,但总体上还处于刚刚起步阶段。在理论机制和模型方面,现有文献基本上是套用基于货物运输费用的机制和模型,还没有基于高速铁路特征的机制和模型,尤其是反映高铁只有客运没有运货特征的机制和模型。在实证方面,无论是研究样本,还是研究方法,都还需要进一步完善。

第 3 章　典型事实和理论机制

本章分析了我国高速铁路和制造业集聚的现状和特点，构建了高速铁路对制造业集聚影响的机制，最后构建了高速铁路影响制造业集聚的理论模型，为本书后面实证研究提供理论支撑。

3.1　高速铁路发展现状和特点

3.1.1　高速铁路的概念

3.1.1.1　国外对高速铁路的定义

1964 年，日本出现了世界上第一条高速铁路，此后 50 年，高速铁路在全球逐渐发展起来。但是，由于开通高速铁路各个国家的科技水平、道路状况、发展思路等各不相同，相应的高速铁路技术标准也就难以统一，这使得高速铁路在不同地区、不同时期以及不同的学术领域也都有不同定义。如 1970 年 5 月，日本在第 71 号法律《全国新干线铁道整备法》中规定："列车在主要区间以 200 公里/小时以上速度运行的干线铁道称为高速铁路。"这也是世界上第一个以法律条文形式明确的高速铁路定义。1996 年欧盟委员会在《全欧高速铁路系统互通性的 1996 年 7 月 23 日理事会指令 96/48/EC》中对高速铁路的定义是：在新建高速专用线（或由旧线改造）上运行至少达到 250 公里/小时的铁路。美国则认为最高运营时速超过 145 公里就可以认定为高速铁路。

而目前按照国际铁路联盟（International Union of Railways，UIC。UIC 是法文全称的缩写）的观点，高速铁路并不能简单定义，应该是构成一个整体"系统"的许多要素的复杂组合：包括基础设施、专用车辆（特殊设计的火车组）、运行条件和设备等。具体到基础设施（也就是我们通常所说的"高速铁路"）是指新建线路设计时速超过 250 公里，或者在某些情况下升级现有线路使速度达到 200 公里/小时及以上的铁道线路。同时，UIC 也认为，由于许多高速列车会在现有普通铁路线路上通行，只是速度低于在新建线路上的速度，高速客运量在统计时也应包括这部分。

3.1.1.2　我国相关高速铁路定义

对于我国的高速铁路，目前尚未有统一定义，在 2016 年修编的《中长期铁路网规划》以及2017年发布的《铁路"十三五"发展规划》等重要文件中也均未予以说明。总体上来看，我国高速铁路的定义主要有以下两种类型。

(1) 技术性定义。包括三种划分方法：一是按速度划分类型。如2013年2月1日起施行的《铁路主要技术政策》(第二章，第5条)定义高速铁路为新建设计开行250公里/小时(含预留)及以上动车组列车，初期运营速度不小于200公里/小时的客运专线铁路；2014年1月1日起实施的《铁路安全管理条例》(第八章附则，第107条)规定，高速铁路是指设计开行时速250公里以上(含预留)，并且初期运营时速200公里以上的客运列车专线铁路；2015年2月1日起施行的《高速铁路设计规范2014》没有明确高速铁路定义，只是在总则第二条中说明"本规范适用于新建设计时速为250～350公里，运行动车组列车的标准轨距的客运专线铁路，设计时速分为250、300、350公里三级"。二是按动车组列车划分类型。中国常见的动车组列车有三种类型，即D字头列车、G字头列车和C字头列车。动车全称"动车组列车"是铁路列车的一种，在高速铁路上开行的列车都是动车组，即C字头、G字头、D字头列车。G字头，读"高"，指高速动车组列车，最高运行时速300～350公里；D字头，读"动"，指普通动车组列车，最高运行时速200～250公里；C字头，读"城"，指城际动车组列车，最高运行时速160～350公里。本书研究的高速铁路为这三种车型的铁路系统。三是按轨道系统划分类型。高速铁路是封闭电气化铁路，采用无砟轨道和无缝钢轨，也有部分采用有砟轨道。

(2) 统计性定义。相对于技术上的定义，统计上的定义则与之不同。如国家统计局2010—2016年统计年报中定义高速铁路是指最高营运速度达到200公里/小时及以上的铁路；2017年统计年报则定义为线路最大速度200公里/小时及以上的铁路和200公里/小时以下仅运行动车组列车的铁路。

从上述两种定义来看，我国高速铁路的定义更注重对基础设施(铁道线路)的界定，运行车辆则是明确为动车组列车。同时，对比两种定义的话可以发现，技术性定义的标准要高于统计性定义，究其原因可以从以下两点考虑：

(1) 我国从2007年起开始大规模的高速铁路建设，此后10年我国高速铁路实现了从学习、摸索到赶超、引领的跨越式发展。例如，2004年的《中长期铁路网规划》提出到2020年要建设客运专线1.2万公里以上，客车速度目标值达到每小时200公里及以上。这一目标中的速度目标在我国高速铁路开通伊始便已完成，里程目标在2014年初也得到了实现，较计划提前了6年时间。在这过程中，我国高速铁路相关技术也取得全面发展，"复兴号"动车已"拥有全面自主知识产权"。正因我国高速铁路的不断超预期发展，2008年和2016年先后两次调整(修编)《中长期铁路网规划》，以适应时代发展需要。与此相对应，近几年出台的相关技术性规范(要求)也更注重在现状基础上加强对后续新建线路的建设规范和技术发展的指引，更加面向未来。

(2) 由于我国高速铁路在技术和成本上的优势，高铁已成为代表中国智造的新"国家名片"。自习近平主席于2013年提出建设"一带一路"构想以来，我国加快了同周边国家和"一带一路”沿线国家的基础设施互联互通建设，其中高速铁路建设作为“道路联通”的一项主要内容，已经成为推动“一带一路”倡议加快实施的重要工具。截至目前，中国在海外已参与建设土耳其安伊高铁、沙特麦麦高铁、摩洛哥丹吉尔—肯尼特拉高铁、印尼雅万高铁、伊朗德黑兰—马什哈德铁路改造项目及俄罗斯莫斯科—喀山高铁等众多项目，并与多个国家就高速铁路项目的出口进行谈判。随着我国高速铁路走向全球，中国高速铁路技术标准在全球的话语权不断提升。在此情况下，我国相应技术标准制定时需更多考虑海外市场的拓展需要，需具有更高的全球视野，甚至引领全球标准和发展方向。

综合以上两点可以发现，我国高速铁路的技术性定义重点注重引领性、标志性和全球性，更多的是针对后续新建线路（包括海外项目），我国近期所投资建设的高速铁路就是执行了这些标准。而统计性定义则整体考虑了我国高速铁路 10 余年高速发展的历史进程和现状，相较而言更加“贴近现实”。

3.1.1.3　本书对高速铁路的定义

本书在研究时为保证研究数据的连续性、统一性和权威性，同时考虑到我国高速铁路发展的历程和现状，采用国家统计局《中华人民共和国 2017 年国民经济和社会发展统计公报》中对于高速铁路的定义，即：高速铁路是最大速度达到200 公里/小时及以上的铁路和 200 公里/小时以下仅运行动车组列车的铁路。联系到现有实际的话主要是指运行“G”字头和“D”字头高速动车组的线路。

3.1.2　我国高速铁路发展历程

从 20 世纪 90 年代开始，我国高速铁路发展经历了从无到有，从技术引进到“中国制造”，再到“中国创造”的跨越式发展过程，经过近 30 多年的发展，我国高速铁路已建成为世界最现代化、总运营里程最长的高速铁路网络。归纳起来，中国高速铁路的发展大概经历了四个阶段：

（1）研究论证阶段（1990—1998 年）。京沪高速铁路可行性论证、广深准高速铁路提速改造。

（2）初期试验阶段（1999—2003 年）。1999 年秦沈客运专线开工建设，2003 年秦沈客运专线建成，“中华之星”动车组开始试运行，2003 年上海磁浮列车开始运行。

（3）快速起步阶段（2004—2011 年）。2004 年国务院批准实施《中长期铁路规划》；2007 年 4 月 18 日中国第一列高速列车开通运营（上海站至苏州站），随后当年有 50 多个地级及以上城市进入了高速出行时代；2008 年，京津城际、合宁铁路、胶济客运专线开通运营；2009 年，合武铁路客运专线、石太客运专线、武广客运专线开通运营；2010 年，昌九城际、广珠城际、长吉城际、郑西高速铁路、沪杭高速铁路开通运营；2011 年，“十二五”规划“四纵四横”开始规划实施，京沪高速铁路、广深港铁路广深段开通运营。

（4）快速发展阶段（2012 年以来）。2012 年，汉宜高速铁路、京广高速铁路、哈大高速铁路、合蚌高速铁路和石武客运专线开通运营；2013 年，宁杭高速铁路、盘营高速铁路、津秦高速铁路、杭甬高速铁路、西宝高速铁路和柳南高速铁路开通运营；2014 年，青荣城际高速铁路、郑开城际高速铁路、武石城际高速铁路、武冈城际高速铁路、兰新高速铁路、南广高速铁路南梧段、大西高速铁路太西段、沪昆高速铁路南长段、南广高速铁路梧广段和沪昆高速铁路长新段开通运营；2015 年，郑机城际高速铁路、郑焦城际高速铁路、哈齐高速铁路、合福高速铁路、沈丹高速铁路、吉图晖高速铁路、沪昆高速铁路新贯段和成渝高速铁路开通运营，2015 年运营总里程达 1.9 万公里；2016 年，国务院通过《中长期铁路网规划（2016—2030 年）》修改稿，发布"八纵八横"高速铁路网规划，郑徐高速铁路、沪昆高速铁路昆贯段、南昆高速铁路昆百段开通运营；2017 年，宝兰高速铁路、西成高速铁路、武九高速铁路、石济高速铁路、莞惠城际高速铁路和淮萧高速铁路等开通运营，2017 年年底"四纵四横"高速铁路网络提前建成，高速铁路网络运营总里程达 2.5 万公里；2018 年，广大高速铁路复线、渝贵高速铁路、哈佳高速铁路、广深港高速铁路、深茂高速铁路、杭黄高速铁路、青连高速铁路、京沈高速铁路、哈牡高速铁路、济青高速铁路和铜玉高速铁路等开通运营，中国高速铁路总里程达 2.9 万公里；2019 年，京张高速铁路、张呼高速铁路张乌段、张大高速铁路、郑渝高速铁路郑州至襄阳段、郑州至阜阳高速铁路、京港高速铁路商丘至合肥段、日兰高速铁路日照至曲阜段、南昌至赣州高速铁路及成贵高速铁路宜宾至贵阳段等开通运营，中国高速铁路运营总里程达 3.5 万公里。2020 年合杭高速线、喀赤客专线、沪苏通线、安六客专线、潍荣高速线潍莱段、广清城际线及广州东环城际线、连镇客专线淮丹段、郑太客专线太焦段、郑机城际线新郑机场至郑州南段、京港高速线合安段及安庆联络线、西银客专线、福平线、仙桃城际线和京新雄城际线大兴机场至雄安段和盐通高速线等开通运营。

3.1.3 我国高速铁路发展现状

我国高速铁路建设起步较晚，但发展迅速，在短短十几年时间内，中国已经成为世界上高速铁路系统技术最全、集成能力最强、运营里程最长、运行速度最高和在建规模最大的国家。

3.1.3.1 运营规模世界第一

到 2020 年年底，建成通车时速为 300～350 公里的高速铁路 26 条、合计 14 363 公里，时速为 200～250 公里的客运专线和干线铁路 69 条、合计 23 150 公里，时速为 200～250 公里的城际铁路 14 条、合计 850 公里。其中，宁蓉线宜昌—利川段 275 公里、遂渝线重庆北—遂宁段 158 公里的实际时速为 160 公里，广深港高铁香港段 30 公里。中国时速 200 公里及以上高铁通车里程为 37 900 公里。

根据国际铁路联盟（UIC）的统计，截至 2017 年年底，全球已有 16 个国家（地区）开通了高速铁路，另有 4 个国家正在建设本国第一条高速铁路，全球高速铁路营业总里程近 42 000 公里，在建里程约 15 000 公里。其中我国高速铁路营业里程占 64.2%；如果将在建里程计算在内的话，我国高速铁路里程（运营＋在建）占全球的比重将达到 66.1%，约是其他国家高速铁路总里程（运营＋在建）的 2 倍，是当之无愧的全球第一（表 3.1）。

表 3.1　世界各国(地区)高速铁路营业和在建里程　　公里

序号	国家(地区)	营业里程	在建里程	合计
1	中国	26 869	10 738	37 607
2	日本	3 041	402	3 443
3	西班牙	2 852	904	3 756
4	法国	2 776		2 776
5	德国	1 658	185	1 843
6	意大利	896	53	949
7	韩国	887		887
8	美国	735	192	927
9	土耳其	724	1 395	2 119
10	中国台湾	354		354
11	奥地利	244	243	487
12	波兰	224		224
13	比利时	209		209
14	瑞士	144	15	159
15	荷兰	120		120
16	英国	113	230	343
17	沙特阿拉伯		453	453
18	摩洛哥		200	200
19	丹麦		56	56
20	瑞典		11	11
合计		41 846	15 077	56 923

数据来源：国际铁路联盟(UIC)截至 2017 年年底统计数据，由于统计口径问题，此表中我国高速铁路数量与我国统计年鉴中的数量略有不同，但不影响从整体分析我国在世界高速铁路体系中所处的地位。

此外，截至 2017 年年底，我国高速动车组列车每日开行 5 000 余列，在铁路运行图铺排的旅客列车中占比达 68%；已建成高速铁路客站达到 676 座，年均增长近 100 座，动车组列车保有数量和高速铁路客运站数量在全球也是遥遥领先。

3.1.3.2　发展速度举世瞩目

我国高速铁路大规模建设的启动时间较晚，但发展、建设速度令人惊叹，营业里程已经从 2008 年年底的 672 公里增加到 2017 年年底的 25 164 公里，短短 10 年时间增长了约 36.5 倍，年均增长率达 50%左右(图 3.1)，10 年建设数量超出了其他国家几十年建设量的总和。

随着高速铁路营业里程的增加，我国高速铁路客运量也实现了爆发式增长：从 2008 年的 734 万人次到 2017 年的 17.52 亿人次，增加了约 238 倍，年均增长率更是达到了约 84%，几乎是以每年翻番的方式增长(图 3.2)。

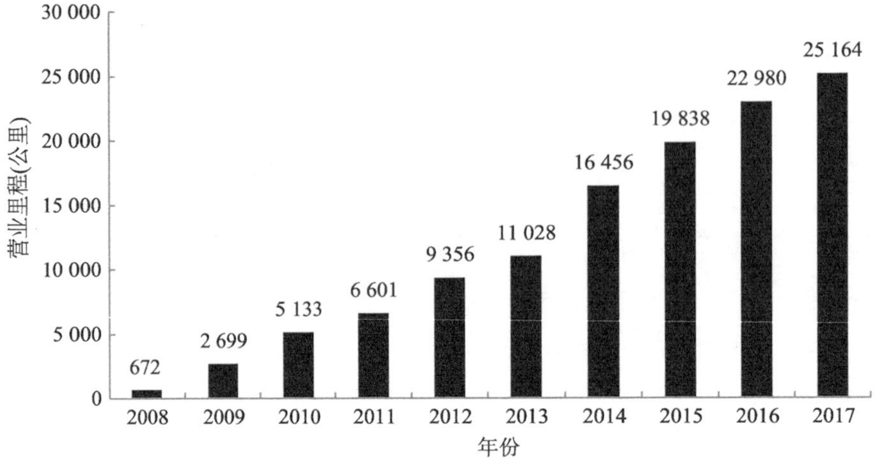

图 3.1　2008—2017 年我国高速铁路营业里程

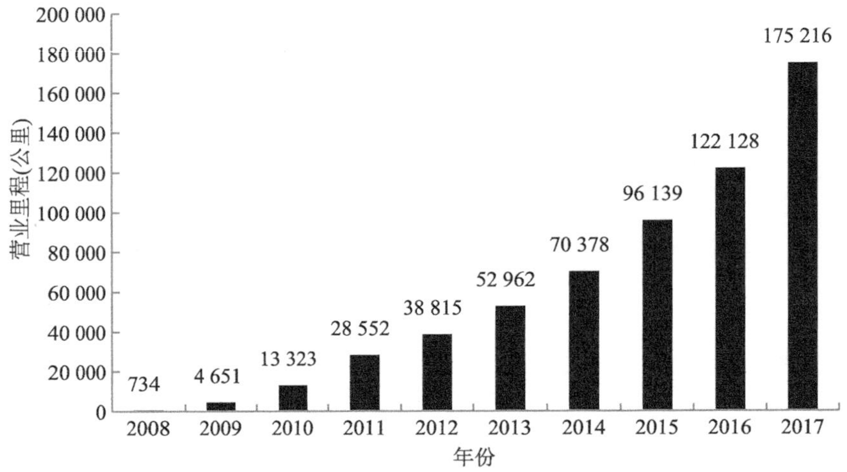

图 3.2　2008—2017 年我国高速铁路客运量

3.1.3.3　综合实力全球领先

高速铁路的修建涉及环境、车辆、电力和控制系统等诸多方面，是一项系统而又复杂的工程。相较于欧洲的法国、西班牙，亚洲的日本、韩国等已开通高速铁路的国家，我国地域广阔、地形复杂，在这样的条件下开展覆盖全国的高速铁路建设工作无疑会面临更为复杂、多变的情况和挑战。

面对这些困难，经过多年努力，我国已建成世界上最大的高速铁路网络，从高寒地区到热带地区，从沿海到戈壁，从平原到山区，我国高速铁路系统经受了最复杂环境的考验，在工程建造、列车控制、牵引供电、运营管理和安全保障等领域取得了一系列自主创新成果，研发了 CTCS-2 级、CTCS-3 级等列车运行控制系统和牵引供电系统，也拥有了从时速 200 公里至 500 公里各种速度等级的完整谱系动车组，构建了自上而下完整、高效的调度指挥体系。

同时，通过基础设施、移动装备、综合检测、防灾减灾及应急救援为一体的安全风险管理体系，实现了对地震、大风、雨雪和异物侵入等突发灾害的实时预警和监控，安全性也已达到世界先进水平。

2015 年，我国企业正式中标印度尼西亚雅万高铁项目，该项目将采用中国技术、中国标准和中国装备，是我国高速铁路从技术标准、勘察设计、工程施工、装备制造，到物资供应、运营管理和人才培训等全方位整体走出去的第一单项目，进一步证明了我国高速铁路修建的综合实力已达到全球领先水平。

3.1.3.4　整体作用日益凸显

目前，我国高速铁路“四纵四横”的连接网络已经形成，高速铁路网络在我国客运系统中所发挥的作用也是越来越大。图 3.3 是我国高速铁路占铁路总营业里程和客运量比重的变化图。截至 2017 年年底，我国高速铁路占全国铁路营业总里程的比重为 19.8%，而客运量的比重已经达到了 56.8%。这一点的形成一方面是因为高速铁路动车组具有车速快、周转率高、运输能力强的特点，可以以较小的资源占用实现更大的运输量；另一方面也是因为随着我国高速铁路网络的扩大，时间距离不断缩减，全国可达性提升已进入快速增长阶段，此时的高速铁路网络可以在更短的时间实现同样的运输量，或者在同样的时间实现更远的运输。

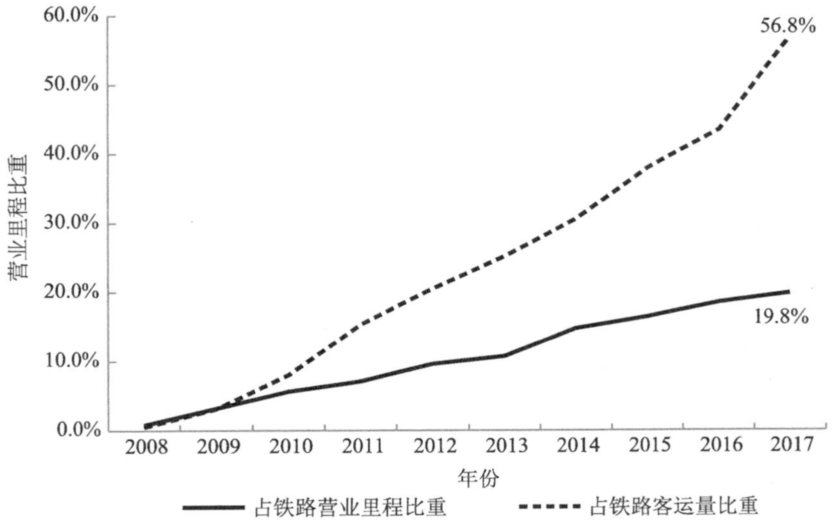

图 3.3　2008—2017 年我国高速铁路占铁路营业里程和客运量的比重

从另外一个角度看，高速铁路与民航客运的竞争关系以及各自作用的大小一直是大家争论的一个焦点。图 3.4 是我国 2008 至 2017 年我国高速铁路客运量和民航客运量的对比图。从中可以看出，我国民航客运量从 2008 年至 2017 年呈现出平稳、缓慢增长的趋势，2017 年客运量约 5.52 亿人次。而同期我国高速铁路的客运量在 2011 年之后就实现了对民航客运量的超越，此后两者之间的客运量数据差距也是越来越大。

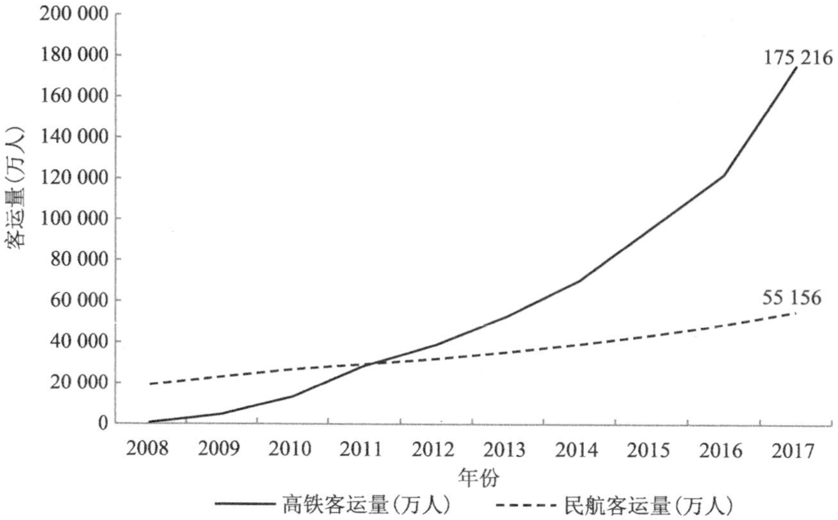

图 3.4 2008—2017 年我国高速铁路与航空客运量

3.1.3.5 未来潜力十分巨大

目前我国已基本建成世界最大的“四纵四横”高速铁路网，现在正在建设一张全面覆盖中西部地区的“八纵八横”高速铁路网，未来发展潜力巨大。根据 2016 年修编的《中长期铁路网规划》以及 2017 年发布的《铁路“十三五”发展规划》要求：至 2020 年年底，全国铁路营业里程将达到 15 万公里，复线率和电气化率分别达到 60%和 70%左右。其中高速铁路将达到 3 万公里，覆盖 80%以上的大城市，连接主要城市群，基本连接省会城市和其他 50 万人口以上大中型城市，形成以特大城市为中心的覆盖全国、以省会城市为支点的覆盖周边的高速铁路网。实现相邻大中城市间 1～4 小时交通圈，城市群内 0.5～2 小时交通圈。到 2025 年，我国规划铁路网规模达到 17.5 万公里左右，其中高速铁路 3.8 万公里左右。这一规划完成后，我国高速铁路的整体发展水平也将达到一个新的高度。

不仅在国内，国际高速铁路的市场也十分巨大：根据国际铁路联盟(UIC)的统计数据，世界其他国家高速铁路已立项规模约10 000公里，另有远期规划规模约30 000公里。经过多年发展，我国高速铁路在建造经验、技术标准、勘察设计、工程施工、装备制造和运营管理等方面已经达到世界领先水平，在全球承接的高速铁路项目也是越来越多，相信未来随着“一带一路”倡议的深入发展，我国高速铁路在全球市场的占比和地位也会逐渐提高。

3.1.4 高速铁路的可达性特征

3.1.4.1 运客不运货

目前，高速铁路主要是客运，货物运输。未来，国务院《“十四五”现代综合交通运输体系发展规划》提出，“充分利用富余运力和设施能力发展高铁快运等铁路快捷货运产品”，“依托有条件的高铁客运列车开展高铁快运业务”，发展“高铁快递”等。高速铁路货运有优势，也有劣势。

高速铁路运输货物具有显著竞争优势和巨大经济效应。一是具有速度上的竞争优势。在现代物流市场竞争中，普通铁路在快捷货运方面始终是比较薄弱的。若开展高速铁路货运，在速度上具有显著的竞争力。二是高速铁路线路处于高附加值物流市场区域，市场潜力大。我国“四纵四横”高速铁路线路运行区域，也是高附加值货物运输需求旺盛区域。三是安全性高，有助于减少货损，提高物流质量。从这个角度上看，限制了高速铁路货运功能的经济效应。

高速铁路运输货物也有其明显劣势。一是高速铁路建设因投资成本及运营成本较高，造成运费率比较高，仅适合大批量、高附加值货物的运输。二是难以实现“门对门”运输。高速铁路短距离运输并不占优势，运输网尚未建设完全，主要为大城市干线服务，运输不灵活，难以实现“门到门”运输。三是受载重限制。高速铁路对车体重量、制动有一定技术要求。因此，有严格的重量限制，只适合运输高附加值的轻小货物。四是对客运列车的影响。货运列车因装货和卸货停站时间比旅客列车长，影响同线客运列车的通行能力。

在国外，法国于 1997 年开通了高铁货运，有时速 270 公里的邮政 TGV、时速 160 公里的“160 货物列车”等。在中国，根据《“十四五”现代综合交通运输体系发展规划》的要求，主要依托高铁客运列车开展高铁快运。因此，在相当长时期内高铁货运比重将不会大幅度提高。因此，对中国高铁经济效应的研究，要立足于主要是客运的特点。

3.1.4.2　时空压缩效应

中国高速铁路发展迅猛，最显著的表现为“时空压缩效应”，缩短了人们的通行时间和提高了出行效率，实现从普通铁路运行的几十小时压缩到数小时。

如北京到上海若乘坐普通列车至少需要 19 个小时，若乘坐 T 字头和 Z 字头列车也需要近 15 个小时，而乘坐高速列车最短通行时间只需要 4 小时 18 分钟，时间缩短了近 15 个小时，约为普通列车运行时间的 1/5，且运行列车中 80%的车次为高速列车；又如武汉到广州，乘坐 Z 字头、K 字头或 T 字头列车需要 10 小时 47 分钟至 18 小时 24 分钟不等，而乘坐高速列车最快仅需要 3 小时 41 分钟，最长 4 小时 51 分钟，时间缩短为 1/3～1/5，且近 70%的车次为高速列车，可见乘坐高速铁路大大节省了乘客的出行时间，提高了通行效率，高速铁路时间距离压缩效应显著。

3.1.4.3　速度快而费用高

高速铁路的速度相对普通铁路来说，速度快得多，但票价相应也高得多。高速铁路的高票价让低收入人群难以承受，一定程度上影响了旅客选择高速铁路出行。

以京沪高速铁路为例，高速铁路最贵的一等座票价是 1 748 元，最便宜的高级软卧票价 553 元，而京沪普通铁路的票价最便宜的票价是 177.5 元，高速铁路最贵的票价和最便宜的票价分别是普通铁路最便宜票价的 9.85 倍和 3.12 倍。

3.1.4.4　通达性的非连续性

与普通铁路、高速公路和普通公路等交通方式相比，高速铁路的特点是通达性的非连续性。普通铁路一般县级以上城市就设置站点，有些乡镇级城镇也有站点设置，高速公路站点设置更加密集，普通公路属于开放式，因此可达的连续性强。

根据《京沪高速铁路设计暂行规定》，该规定将高速铁路站点分为越行站、中间站和始发站三类，并根据站点客运量的大小将其分为大、中、小型站点。一般情况下，直辖市、省会城市的站点为大型站，地级市的站点为中型站，县城、县级市及以下的站点为小型站。

此外，具体的站点在何种城镇的设置也有要求。高速铁路一般是根据客运出行需求，在大中城市、重要交通枢纽城市和旅游胜地或旅游胜地所在城市等设置站点，因此，高速铁路车站设置原则为：①遵循满足沿线城镇旅客出行的需要；②服务于沿线城镇经济发展的需要，站点尽量靠近城区或者进入市区；③在有大量旅客出行的沿线城镇设站等。

因此，高速铁路主要连通直辖市、省会城市和地级市，虽然有些沿途客运量大的县级城市、城镇或景区也设置站点，但不常见。可见，整体上高速铁路的可达性是非连续的。

3.2 制造业集聚的测算和结果描述

3.2.1 产业集聚的概念

经济活动集聚的例子在现实生活中随处可见，例如美国的高科技公司集中在硅谷、广告行业集中在纽约麦迪逊大道、金融业集中在华尔街等；我国的制鞋业集聚在福建晋江、织袜业集聚在浙江诸暨、不锈钢制品业集聚在江苏戴南，等等。产业集聚问题作为经济活动最突出的地理特征，也被认为是一国或地区生产率和竞争优势之所在。由于研究经济集聚现象的学科众多，涉及经济学、管理学、社会学和地理学等，各学科描述此现象所用的定义也有所不同：区域经济学一般多用产业集聚(Industrial Agglomeration)的概念；管理学科则多以产业簇群或产业群簇(Industrial Cluster)、产业集群(Industrial Cluster)、产业群(Industrial Cluster)等概念；而经济地理学科还有用产业区(Industrial District)与新产业区(New Industrial District)、区域集群(Regional Cluster)、产业综合体(Industrial Complex)和区域创新系统(Regional Innovative System)等概念。

在本书中，产业集聚(Industry Agglomeration)是指某些产业或企业在特定地域范围内的集聚现象。按照其中产业构成的不同，可以进一步将产业集聚分为专业化集聚和多元化集聚。前者专指单一产业的企业在地理上的集聚，如我国的制鞋类企业集聚在福建晋江等；后者指不同产业的企业在地理上的集聚，如美国的不同类型的高科技公司集聚在硅谷等。

3.2.2 我国制造业集聚的测算结果

3.2.2.1 我国制造业集聚水平的测算方法

本书采用 E-G 指数测算我国制造业集聚程度。企业层面数据来源仍是工业企业数据库，具体数据处理在后文章节有具体说明，其中：研究行业主要是制造业，而将采矿业以及电力、热力、燃气及水生产和供应业排除在外；研究企业按照最新的规模以上标准，从年主营业务收入达 2 000 万元及以上进行了筛选。

在 E-G 指数具体指标选取时参考陈国亮和陈建军(2012)等的做法，使用就业人数作为测度指标。此外，为了便于与已有研究结论对比分析，同时也为避免直接从城市层面计算所导致数据过小的问题，本书也从省级层面出发测算 i 行业的 E-G 指数，相应公式如下：

$$\gamma_{i}=\frac{G_{i}-(1-\sum_{j}^{N}X_{j}^{2})H_{i}}{(1-\sum_{j}^{N}X_{j}^{2})(1-H_{i})} \tag{3.1}$$

其中 γ_i 是 i 行业的 E-G 指数，$G_i=\sum_{j}(S_{ij}-X_j)^2$ 为 i 行业的空间基尼系数，S_{ij} 代表 j 省 i 行业就业人数占全国 i 行业就业总数的比重；X_j 是该省份就业人数占全国的比重。

$H_i=\sum_{k}Z_k^2=\sum_{k}\left(\frac{I_k}{I}\right)^2$ 为 i 行业的赫芬达尔指数，其中 I_k 是 i 行业中第 k 个企业就业人数占 I 行业就业人数的比重。

上述计算得到的是全国层面 i 行业集聚指数，为了得到某城市某行业的集聚指数，本书参照 Kathuria (2011)的方法，将行业集聚指数 γ_i 与 i 行业在 j 城市的就业份额 w_i 相乘，得到 j 城市 i 行业的集聚指数 $\gamma_{ij}=\gamma_i * w_i$，其中 $w_i=S_{ij}=\frac{Emp_{ij}}{Emp_i}$，$Emp_{ij}$ 和 Emp_i 分别是 j 城市 i 行业的就业人数与全国 i 行业的总就业人数。

同时，由于本书的研究目的是高速铁路对于区域集聚程度的影响，所以为了得到城市层面的集聚指数 γ_j，将 j 城市各行业集聚指数 γ_{ij} 加总，得到 j 城市的总的集聚指数 $\gamma_j=\sum_{i}\gamma_{ij}$。

3.2.2.2 我国制造业集聚测算结果描述

经过计算，从行业角度来看，我国各行业 2008—2013 年 E-G 指数(即前文的 γ_i值)变化情况如表 3.2 所示。

表 3.2 2008—2013 年份行业 E-G 指数

代码	行业	2008 年	2009 年	2010 年	2011 年	2012 年	2013 年	2008—2013 年增减值
13	农副食品加工业	0.065 9	0.063 3	0.055 2	0.044 6	0.042 4	0.036 4	−0.029 5
14	食品制造业	0.025 9	0.022 2	0.025 8	0.019 7	0.019 5	0.018 4	−0.007 6
15	酒、饮料和精制茶制造业	0.032 5	0.034 6	0.019 1	0.035 9	0.036 1	0.034 5	0.002 0
16	烟草制品业	0.040 0	0.031 5	0.052 4	0.061 2	0.060 3	0.047 6	0.007 6
17	纺织业	0.030 1	0.030 3	0.023 9	0.024 0	0.023 8	0.024 8	−0.005 3

（续表）

代码	行业	2008 年	2009 年	2010 年	2011 年	2012 年	2013 年	2008—2013 年增减值
18	纺织服装、服饰业	0.014 8	0.018 0	0.021 0	0.011 9	0.011 7	0.012 2	−0.002 5
19	皮革、皮毛、羽毛及其制品和制鞋业	0.066 1	0.070 9	0.102 5	0.055 8	0.054 8	0.039 8	−0.026 4
20	木材加工及木、竹、藤、棕、草制品业	0.024 0	0.025 9	0.023 3	0.019 9	0.019 4	0.018 4	−0.005 6
21	家具制造业	0.036 4	0.034 6	0.038 3	0.031 9	0.030 5	0.027 8	−0.008 6
22	造纸及纸制品业	0.006 6	0.008 2	0.013 1	0.004 6	0.004 4	0.004 0	−0.002 6
23	印刷业和记录媒介复制业	0.027 1	0.025 0	0.017 0	0.007 7	0.007 3	0.005 2	−0.021 9
24	文教、工美、体育和娱乐用品制造业	0.061 2	0.069 8	0.036 4	0.036 4	0.035 7	0.027 7	−0.033 6
25	石油加工、炼焦及核燃料加工业	0.093 7	0.078 8	0.117 6	0.062 3	0.060 4	0.040 8	−0.052 9
26	化学原料及化学制品制造业	0.021 7	0.020 5	0.011 8	0.012 1	0.011 9	0.010 3	−0.011 4
27	医药制造业	0.024 5	0.022 6	0.015 8	0.018 1	0.017 2	0.015 5	−0.009 0
28	化学纤维制造业	0.060 9	0.068 0	0.029 5	0.105 2	0.105 6	0.122 5	0.061 7
29	橡胶和塑料制品业	0.007 5	0.008 8	0.005 2	0.007 4	0.007 2	0.007 4	−0.000 2
30	非金属矿物制品业	0.017 8	0.016 2	0.017 4	0.015 5	0.015 3	0.014 5	−0.003 3
31	黑色金属冶炼及压延加工业	0.046 9	0.047 5	0.056 2	0.036 0	0.034 3	0.025 1	−0.021 7
32	有色金属冶炼及压延加工业	0.038 5	0.038 5	0.030 5	0.006 6	0.006 6	0.002 6	−0.036 0
33	金属制品业	0.011 1	0.011 8	0.011 1	0.007 9	0.007 7	0.005 5	−0.005 5
34	通用设备制造业	0.013 1	0.013 5	0.007 1	0.011 8	0.011 8	0.006 3	−0.006 8
35	专用设备制造业	0.010 2	0.009 9	0.005 3	0.007 2	0.006 9	0.004 6	−0.005 6
36	汽车制造业	0.020 9	0.021 7	0.020 4	0.014 7	0.014 9	0.014 3	−0.006 6
37	铁路、船舶、航空航天和其他运输设备制造业	0.019 6	0.015 1	0.016 3	0.020 5	0.020 0	0.024 8	0.005 2
38	电气机械及器材制造业	0.028 7	0.031 0	0.015 5	0.020 5	0.020 1	0.035 2	0.006 5
39	计算机、通信和其他电子设备制造业	0.079 9	0.091 6	0.055 9	0.066 4	0.067 0	0.031 1	−0.048 8
40	仪器仪表制造业	0.010 9	0.011 5	0.017 4	0.016 5	0.015 8	0.014 3	0.003 5
41	其他制造业	0.076 8	0.078 5	0.119 8	0.061 1	0.059 5	0.027 4	−0.049 4
42	废弃资源综合利用业	0.028 2	0.036 9	0.075 7	0.014 9	0.014 9	0.013 0	−0.015 2

（续表）

代码	行业	2008 年	2009 年	2010 年	2011 年	2012 年	2013 年	2008—2013 年增减值
43	金属制品、机械和设备修理业	0.009 1	0.009 0	0.011 6	0.009 7	0.009 6	0.017 8	0.008 7
	算数平均	0.033 9	0.034 4	0.034 5	0.028 0	0.027 5	0.023 5	−0.010 4

从表 3.2 可以看出，2008 年至 2013 年我国制造业 E-G 指数变化(图 3.5)呈现以下特点：

(1) 从总体角度来看，2008 年至 2013 年我国制造业集聚程度呈现先“缓增”后“快减”的趋势。2008 年时各行业 E-G 指数的算数平均值为 0.033 9，到 2010 年时缓慢上升至 0.034 5，此后则连续快速下降，2013 年时已降至平均 0.023 5，证明 2010 年后我国制造业集聚状况呈现下降的趋势。

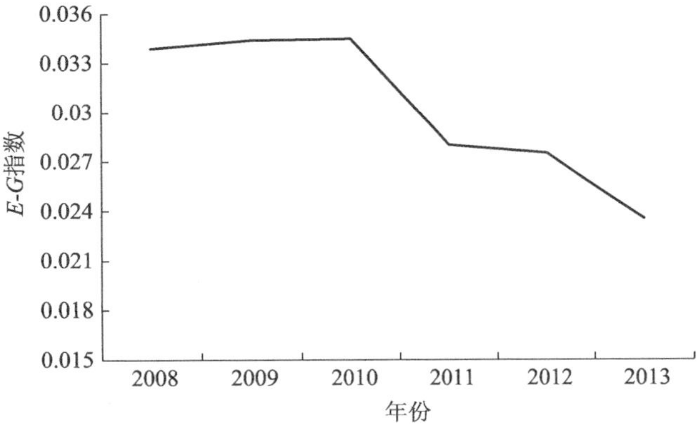

图 3.5　2008—2013 年制造业平均 E-G 指数变化

对于 E-G 指数，一般认为当 $\gamma_i > 0.05$ 时存在产业高度集聚状况，表明某产业在一定空间尺度下的集聚程度超过了产业内企业规模分布导致的地理集中，该产业内企业显著地相互接近而产生了空间集聚(即在某一区域企业的数量增加)；而当 $\gamma_i < 0.02$ 时则不存在产业集聚现象，表明某产业在一定空间尺度下的地理集中是由于地区间经济活动分布和产业内企业规模分布导致的，产业内企业无相互接近性，是随机分布的；当 $0.02 < \gamma_i < 0.05$ 时则表明某产业在一定空间尺度下分布较为平均(Ellison 和 Glaeser，1997)。

按照此标准，2008 年时我国有 6 个行业的 E-G 指数大于 0.05，存在高度集聚状况；有 14 个行业的 E-G 指数在 0.02 至 0.05 之间，产业在一定空间尺度下分布较为平均；另有 10 个行业的 E-G 指数小于 0.02，不存在产业集聚现象。到 2013 年时，E-G 指数大于 0.05 的行业仅有一个，即表 3.2 中代码为 28 的化学纤维制造业，E-G 指数在 0.02 至 0.05 之间的行业有 12 个，剩余 17 个行业的 E-G 指数小于 0.02，不存在产业集聚现象。2008 年至 2013 年各行业 E-G 指数分布状况也再次证明期间我国制造业集聚状况呈现下降的趋势。

表 3.3　2008—2013 年分行业 E-G 指数分布状况

E-G 指数区间行业数量	2008 年	2009 年	2010 年	2011 年	2012 年	2013 年
$\gamma_i > 0.05$	6	6	7	5	5	1
$0.02 < \gamma_i < 0.05$	14	14	9	8	8	12
$\gamma_i < 0.02$	10	10	14	17	17	17
合计	30	30	30	30	30	30

（2）从行业类型角度来看，将行业分为劳动密集型、资本密集型、技术密集型以及资源密集型，分别计算各类型行业的 $E-G$ 指数算数平均值，结果如表 3.4 所示。

表 3.4 2008—2013 年分行业类型 $E-G$ 指数

行业类型	2008 年	2009 年	2010 年	2011 年	2012 年	2013 年	2008—2013 年变化	2008—2013 年平均值
资源密集型	0.032 5	0.028 9	0.037 8	0.023 3	0.022 7	0.017 0	−0.015 5	0.027 0
资本密集型	0.042 1	0.042 3	0.038 4	0.045 8	0.045 2	0.043 3	0.001 2	0.042 8
劳动密集型	0.036 7	0.037 7	0.035 2	0.027 2	0.026 6	0.023 1	−0.013 6	0.031 1
技术密集型	0.024 2	0.025 7	0.023 0	0.019 3	0.019 1	0.017 0	−0.007 2	0.021 4
其他	0.076 8	0.078 5	0.119 8	0.061 1	0.059 5	0.027 4	−0.049 4	0.070 5
全部样本	0.033 9	0.034 4	0.034 5	0.028 0	0.027 5	0.023 5	−0.010 3	0.030 3

从表 3.4 可以看出，2008 年至 2013 年间，资本密集型行业的集聚程度有所提高，其余资源密集型、劳动密集型以及技术密集型行业的集聚程度都有所下降；在整个时间段内，资本密集型行业的平均集聚程度最高，其次是劳动密集型行业，而资源密集型行业和技术密集型行业的平均集聚程度相对较低。

进一步将四种行业类型放入同一图内对比分析可以看出，资本密集型行业的 $E-G$ 指数高于平均值且呈上升趋势；劳动密集型行业的 $E-G$ 指数变化趋势与均线基本一致且呈下降趋势；资源密集型行业的 $E-G$ 指数波动较大，但整体趋势逐步向下；技术密集型行业的 $E-G$ 指数在区间内一直低于平均值且呈下降趋势，证明在此期间我国技术含量较高的制造业整体集聚水平并不高，如图 3.6 所示。

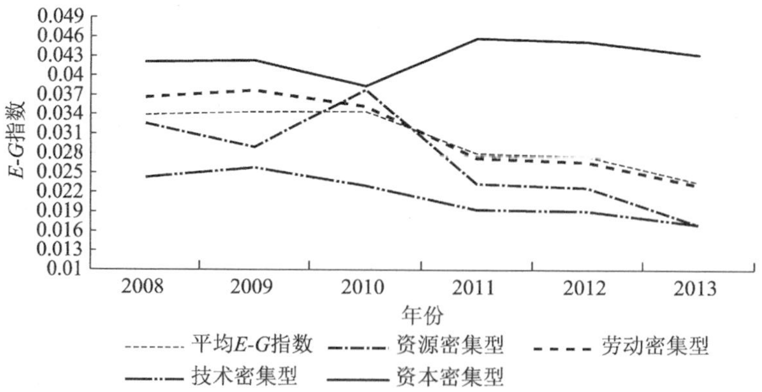

图 3.6 2008—2013 年分行业类型制造业平均 $E-G$ 指数变化

（3）从单个行业角度来看，对比 2008 年及 2013 年数据，在 30 个行业中（不含其他制造业），有 7 个行业集聚程度有所提升，分别是表 3.2 中代码为 15 的“酒、饮料和精制茶制造业”，表 3.2 中代码为 16 的“烟草制品业”，表 3.2 中代码为 28 的“化学纤维制造业”，表 3.2 中代码为 37 的“铁路、船舶、航空航天和其他运输设备制造业”，表 3.2 中代码为 38 的“电气机械及器材制造业”，表 3.2 中代码为 40 的“仪器仪表制造业”和表 3.2 中代码为 43“金属制品、机械和设备修理业”。

在这些行业中，表 3.2 中代码为 15 的“酒、饮料和精制茶制造业”属于劳动密集型行业；代码为 16 的“烟草制品业”，代码为 28 的“化学纤维制造业”属于资本密集型行业；代码为 37 的“铁路、船舶、航空航天和其他运输设备制造业”，代码为 38 的“电气机械及器材制造业”，代码为 40 的“仪器仪表制造业”和代码为 43 的“金属制品、机械和设备修理业”则属于技术密集型行业。

即使在同一行业类型内，不同行业所表现出来集聚趋势也有所不同，以技术密集型行业为例：代码为 39 的“计算机、通信和其他电子设备制造业”在 2008—2013 年期间内平均 $E-G$ 指数最高，为 0.0653，证明该行业集聚程度较高；代码为 37 的“铁路、船舶、航空航天和其他运输设备制造业”、代码为 38 的“电气机械及器材制造业”、代码为 40 的“仪器仪表制造业”和代码为 43 的“金属制品、机械和设备修理业”等行业整体集聚水平一般，但集聚程度呈现上升趋势；代码为 26 的“化学原料及化学制品制造业”、代码为 27 的“医药制造业”、代码为 34 的“通用设备制造业”、代码为 35 的“专用设备制造业”和代码为 36 的“汽车制造业”等行业则集聚水平较低且呈下降趋势。

表 3.5　2008—2013 年技术密集型行业 $E-G$ 指数

代码	行业	2008	2009	2010	2011	2012	2013	2008—2013 年变化	2008—2013 年均值
26	化学原料及化学制品制造业	0.021 7	0.020 5	0.011 8	0.012 1	0.011 9	0.010 3	−0.011 4	0.014 7
27	医药制造业	0.024 5	0.022 6	0.015 8	0.018 1	0.017 2	0.015 5	−0.009 0	0.019 0
34	通用设备制造业	0.013 1	0.013 5	0.007 1	0.011 8	0.011 8	0.006 3	−0.006 8	0.010 6
35	专用设备制造业	0.010 2	0.009 9	0.005 3	0.007 2	0.006 9	0.004 6	−0.005 6	0.007 3
36	汽车制造业	0.020 9	0.021 7	0.020 4	0.014 7	0.014 9	0.014 3	−0.006 6	0.017 8
37	铁路、船舶、航空航天和其他运输设备制造业	0.019 6	0.015 1	0.016 3	0.020 5	0.020 0	0.024 8	0.005 2	0.019 4
38	电气机械及器材制造业	0.028 7	0.031 0	0.015 5	0.020 5	0.020 1	0.035 2	0.006 5	0.025 2
39	计算机、通信和其他电子设备制造业	0.079 9	0.091 6	0.055 9	0.066 4	0.067 0	0.031 1	−0.048 8	0.065 3
40	仪器仪表制造业	0.010 9	0.011 5	0.017 4	0.016 5	0.015 8	0.014 3	0.003 5	0.014 4
42	废弃资源综合利用业	0.028 2	0.036 9	0.075 7	0.014 9	0.014 9	0.013 0	−0.015 2	0.030 6
43	金属制品、机械和设备修理业	0.009 1	0.009 0	0.011 6	0.009 7	0.009 6	0.017 7	0.008 7	0.011 1

3.3 高速铁路影响制造业集聚的解释框架

3.3.1 高速铁路解释产业集聚的新难题

交通设施如何对集聚经济产生影响呢？古典区位论是通过运输费用进行解释的，无论是杜能的区位论、韦伯的工业区位论，还是廖什的市场区位论，无一例外。

杜能用公式 $P=V-(E+T)$ 来计算各种农作物合理的种植界限，影响同心圆结构的唯一变量使用的即为运输成本 T。杜能指出："一般地说，近郊应该种植这样的产品：相对于其价值来说是笨重而体积大的东西，往城市运输费用很大，从远地供应这些产品不合算；再则就是易于腐烂、必须新鲜消费的产品，这是很清楚的事。离城远的地方总是逐渐地从事生产那样的产品：相对于其价值来说，只要求较小的运输费用的东西。"杜能认为：第一，人类生产、经营、商业活动都受到运输成本的影响，因此考虑现实问题时不能不考虑运输成本的处理方法；第二，运输费用是运输工具本身的各种消耗，包括折旧和利息。杜能的运输费用，也是古典区位论所定义的运输费用。

但是，新古典经济学在研究现实问题时，面临一些难以解决的技术问题，从而将区位、空间和运输成本等范畴抛弃了，因为运输成本的存在，意味着远距离的运输成本比近距离的运输成本高，就意味着地理差异可能会在客观上造成一定的垄断地位，这种现象不是新古典经济学所支持的。而阿罗-德布鲁模型(Arrow-Debreu Model)和思德瑞特(Starrett，1978)提出的"空间不可能性定理"，让空间和运输成本退出了主流经济学的研究领域。

到了新经济地理学，在 Dixit-Stiglitz 的垄断竞争模型和冰山运输成本基础上，构建了核心-边缘模型，空间与运输费用问题重新回到了主流经济学当中。萨缪尔森首次提出了"冰山成本"的概念，他假设运输成本以"冰山"形式存在，即产品在运输过程中会有损耗。即 1 单位产品在运输途中损失 $1-\tau$ 部分，只有 $\tau(\tau<1)$ 部分到达消费地。"冰山成本"的引入能够避免单独引入距离因素给模型简化带来的影响。Krugman(1991)修正了萨缪尔森的"冰山成本"，定义了新的"冰山成本"函数为：$V_d=e^{-\tau D}$。其中 V_d 代表一单位物品最终运送到目的地的数量，D 代表区域间的运输距离，τ 代表冰山形式的运输参数。

无论是古典区位论，还是新经济地理学，关注点在于运输费用本身，或者是运输费用占产品价值的比例。能降低运输费用，是交通基础设施能影响经济活动的原因。在实证研究中，学者们尝试使用不同变量来衡量冰山成本，例如 Ottaviano 和 Thisse 使用的信息成本、制度障碍(Institutional Barriers)、关税壁垒和质量标准，以及文化与语言差异。在这里，冰山成本实际上相当于新制度经济学里的空间交易费用。但是，基本思路仍然是把空间交易费用的降低视作交通基础设施影响经济活动的原因。

但是，与其他交通方式不同，我国高速铁路只有客运没有货运，即使临时、辅助的包裹运输，也是费用很高。因此，建立在货物运输费用基础上的理论，难以解释如何影响经济活动，更难于解释产业集聚问题。

3.3.2　引入市场准入

面对高速铁路解释产业集聚的新难题，本书引入市场准入（Market Access）概念，作为评估高速铁路对制造业集聚的中介效应。市场准入概念最初由 Donaldson 和 Hornbeck（2016）提出，是从一般均衡贸易理论推演而来的一个约简型，用以评估交通基础设施对区域贸易成本变化的加总效应。

市场准入是"时间效应"与"经济效应"的综合反映，反映了区域空间相互影响和吸引力，反映了在不同条件下某些活动发生的容易程度，用于表征高速铁路引起的区域市场范围、市场潜力及其梯度变化。一方面，市场准入反映了一个区域市场规模的吸引力，区域市场规模越大，吸引力越大，即"经济效应"；另一方面，市场准入反映了一个区域市场进入的容易程度，进入越便捷，吸引力越大，即"时间效应"。一般而言，不同城市或区域间通行时间越短、经济基础越好，则市场准入越高。高速铁路开通运营压缩了时空距离，但由于高速铁路的非连续性、高速铁路在各城市开通运营时间前后不一，加之各地的经济基础等城市特征也不尽相同，必将引致市场准入的变化和区域差异。

高速铁路引致区域市场准入变化和市场准入区域差异主要体现在两个方面：①高速铁路压缩时空距离，加速了人员流动，引起不同区域间市场准入变化。因此，在"时间效应"和城市间的经济影响等因素共同作用下，区域市场准入将产生变化。②高速铁路形成市场准入新的不平衡。高速铁路在不同区域开通时间先后不一、高速铁路站点多寡不一、各地经济基础不一以及高速铁路的非连续性特征，这必将引致市场准入新的不平衡。

关于市场准入的定量测算和区域特征将在本书第 4 章中表述。

3.3.3　突出市场融合

"市场融合"（Market Integration）概念，用以表示区域市场的开放程度，是产业集聚的前提条件。市场融合的反面，就是市场分割。产业集聚，就要求生产要素和商品在自由流动，实现资源优化配置。相反，市场分割，不仅使得市场信号失真，要素和商品不能自由流动，集聚也就无从谈起。实际上，新经济地理学理论（NEG）和新贸易理论的核心思想，就是市场开放促进产业集聚。在贸易成本和规模收益不断增加的情况下，企业的区位选择就会在与投入产出相关的运输成本最小化的地点。在市场开放条件下，由于劳动力流动、部门之间的投入产出联系或资本流动，经济活动会自然形成集聚，并形成核心—外围产业空间布局。我国正处于体制机制转型过程，打破市场分割、促进市场融合，加快建立统一开放、竞争有序市场机制，对推动产业集聚具有重要的现实意义。

造成市场分割、影响市场融合的因素包括自然因素、技术因素和制度因素。自然因素是指受空间距离、运输条件等影响的物理因素；技术性因素指劳动者素质、技术水平等影响因素；制度性因素是指经济、政治、制度等人为影响因素。从制度性因素来看，我国改革开放以来，各地区开放水平不断提高，地区间的分工与合作日益深化，人为制度造成的市场分割逐渐降低(宋冬林、姚常成，2019)。从自然因素和技术因素看，交通运输、公用设施、信息通信等在内的基础设施的不断完善，提高了市场的交易效率，降低了地区之间的物流和交易成本，加速了信息流和技术流，区域之间的市场开放度不断提高。

但是，市场分割现象仍然还存在。赵玉奇和柯善咨(2016)、张学良等(2021)分析了国内市场分割问题，并通过实证研究证明，市场分割会对商品出口产生负面影响。卿陶和黄先海(2021)专门分析了国内市场分割对技术创新的影响，而程艳和叶徵则分析了地方保护政策对制造业集聚的影响。

高速铁路在一定程度上有助于突破自然因素、技术因素和制度因素的限制，促进生产要素和商品流通，促进区域市场融合。本书第 7 章进一步阐述高速铁路→市场准入→市场融合→产业集聚的机制链条。

3.3.4　着眼于微观机制

实际上，正如 De Bok 和 Van Oort (2011)指出的那样，集聚经济在本质上是微观经济，分析制造业集聚离不开最基本的微观机制，即区位选择。从理论逻辑上，先有企业区位选择，才会有产业集聚。当然，已经形成的集聚又会进一步吸引企业。古典区位理论专注的传统区位因素，包括运输、劳动力成本、原材料的可用性或接近性等，仍然是理解和解释制造业集聚最基本的因素。为什么我们看到美国加州及法国、意大利和澳大利亚的葡萄酒生产商集群，因为有限的地区有支持优质葡萄生长的气候和土壤特征。Ellison 和 Glaeser(1999)发现，他们研究的集群中有 20%具有可识别的外源性自然优势。为什么美国加利福尼亚州的硅谷、印度的班加罗尔和英国的剑桥会集聚大量高科技企业，为什么许多餐馆集中在一条主要街道或在某些州际高速公路出口附近集聚一大批酒店？离不开人才可获得性、交通可达性这些因素。一个区域具有明显优势的物理可达性，仍然是吸引企业的重要因素(Geurs & Van Wee, 2004)。Holl(2004)的研究也表明，葡萄牙有形基础设施投资使得企业倾向于选择靠近公路匝道入口或火车站附近。当然，不同行业和不同企业对交通可达性的偏好存在差异，相对于工业，服务企业对交通可达性要求更高。Hea 和 Swenson (1995)对在美国投资的日本企业进行研究，发现采用“准时”库存系统、需要灵活准时交货、零部件运输总成本是影响许多日本制造商选址决策的重要因素。因此，日本投资者更喜欢将工厂选址在同行业投资集中的地区，汽车相关公司选择经连会(keiretsu)附属公司投资集中的地区。因此，本书把企业区位选择作为理解和解释制造业集聚最基本的微观机制。

那么，市场准入、企业区位选择和区域市场融合是什么关系呢？

首先，市场准入是企业区位选择的关键因素。市场准入反映了区域空间相互影响和吸引力，是“时间效应”与“经济效应”的综合反映，是吸引企业的原动力，是工业区位的主要决定因素。Bagoulla 和 Péridy (2011)对西欧和地中海沿岸地区的制造业进行调查，1990—2003 年制造业总产量增长了 46%，其中低、中、高技术部门的产量分别增长了 30%、37%和

61%。但是,高技术行业主要集聚在西欧国家,低技术行业主要集聚在地中海沿岸,而且低技术制造业比中高技术产业在地理上更加集中,如陶器、瓷器和鞋类、纺织品、皮革及服装等行业,原因是西欧国家的国际和国内市场开放度高,但在地中海沿岸国家,尽管市场开放程度有所提高,但贸易壁垒仍然很高。Head 和 Mayer (2004)对日本企业在欧盟投资的选址进行研究,发现市场需求规模对选址决策至关重要,如果市场潜能增加 10%,一个地区被选中的概率可能增加 3%到 11%,因此克鲁格曼(1991)所强调的下游联系并不是集聚的唯一原因,甚至不是主要原因。

其次,市场准入促进市场融合。市场准入促进市场融合从两个方面对市场融合产生影响。一方面,如果一个地区的市场规模足够大,对企业具有吸引力,就会促使地方政府采取措施开放市场。在历史上,市场规模越大的国家,对开放市场的要求越高。另一方面,交通设施的发展,交通可达性提高了,地区之间联系越是紧密,对市场开放的要求也越高。Goletti 等人(1995)在分析市场融合的影响因素时指出,现有道路的改善,降低了运输成本,就会极大地提高市场整合的程度。

最后,市场融合是制造业集聚的重要条件。已经有不少文献研究了市场融合与产业集聚的关系,多数认为市场融合是推动产业集聚的重要因素。Epifani(2005 年)考察了区域一体化对集聚的影响,认为主要取决于国家间生产成本比较优势和市场融合水平。Amiti (2005)在赫克舍尔-奥林框架内嵌入了一个具有垂直联系的模型,认为贸易自由化对垂直关联、要素密集度不同的制造企业区位具有重要影响,市场融合能够降低贸易成本,进而促使一个上下游企业的集聚,但一旦贸易成本达到非常低的程度,区位决策就建立在比较优势的基础上。Altomonte(2007)利用 1990—1999 年期间跨国公司在中欧和东欧投资的数据,研究市场融合对集聚的影响,认为如果一组国家相互消除贸易和投资壁垒,国家之间的市场高度融合,这时的经济活动就不一定会集中在“中心”,而是向更大的地区扩散。

根据以上分析,本书构建的高速铁路和制造业集聚的关系及其影响机制如图 3.7 所示。

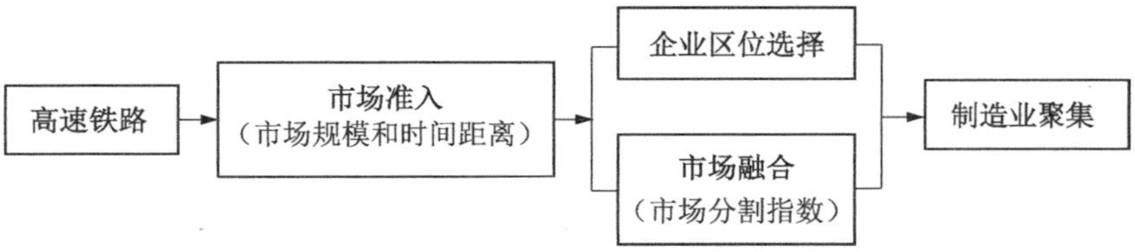

图 3.7 影响机制示意图

3.3.5 多视角识别异质性

产业集聚除了与要素投入和效率相关外,还与区域自然资源、地理区位、交通条件、人口密度、区域文化和历史传承等多种因素有关系,决定了产业集聚具有多重异质性。

首先是东中西部之间的多重异质性。我国幅员辽阔,东西部差异很大。在地形地貌上,呈现西高东低特点，从“世界屋脊”青藏高原到东部滨海平原，分成三级阶梯。第一、第二级阶梯的分界线大体上沿着昆仑山—阿尔金山—祁连山—横断山一线分开；第二、第三阶梯的分界线大体上沿着大兴安岭—太行山—巫山—雪峰山一线分开。第一阶梯主要是一系列高大山系和青藏高原，第二阶梯主要是高原和盆地，第三阶梯主要是平原和丘陵。在气候上大体分为三大气候区，即东部季风区、西北干旱半干旱区和青藏高寒区。东部季风区和西北干旱半干旱区的分界线大体上沿着大兴安岭西坡—内蒙古高原东部边缘—内蒙古高原南部边缘—黄土高原西部边缘—青藏高原东部边缘一线分开，青藏高原北部边缘是西北干旱半干旱区和青藏高寒区的分界线。在人口分布上，根据第七次全国人口普查数据，2020 年东部地区人口占 39.93%，中部地区占 25.83%，西部地区占 27.12%，东北地区占 6.98%。人口密度差异也很大，最高的东部地区，上海 2975 人/平方公里、北京 1 334 人/平方公里、天津 1 164 人/平方公里、江苏 795 人/平方公里、广东 701 人/平方公里、山东 643 人/平方公里，而最低的西部和东北地区，西藏 3 人/平方公里、青海 9 人/平方公里、内蒙古 21 人/平方公里、甘肃 59 人/平方公里、黑龙江 70 人/平方公里、云南 123 人/平方公里、吉林 126 人/平方公里。东中西部自然条件、人口分布的差异，影响了制造业集聚的差异。例如，西部自然资源丰富，资源密集型产业集聚明显；人口密度大的地区，市场容量大，深加工和消费品制造业集聚比较明显。

其次是城市之间的多重异质性，包括人口规模、地理区位、经济发展水平等方面。按照城市城区常住人口规模，将城市划分为超大城市(1 000 万人以上)、特大城市(500 万～1 000 万人)、大城市(100 万～500 万人)、中等城市(50 万～100 万人)和小城市(50 万人以下)。其中，超大城市 7 个，特大城市 11 个。按照城市等级，将城市划分为中心城市和非中心城市，其中中心城市包括省会、直辖市和计划单列市，计划单列市包括大连、青岛、宁波、厦门和深圳，其他城市为非中心城市。按照城市与港口距离地理位置，将城市区分为港口城市和非港口城市，其中沿海港口城市共 31 个。按照人均 GDP 高低，将地级城市区分为高收入城市、中收入城市和低收入城市。2018 年人均 GDP 超过 10 万元的城市 23 个(不包括港澳台地区)，其中人均 GDP 最高的深圳达到 18.6 万元。城市多重异质性也影响制造业集聚的异质性，如北上广深等城市具有吸引人才的优势，高技术产业集聚明显。

3.4 高速铁路影响制造业集聚的理论模型

本书在新经济地理学经典 C-P 模型的基础上，借鉴 Redding 等人(2008)等相关研究模型和思路，考虑高速铁路对要素空间流动的影响，构建了一个包含高铁因素的多区域空间经济模型，用以分析高速铁路开通及其服务强度对制造业集聚的影响。

3.4.1 基本假设

假设经济系统由一系列城市构成，城市中工业部门存在不完全竞争，规模报酬递增，企业生产只使用劳动力作为投入品进行生产。假设企业技术不变,企业数量众多,且可以自由进出市场。工业部门生产的商品可以在地区之间交易,但存在贸易成本。劳动力用 L 表示,它们可以在区域之间自由流动。劳动力所获取的收入在本地消费,不存在跨区消费。经济系统内也不存在储蓄,即总收入等于总支出。

1) 关于商品的贸易成本

在经典 C-P 模型及后续相关新经济地理学模型中,大多假设产品价格受"冰山运输成本"影响,成本随运输距离增加而增加。其中,克鲁格曼(Krugman, 1991)对"冰山运输成本"定义为 $V_d = e^{-\tau d}$,V_d 表示达到目的地的商品数量;d 表示距离;τ 表示融化参数,即货物每运送 1 单位距离所融化的比例。

"冰山运输成本"是空间经济学模型的重要假设和影响因素,在研究公路、水运、空运等货物运输方式时可以直接适用,但在研究高铁时,如果简单套用,存在一定局限性。这主要是由于高铁直接服务于旅客运输,而几乎没有货物运输,不能简单将高铁因素与贸易成本直接相关联。对此,有部分学者认为,虽然高铁只与旅客运输有关,与货物运输没有直接关系,但通过释放交通资源用于货物运输,可以产生显著的间接影响,进而降低贸易成本(Vickerman, 2015;孙浦阳等,2019)。这些研究在理论上具有一定合理性,但目前尚无充分的数据支撑。从另一个角度来看,"冰山运输成本"应是指产品销售过程中所产生的包括运输成本在内的综合贸易成本。这些成本不仅包括产品运输过程中所产生的运输费用,还包括仓储费用、销售费用等与运输距离不相关的费用(林善浪等,2018)。如果将贸易成本简单归结为与运输距离相关、由商品移动所带来的成本则是对"冰山运输成本"过于狭隘的解读。

结合理论和现实,本书将"冰山运输成本"分为两部分:一部分是随着货物移动而产生,与距离直接相关的贸易成本,主要是运输费用、配送费用等,用 τ_i 表示。另一部分是交易信息成本。在信息化背景下,技术或知识可以通过网络等信息化渠道进行快速而准确的传播,但仍有许多"隐性"信息、技术与知识、经验等难以被记录、存储或传递。这些信息的获取或处理离不开人与人之间面对面的交流、沟通等。本书将这部分由于交易双方信息不对称带来的信息成本用 d_i 表示。此时商品总的贸易成本 C_{tr} 可用式(3.2)表示:

$$C_{tr} = \tau_i + d_i \tag{3.2}$$

其中,$\tau_i > 0$,$d_i > 0$。结合前文分析可以发现,d_i 会受到高铁开通的影响。这是由于高铁开通所带来的时空压缩效应提升了区域可达性,可以使人员更加方便、快捷地跨区域面对面交流,开展商务谈判、销售推广、考察调研等,进而加快信息、资本等流动,降低信息沟通成本,使得产品生产、贸易、投资等商业行为都更为有效。这一方面促进了企业间的合作与交流,加快了资本、技术、知识等生产要素的流动速度,降低了由于信息不对称所带来的成本;另一方面由于信息成本下降、商品销售效率提升,商品周转加快,相应地每单位商品所分摊的固定成本、仓储费用、销售费用也会得到降低。在此,假设高铁开通对信息交易成本 d_i 所带来的影响为 f_i,若某地开通高铁,则 $f_i > 0$,否则 $f_i = 0$。此时将 i 城市生产的 1 单位产

品交易至 n 城市的贸易成本 C_{tr} 为：

$$C_{tr}=\tau_{\rm i}+(d_{\rm i}-f_{\rm i}) \tag{3.3}$$

其中，$\tau_{\rm i}>0$，$d_{\rm i}>0$，$0\leqslant f_{\rm i}<d_{\rm i}$。此时，1 单位产品 i 输送到城市 n 消费后的价格 $p_{\rm ni}$ 为：

$$p_{\rm ni}=p_{\rm i}[1+\tau_{\rm ni}+(d_{\rm ni}-f_{\rm ni})]=p_{\rm i}(1+\tau_{\rm ni}+d_{\rm ni}-f_{\rm ni}) \tag{3.4}$$

2）关于有效劳动力的供给

设定每个城市的有效劳动力供给取决于劳动力总供给 $L_{\rm n}$ 和与劳动力出行相关的交通技术水平 $(b_{\rm n}+r_{\rm n})$。其中，$b_{\rm n}$ 表示城市 n 高铁开通前的交通水平，$r_{\rm n}$ 是城市 n 由于开通高铁所带来的交通技术水平的提升。高铁开通提升了区域可达性，一方面可以扩大劳动力供给范围、诱发新的供给产生，提升了劳动力的供给总量；另一方面可以降低劳动力供给的时间成本、信息成本，提升供给效率，提高了城市之间劳动力供给与市场需求的匹配度。同时，某一高铁开通城市的相应交通技术水平和高铁服务强度呈正相关，即 $r_{\rm n}=\delta K_{\rm n}$。其中，$\delta>0$，$K_{\rm n}$ 是城市高铁服务强度。对于每个工业劳动者而言，每一单位劳动力有 $(b_{\rm n}+\delta K_{\rm n})$ 为有效劳动力，用于生产，剩余的 $[1-(b_{\rm n}+\delta K_{\rm n})]$ 为劳动力交通成本。

3.4.2 基本模型

3.4.2.1 消费者

1）消费者效用函数

假设城市 n 的总收入等于总支出，效应函数为柯布-道格拉斯型(C-D 型)，消费者利用收入的常比例 μ 购买可贸易商品，消费者效应 $U_{\rm n}$ 由一系列可贸易商品的消费量 $C_{\rm n}$ 和非流动性、非弹性消费设施的消费量 $H_{\rm n}$ 构成，此时柯布-道格拉斯效应函数形式可写为：

$$U_{\rm n}=C_{\rm n}^{\mu}H_{\rm n}^{1-\mu} \tag{3.5}$$

其中，$C_{\rm n}$ 采用标准不变替代弹性形式表示，$C_{\rm n}=\left[\sum_{\rm i=1}^{N}c_{\rm ni}^{(\sigma-1)/\sigma}\right]^{\sigma/(\sigma-1)}$，$\sigma$ 指任意两种可贸易商品间的替代弹性，本书假设变量间具有可替代性 $(\sigma>1)$；μ 表示可贸易商品占总消费的比重，$0<\mu<1$；$c_{\rm in}$ 指城市 n 消费产品 i 的数量，本书假设在其他城市生产的可贸易商品在城市 n 以相同的比例消费。

2）可贸易商品价格指数

根据效用最大化原则，在工业产品占总消费比重 μ 一定的情况下，消费者需要以最小的花费实现最大的效用，也就是满足以下条件：

$$\begin{cases}\min \sum_{\rm i}p_{\rm ni}c_{\rm ni}\\ {\rm s.t.}\ \left(\sum_{\rm i}c_{\rm ni}^{\frac{\sigma-1}{\sigma}}\right)^{\frac{\sigma}{\sigma-1}}=C_{\rm n}\end{cases} \tag{3.6}$$

对式(3.6)构建拉格朗日方程,同时对 c_{ni} 求导,整理后可以得到:

$$p_{ni}=\lambda\left(\sum_{i} c_{ni}^{\frac{\sigma-1}{\sigma}}\right)^{\frac{1}{\sigma-1}} c_{ni}^{-\frac{1}{\sigma}} \tag{3.7}$$

同理,对于产品 j,可以得到:

$$p_{nj}=\lambda\left(\sum_{j} c_{nj}^{\frac{\sigma-1}{\sigma}}\right)^{\frac{1}{\sigma-1}} c_{nj}^{-\frac{1}{\sigma}} \tag{3.8}$$

其中 λ 为拉格朗日乘数, $i \neq j$, 从式(3.7)和式(3.8)可以得到:

$$\frac{c_{ni}}{c_{nj}}=\left(\frac{p_{ni}}{p_{nj}}\right)^{-\sigma} \tag{3.9}$$

该式也是城市 n 消费者对任意两种可贸易商品的消费量和价格的关系,整理后得到:

$$c_{ni}=c_{nj}\left(\frac{p_{ni}}{p_{nj}}\right)^{-\sigma} \tag{3.10}$$

将式(3.10)代入式(3.6)的约束条件,可以得到:

$$c_{nj}=C_{n} p_{nj}^{-\sigma}\left(\sum_{i} p_{ni}^{1-\sigma}\right)^{\frac{\sigma}{1-\sigma}} \tag{3.11}$$

式(3.11)就是差异化可贸易商品 j 的间接需求函数。对式(3.11)左右各乘以 p_{nj} 并加总可以得到:

$$\sum_{j} p_{nj} c_{nj}=C_{n}\left(\sum_{i} p_{ni}^{1-\sigma}\right)^{\frac{\sigma}{1-\sigma}} \sum_{j} p_{nj}^{1-\sigma}$$

进一步整理得到:

$$\sum_{i} p_{ni} c_{ni}=C_{n}\left(\sum_{i} p_{ni}^{1-\sigma}\right)^{\frac{1}{1-\sigma}} \tag{3.12}$$

因此,城市 n 消费者对可贸易商品的支出相当于消费者以 $\left(\sum_{i} p_{ni}^{1-\sigma}\right)^{\frac{1}{1-\sigma}}$ 的价格购买产品组合 C_n。 设定 $P_{n}=\left(\sum_{i} p_{ni}^{1-\sigma}\right)^{\frac{1}{1-\sigma}}$, P_n 可称为可贸易商品的价格指数。

考虑贸易成本后, P_n 可以表示为:

$$P_{n}=\left(\sum_{i} p_{ni}^{1-\sigma}\right)^{\frac{1}{1-\sigma}}=\left(\sum_{i}\left[p_{i}\left(1+\tau_{ni}+d_{ni}-f_{ni}\right)\right]^{1-\sigma}\right)^{\frac{1}{1-\sigma}} \tag{3.13}$$

3) 完全价格指数

用 I_n 表示城市 n 的总收入,由于城市 n 的总收入等于总支出, I_n 也是城市 n 的总支出。$I_n=v_nL_n$, 其中, v_n 代表城市 n 的人均收入, L_n 为劳动力总供给。则:

$$I_{n}=P_{n} C_{n}+\gamma_{n} H_{n} \tag{3.14}$$

其中, H_n 代表非流动设施, γ_n 为其均衡价格。消费者在收入水平约束下,选择可贸易商品和非流动设施的消费组合，使其效用最大化，即：

$$\begin{cases}\max C_{\mathrm{n}}^{\mu} H_{\mathrm{n}}^{1-\mu} \\ \text{s.t. } P_{\mathrm{n}} C_{\mathrm{n}} + \gamma_{\mathrm{n}} H_{\mathrm{n}} = I_{\mathrm{n}}\end{cases} \tag{3.15}$$

对式(3.15)构建拉格朗日方程，同时对 C_{n} 和 H_{n} 求导，可以得到：

$$\begin{cases}\mu C_{\mathrm{n}}^{\mu-1} H_{\mathrm{n}}^{1-\mu} = \lambda P_{\mathrm{n}} \\ (1-\mu) C_{\mathrm{n}}^{\mu} H_{\mathrm{n}}^{-\mu} = \lambda \gamma_{\mathrm{n}}\end{cases} \tag{3.16}$$

整理后得到：

$$(1-\mu) P_{\mathrm{n}} C_{\mathrm{n}} = \mu \gamma_{\mathrm{n}} H_{\mathrm{n}} \tag{3.17}$$

将式(3.17)代入式(3.14)可以得到：

$$\begin{gathered} P_{\mathrm{n}} C_{\mathrm{n}} = \mu I_{\mathrm{n}} \\ \gamma_{\mathrm{n}} H_{\mathrm{n}} = (1-\mu) I_{\mathrm{n}} \end{gathered} \tag{3.18}$$

从式(3.18)可以看出，在柯布-道格拉斯型效用函数中，μ 反映了消费者对可贸易商品和非流动设施的支出的比例关系。其中：$\gamma_{\mathrm{n}} = \dfrac{(1-\mu) I_{\mathrm{n}}}{H_{\mathrm{n}}}$，也就是非流动设施的均衡价格 γ_{n} 依赖于消费比例 $1-\mu$、总收入 I_{n} 和非流动设施 H_{n}。

进一步，由式(3.18)可以得到：

$$C_{\mathrm{n}} = \frac{\mu I_{\mathrm{n}}}{P_{\mathrm{n}}},\ H_{n} = \frac{(1-\mu) I_{\mathrm{n}}}{\gamma_{\mathrm{n}}} \tag{3.19}$$

将式(3.19)代入效用式(3.5)可以得到：

$$U_{\mathrm{n}} = C_{\mathrm{n}}^{\mu} H_{\mathrm{n}}^{1-\mu} = \left[\frac{\mu I_{\mathrm{n}}}{P_{\mathrm{n}}}\right]^{\mu} \left[\frac{(1-\mu) I_{\mathrm{n}}}{\gamma_{\mathrm{n}}}\right]^{1-\mu} = \frac{\mu^{\mu} (1-\mu)^{1-\mu} I_{\mathrm{n}}}{P_{\mathrm{n}}^{\mu} \gamma_{\mathrm{n}}^{1-\mu}} \tag{3.20}$$

在式(3.20)中，可贸易商品和非流动设施价格组成的项可以称为城市 n 中消费者面临的全部消费品的完全价格指数。设 P 为完全价格指数，则：

$$P = P_{\mathrm{n}}^{\mu} \gamma_{\mathrm{n}}^{1-\mu} \tag{3.21}$$

4) 需求函数

结合式(3.11)、式(3.13)和式(3.19)，整理后可以得到：

$$c_{\mathrm{ni}} = C_{\mathrm{n}} p_{\mathrm{ni}}^{-\sigma} \left(\sum_{\mathrm{i}} p_{\mathrm{ni}}^{1-\sigma}\right)^{\frac{\sigma}{1-\sigma}} = \frac{\mu I_{n}}{P_{\mathrm{n}}} p_{\mathrm{ni}}^{-\sigma} P_{\mathrm{n}}^{\sigma} \tag{3.22}$$

进一步变换得到：

$$c_{\mathrm{ni}} = \mu v_{\mathrm{n}} L_{\mathrm{n}} P_{\mathrm{n}}^{\sigma-1} [p_{\mathrm{i}} (1 + \tau_{\mathrm{ni}} + d_{\mathrm{ni}} - f_{\mathrm{ni}})]^{-\sigma} \tag{3.23}$$

式(3.23)就是城市 n 对 i 种可贸易商品的总需求函数。另,由于经济系统内消费者对任意种类的可贸易商品都具有相同的偏好,因此任意种类可贸易商品的总需求函数都具有相同的形式。此时整个经济系统对于产品 i 的总需求函数 c_i 为:

$$c_i = \sum_n \mu v_n L_n P_n^{\sigma-1} [p_i(1+\tau_{ni}+d_{ni}-f_{ni})]^{-\sigma} \tag{3.24}$$

3.4.2.2　生产者

在可贸易商品生产系统,存在规模经济但不存在范围经济,消费者对可贸易商品具有多样性偏好。所有企业在其所生产产品领域都具有一定垄断性,面对不变弹性的需求曲线。但由于企业数量众多,同时存在很多潜在进入者,因此每家企业都面对完全竞争市场,此时企业不能按照垄断厂商那样定价,而只能按照边际成本的不变加成定价。均衡时市场出清,每个厂商的利润为零。

1) 产品价格

假设每种产品的生产都需要一定的固定成本 $F(F>0)$ 和一个依赖于地区生产率水平的可变成本 a_i 组成,则:

$$l_i = F + a_i x_i \tag{3.25}$$

其中 l_i 是劳动使用量,F_i 是以劳动力数量为度量单位的固定成本,x_i 是产品 i 的生产量。

用 E 表示整个经济系统的总收入,由于总收入等于总支出,E 也是整个经济系统的总支出,则 μE 代表整个经济系统对于可贸易商品的支出。设 P_t 为整个经济系统可贸易商品价格指数,$c_{ni}=\frac{\mu I_n}{P_n} p_{ni}^{-\sigma} P_n^{\sigma}$ 可以扩展为:

$$x_i = c_i = \frac{\mu E}{P_t} p_i^{-\sigma} P_t^{\sigma} = \mu E \frac{p_i^{-\sigma}}{P_t^{1-\sigma}} \tag{3.26}$$

设 π_i 为企业利润、w_i 为企业支付的工资,则企业利润函数为:

$$\pi_i = p_i x_i - w_i(F + a_i x_i) \tag{3.27}$$

企业追求利润最大化,在此情况下,利润最大化应满足以下条件:

$$\begin{cases} \max\ p_i x_i - w_i(F + a_i x_i) \\ \text{s.t. } x_i = \mu E \dfrac{p_i^{-\sigma}}{P_t^{1-\sigma}} \end{cases} \tag{3.28}$$

同理,对式(3.28)构建拉格朗日方程,同时对 p_i 和 x_i 求偏微分,整理后可以得到:

$$\begin{cases} x_i = \lambda\sigma\mu E \dfrac{p_i^{-\sigma-1}}{P_t^{1-\sigma}} \\ p_i = w_i a_i + \lambda \end{cases} \tag{3.29}$$

对式(3.29)进行整合，同时将式(3.26)代入，整理后可以得到：

$$p_i=\left(\frac{\sigma}{\sigma-1}\right)w_i a_i \tag{3.30}$$

式(3.30)就是企业利润最大化时的产品定价，其中可变成本为 $w_i a_i$，占价格的比重为 $\left(1-\frac{1}{\sigma}\right)$，可变成本 F 所占的比重为 $\frac{1}{\sigma}$。

2）生产函数

企业在其所生产领域具有垄断性，但同时面对完全竞争市场，此时只能按照边际成本的不变加成定价，均衡利润为零。也就是：

$$\pi=p_i x_i-w_i(F+a_i x_i)=0$$

将 $p_i=\left(\frac{\sigma}{\sigma-1}\right)w_i a_i$ 代入后可以得到：

$$\pi=p_i x_i-w_i(F+a_i x_i)=\left(\frac{\sigma}{\sigma-1}\right)w_i a_i x_i-w_i(F+a_i x_i)=0$$

进而可以得到生产函数：

$$x_i=(\sigma-1)\frac{F}{a_i} \tag{3.31}$$

由企业生产函数 $x_i=(\sigma-1)\frac{F}{a_i}$ 可以看出，企业最优产出取决于企业所面临的固定成本 $F(F>0)$ 和依赖于地区生产率水平的可变成本 a_i。

3）产品数量

由于各种差异化产品的生产规模收益递增，存在规模经济，但不存在范围经济，企业间也不存在共谋行为。此时不同产品之间存在一定竞争性，尽管每个企业的行为并不直接影响其他企业，但通过产品之间的替代弹性 σ 会间接影响其他企业的生产，因此企业之间还有一定的竞争性，企业数量众多，任意企业都面对一个完全竞争的市场。

同时，由于消费者对可贸易商品具有多样性偏好，潜在产品种类没有限制。此时任何一个企业为了追求利润最大化都不会生产与其他企业相同的产品，也就是说每个企业都只生产一种产品，整个经济系统内企业数量与产品数量一致。假设整个经济系统内企业数量为 S_w、可贸易商品数量为 C_w，则有：

$$S_w=C_w \tag{3.32}$$

3.4.3 高速铁路的影响分析

3.4.3.1 市场准入

借鉴 Redding 和 Sturm(2008)的研究方法，将市场可达准入分为企业市场准入和消费者市场准入。

1）企业市场准入

定义企业所面对的市场需求的加权总和为企业市场准入，用 fma_i 表示：

$$fma_{\rm i}=\sum_{\rm n} w_{\rm n}(b_{\rm n}+r_{\rm n})L_{\rm n}P_{\rm n}^{\sigma-1}(1+\tau_{\rm ni}+d_{\rm ni}-f_{\rm ni})^{-\sigma} \tag{3.33}$$

在式(3.33)中，可以将 $(b_{\rm n}+r_{\rm n})$ 和 $(1+\tau_{\rm ni}+d_{\rm ni}-f_{\rm ni})$ 分别看为一个整体。如前文所述，$(b_{\rm n}+r_{\rm n})$ 代表交通技术水平，反映有效劳动力的供应比例，随着高铁开通而提升；$(1+\tau_{\rm ni}+d_{\rm ni}-f_{\rm ni})$ 代表商品贸易成本，随着高铁开通而下降（高铁开通后，$f_{\rm ni}>0$，带来信息交易成本 $d_{\rm ni}$ 相应下降）。通过计算可以得到：$\frac{\partial fma_{\rm i}}{\partial(b_{\rm n}+r_{\rm n})}>0$，$\frac{\partial fma_{\rm i}}{\partial(1+\tau_{\rm ni}+d_{\rm ni}-f_{\rm ni})}<0$，也就是说，高速铁路的开通带来城市整体交通技术水平提升、商品贸易成本下降，进而提升企业市场准入。

考虑高铁服务强度因素后又有 $r_{\rm n}=\delta K_{\rm n}$。其中，$\delta>0$，$K_{\rm n}$ 是城市高铁服务强度。则 $fma_{\rm i}$ 可以表示为：

$$fma_{\rm i}=\sum_{\rm n} w_{\rm n}(b_{\rm n}+\delta K_{\rm n})L_{\rm n}P_{\rm n}^{\sigma-1}(1+\tau_{\rm ni}+d_{\rm ni}-f_{\rm ni})^{-\sigma} \tag{3.34}$$

同理可以得到：$\frac{\partial fma_{\rm i}}{\partial K_{\rm n}}>0$，即企业市场准入提升的程度，随着高铁服务强度的增加而增加。

2）消费者市场准入

消费者市场准入用 $cma_{\rm n}$ 表示：

$$cma_{\rm n}=\left(\sum_{\rm i} p_{\rm ni}^{1-\sigma}\right) \tag{3.35}$$

由 $cma_{\rm n}=\left(\sum_{\rm i} p_{\rm ni}^{1-\sigma}\right)$、$p_{\rm ni}=p_{\rm i}(1+\tau_{\rm ni}+d_{\rm ni}-f_{\rm ni})$ 可以得到：

$$cma_{\rm n}=\left(\sum_{\rm i} p_{\rm ni}^{1-\sigma}\right)=\left(\sum_{\rm i}[p_{\rm i}(1+\tau_{\rm ni}+d_{\rm ni}-f_{\rm ni})]^{1-\sigma}\right) \tag{3.36}$$

在式(3.36)中，由于 $\sigma>1$，则 $1-\sigma<0$，因此消费者市场准入 $cma_{\rm n}$ 与商品贸易成本 $(1+\tau_{\rm ni}+d_{\rm ni}-f_{\rm ni})$ 变动方向相反。

也就是说，高铁开通后，随着商品贸易成本 $(1+\tau_{\rm ni}+d_{\rm ni}-f_{\rm ni})$ 的下降，消费者市场准入 $cma_{\rm n}$ 会上升。另一角度来看，由于 $cma_{\rm n}=\left(\sum_{\rm i} p_{\rm ni}^{1-\sigma}\right)$，此时，可贸易商品价格指数 $P_{\rm n}$ 可表示为 $P_{\rm n}=(cma_{\rm n})^{\frac{1}{1-\sigma}}$，变换后得到 $cma_{\rm n}=P_{\rm n}^{1-\sigma}$。

由于 $1-\sigma<0$，因此 $\frac{\partial cma_{\rm n}}{\partial P_{\rm n}}=(1-\sigma)P_{\rm n}^{-\sigma}<0$，同样证明消费者市场准入 $cma_{\rm n}$ 会随着高铁开通后商品贸易成本的下降而上升。

综合来看，高速铁路的开通可以同时提升消费者市场准入和企业市场准入，使企业可以更加靠近消费端，消费者也可以更加方便地获得产品供给。

3.4.3.2 劳动力工资

根据式(3.30)给出的产品出厂价格，考虑式(3.4)所表示的贸易成本因素后，城市 n 消费 i 产品的价格 p_{ni} 可以表示为：

$$p_{\mathrm{ni}}=p_{\mathrm{i}}(1+\tau_{\mathrm{ni}}+d_{\mathrm{ni}}-f_{\mathrm{ni}})=\left(\frac{\sigma}{\sigma-1}\right)w_{\mathrm{i}}a_{\mathrm{i}}(1+\tau_{\mathrm{ni}}+d_{\mathrm{ni}}-f_{\mathrm{ni}}) \tag{3.37}$$

将式(3.37)代入式(3.23)可以得到：

$$c_{\mathrm{ni}}=\mu v_{\mathrm{n}}L_{\mathrm{n}}P_{\mathrm{n}}^{\sigma-1}\left[\left(\frac{\sigma}{\sigma-1}\right)w_{\mathrm{i}}a_{\mathrm{i}}(1+\tau_{\mathrm{ni}}+d_{\mathrm{ni}}-f_{\mathrm{ni}})\right]^{-\sigma} \tag{3.38}$$

由于i产品在市场上处于出清状态，整个经济系统的总需求量等于总产量，所以 $x_{\mathrm{i}}=c_{\mathrm{i}}=\sum_{\mathrm{n}}c_{\mathrm{ni}}$。将式(3.31)和式(3.38)分别代入 $x_{\mathrm{i}}=\sum_{\mathrm{n}}c_{\mathrm{ni}}$ 得到：

$$(\sigma-1)\frac{F}{a_{\mathrm{i}}}=\sum_{\mathrm{n}}\mu v_{\mathrm{n}}L_{\mathrm{n}}P_{\mathrm{n}}^{\sigma-1}\left[\left(\frac{\sigma}{\sigma-1}\right)w_{\mathrm{i}}a_{\mathrm{i}}(1+\tau_{\mathrm{ni}}+d_{\mathrm{ni}}-f_{\mathrm{ni}})\right]^{-\sigma} \tag{3.39}$$

整理后得到：

$$w_{\mathrm{i}}=\left[\frac{1}{k}a_{\mathrm{i}}^{1-\sigma}\sum_{\mathrm{n}}\mu v_{\mathrm{n}}L_{\mathrm{n}}P_{\mathrm{n}}^{\sigma-1}(1+\tau_{\mathrm{ni}}+d_{\mathrm{ni}}-f_{\mathrm{ni}})^{-\sigma}\right]^{\frac{1}{\sigma}} \tag{3.40}$$

其中 w_{i} 是企业所支付的劳动工资，$k=\frac{\sigma^{\sigma}}{(\sigma-1)^{\sigma-1}}F$。对于城市n而言，均衡时的总收入可由劳动收入和非流动设施的消费组成，也就是：

$$I_{\mathrm{n}}=v_{\mathrm{n}}L_{\mathrm{n}}=w_{\mathrm{n}}(b_{\mathrm{n}}+r_{\mathrm{n}})L_{\mathrm{n}}+(1-\mu)v_{\mathrm{n}}L_{\mathrm{n}} \tag{3.41}$$

从式(3.41)可以得到 $\mu v_{\mathrm{n}}L_{\mathrm{n}}=w_{\mathrm{n}}(b_{\mathrm{n}}+r_{\mathrm{n}})L_{\mathrm{n}}$，将其代入式(3.40)可以得到：

$$w_{\mathrm{i}}=\left[\frac{1}{k}a_{\mathrm{i}}^{1-\sigma}\sum_{\mathrm{n}}w_{\mathrm{n}}(b_{\mathrm{n}}+r_{\mathrm{n}})L_{\mathrm{n}}P_{\mathrm{n}}^{\sigma-1}(1+\tau_{\mathrm{ni}}+d_{\mathrm{ni}}-f_{\mathrm{ni}})^{-\sigma}\right]^{\frac{1}{\sigma}} \tag{3.42}$$

在式(3.42)中，可以将 $(b_{\mathrm{n}}+r_{\mathrm{n}})$ 和 $(1+\tau_{\mathrm{ni}}+d_{\mathrm{ni}}-f_{\mathrm{ni}})$ 分别看为一个整体。$(b_{\mathrm{n}}+r_{\mathrm{n}})$ 代表交通技术水平，反映有效劳动力的供应比例，随着高铁开通而提升；$(1+\tau_{\mathrm{ni}}+d_{\mathrm{ni}}-f_{\mathrm{ni}})$ 代表商品贸易成本，随着高铁开通而下降。容易得到：$\frac{\partial w_{\mathrm{i}}}{\partial(b_{\mathrm{n}}+r_{\mathrm{n}})}>0$，$\frac{\partial w_{\mathrm{i}}}{\partial(1+\tau_{\mathrm{ni}}+d_{\mathrm{ni}}-f_{\mathrm{ni}})}<0$，也就是说，高速铁路的开通可以提升城市整体交通技术水平、增加城市的有效劳动力供给，同时降低商品贸易成本，提升企业工资水平。

考虑高铁服务强度因素后又有 $r_{\mathrm{n}}=\delta K_{\mathrm{n}}$。其中，$\delta>0$，$K_{\mathrm{n}}$ 是城市高铁服务强度。所以上述公式可以改写为：

$$w_i = \left[\frac{1}{k} a_i^{1-\sigma} \sum_n w_n (b_n + \delta K_n) L_n P_n^{\sigma-1} (1 + \tau_{ni} + d_{ni} - f_{ni})^{-\sigma}\right]^{\frac{1}{\sigma}} \tag{3.43}$$

将 w_i 对 K_n 求导，由于 $\delta > 0$，$\sigma > 1$，可以得到 $\frac{\partial w_i}{\partial K_n} > 0$，证明高铁开通所带来的交通技术水平会促进企业工资水平提升，而且这种提升的程度随着高铁服务强度的增加而增加。

由于已定义企业市场准入 $fma_i = \sum_n w_n (b_n + r_n) L_n P_n^{\sigma-1} (1 + \tau_{ni} + d_{ni} - f_{ni})^{-\sigma}$，此时式(3.43)可以简写为：

$$w_i = \left[\frac{1}{k} a_i^{1-\sigma} fma_i\right]^{\frac{1}{\sigma}} \tag{3.44}$$

其中 $k = \frac{\sigma^\sigma}{(\sigma - 1)^{\sigma-1}} F$，从而可以得到 $\frac{\partial w_i}{\partial fma_i} > 0$，即企业市场准入的提升可以带来劳动工资水平的提升。进一步分析可以发现：对于 i 产品生产商所在城市的其他企业而言，它们同样也会受到高速铁路开通所带来的影响，劳动工资水平同样也会随之上升，最终带来城市整体劳动工资水平的上升。

综上所述，高速铁路的开通，一方面可以提升区域交通技术水平，增加区域有效劳动力的供给，且这种提升随着高铁服务强度的增加而增加；另一方面可以降低商品贸易成本。两者共同作用可以提升企业市场准入，即企业所面对的市场需求的加权总和 fma，进而有利于提升该区域整体的劳动工资水平。

3.4.3.3　劳动力流动

假设劳动力在市场上可完全自由流动，工人可跨越地点套利实际收入的差异，而每个城市的实际收入取决于人均收入 v_n 和完全价格指数 P。因此，长期来看，劳动力流动实现均衡时，各地区真实收入相等，即：

$$\bar{v}_n = \frac{v_n}{P} = \frac{v_n}{(P_n)^\mu (\gamma_n)^{1-\mu}} = \bar{v} \tag{3.45}$$

将前文 $\gamma_n = \frac{(1-\mu) I_n}{H_n}$、$v_n = \frac{1}{\mu} w_n (b_n + r_n)$、$I_n = v_n L_n = \frac{L_n}{\mu} w_n (b_n + r_n)$ 以及可贸易商品价格指数 $P_n = (cma_n)^{\frac{1}{1-\sigma}}$ 分别代入式(3.45)后可以得到：

$$\bar{v} = \frac{v_n}{(P_n)^\mu (\gamma_n)^{1-\mu}} = \frac{\mu^{-1} w_n (b_n + r_n)}{(cma_n)^{\frac{\mu}{1-\sigma}} \left[\frac{(1-\mu)\mu^{-1} L_n w_n (b_n + r_n)}{H_n}\right]^{1-\mu}}$$

对上式求解并整理可以得到 L_n 的函数：

$$L_n=(1-\mu)^{-1}\mu^{\frac{\mu}{\mu-1}}v^{\frac{1}{\mu-1}}H_n w_n^{\frac{\mu}{1-\mu}}(b_n+r_n)^{\frac{\mu}{1-\mu}}cma_n^{\frac{\mu}{(\sigma-1)(1-\mu)}} \tag{3.46}$$

从式(3.46)可以看出,城市 n 的劳动力 L_n 是其交通技术水平 (b_n+r_n) 和消费者市场准入 cma 的函数。

将 (b_n+r_n) 作为一个整体, L_n 对 (b_n+r_n) 求导可以得到:

$$\frac{\partial L_n}{\partial(b_n+r_n)}=\frac{\mu^{\frac{2\mu-1}{\mu-1}}}{(1-\mu)^2}v^{\frac{1}{\mu-1}}H_n w_n^{\frac{\mu}{1-\mu}}(b_n+r_n)^{\frac{2\mu-1}{1-\mu}}cma_n^{\frac{\mu}{(\sigma-1)(1-\mu)}} \tag{3.47}$$

在式(3.47)中,由于 $0<\mu<1$, 因此 $\frac{\partial L_n}{\partial(b_n+r_n)}>0$, 证明随着城市 n 高速铁路开通,其整体交通技术水平的提升会吸引劳动力向该城市集聚。

考虑高铁服务强度因素后又有 $r_n=\delta K_n$。式(3.47)可以改写成:

$$L_n=(1-\mu)^{-1}\mu^{\frac{\mu}{\mu-1}}v^{\frac{1}{\mu-1}}H_n w_n^{\frac{\mu}{1-\mu}}(b_n+\delta K_n)^{\frac{\mu}{1-\mu}}cma_n^{\frac{\mu}{(\sigma-1)(1-\mu)}} \tag{3.48}$$

在式(3.48)中,取 L_n 对 K_n 的导数,可以得到:

$$\frac{\partial L_n}{\partial K_n}=\frac{\delta\mu^{\frac{2\mu-1}{\mu-1}}}{(1-\mu)^2}v^{\frac{1}{\mu-1}}H_n w_n^{\frac{\mu}{1-\mu}}(b_n+\delta K_n)^{\frac{2\mu-1}{1-\mu}}cma_n^{\frac{\mu}{(\sigma-1)(1-\mu)}} \tag{3.49}$$

其中,由于 $\delta>0$, $0<\mu<1$, 因此 $\frac{\partial L_n}{\partial K_n}>0$, 说明随着城市 n 高速铁路开通,其整体交通技术水平的提升会吸引劳动力向该城市集聚,集聚程度随着高速铁路服务强度的提升而提升。

另一方面,利用式(3.46)将 L_n 对 cma_n 求导可以得到:

$$\frac{\partial L_n}{\partial cma_n}=\frac{\mu^{\frac{2\mu-1}{\mu-1}}}{(1-\mu)^2(\sigma-1)}v^{\frac{1}{\mu-1}}H_n w_n^{\frac{\mu}{1-\mu}}(b_n+r_n)^{\frac{\mu}{1-\mu}}cma_n^{\frac{\sigma(\mu-1)+1}{(\sigma-1)(1-\mu)}} \tag{3.50}$$

其中由于 $\sigma>1$, $0<\mu<1$, 可以得到 $\frac{\partial L_n}{\partial cma_n}>0$, 证明随着城市 n 消费者市场准入的提升,会吸引劳动力向该城市集聚。

综合上述分析可以得出:随着城市 n 高速铁路的开通,一方面该城市交通技术水平 (b_n+r_n) 会上升,吸引劳动力集聚,且集聚程度随着高铁服务强度的提升而提升;另一方面,商品贸易成本 $(1+\tau_{ni}+d_{ni}-f_{ni})$ 会随着高铁开通而下降,进而提升该城市消费者市场准入 cma_n, 也会吸引劳动力向该城市集聚。

3.4.3.4 企业区位

高速铁路的开通会提升城市整体交通技术水平 (b_n+r_n), 直接吸引劳动力流入;同时,高速铁路的开通还可以降低商品贸易成本 $(1+\tau_{ni}+d_{ni}-f_{ni})$, 单独或与交通技术水平 (b_n+r_n) 的提升一同提升消费者市场准入、企业市场准入和城市劳动工资水平,这些因素也会带来劳动力的流入。这与 Oosterhaven 和 Romp(2003)等的研究结论具有一致性。

设整个经济系统劳动力总量为 L_w，则城市 n 中劳动力数量占整个经济系统劳动力数量的比重为 $\frac{L_n}{L_w}$，记为 Z_n，$Z_n = \frac{L_n}{L_w}$。设经济系统内企业总量为 S_w，城市 n 中企业数量为 S_n，则城市 n 中企业数量占经济系统内企业总量的比例为 $\frac{S_n}{S_w}$，记为 Y_n，$Y_n = \frac{S_n}{S_w}$。

根据均衡时企业生产函数 $x_i = (\sigma - 1)\frac{F}{a_i}$，企业产出取决于企业的固定成本 $F(F>0)$ 和可变成本 a_i。由于企业可以自由进出某个市场，且只使用劳动力作为投入品进行生产，因此城市 n 劳动力数量与企业数量的关系可以表示为 $S_n = f_n(L_n)$，且 $\frac{\partial S_n}{\partial L_n} > 0$。将式(3.48)代入后，可以得到：

$$S_n = f_n\left[(1-\mu)^{-1}\mu^{\frac{\mu}{\mu-1}}\,v^{\frac{1}{\mu-1}}H_n\,w_n^{\frac{\mu}{1-\mu}}(b_n+\delta K_n)^{\frac{\mu}{1-\mu}}cma_n^{\frac{\mu}{(\sigma-1)(1-\mu)}}\right] \tag{3.51}$$

城市 n 中企业数量可以转化为该城市交通技术水平 $(b_n + \delta K_n)$ 和消费者市场准入 cma_n 的函数。首先将企业数量 S_n 对交通技术水平 $(b_n + \delta K_n)$ 求导，结果如下：

$$\frac{\partial S_n}{\partial (b_n+\delta K_n)} = f_n(\dot{L}_n)\frac{\mu^{\frac{2\mu-1}{\mu-1}}}{(1-\mu)^2}v^{\frac{1}{\mu-1}}H_n\,w_n^{\frac{\mu}{1-\mu}}(b_n+\delta K_n)^{\frac{2\mu-1}{1-\mu}}cma_n^{\frac{\mu}{(\sigma-1)(1-\mu)}} \tag{3.52}$$

在式(3.52)中，$f_n(\dot{L}_n)$ 为一阶导数，且 $f_n(\dot{L}_n) > 0$，同时又有 $\frac{\mu^{\frac{2\mu-1}{\mu-1}}}{(1-\mu)^2} > 0$，因此 $\frac{\partial S_n}{\partial(b_n+\delta K_n)} > 0$，证明随着城市 n 高速铁路开通、交通技术水平提升，城市 n 中企业数量也会随之增加。同样地，将企业数量 S_n 对高速铁路服务强度 K_n 求导，可以得到：

$$\frac{\partial S_n}{\partial K_n} = f_n(\dot{L}_n)\frac{\delta\mu^{\frac{2\mu-1}{\mu-1}}}{(1-\mu)^2}v^{\frac{1}{\mu-1}}H_n\,w_n^{\frac{\mu}{1-\mu}}(b_n+\delta K_n)^{\frac{2\mu-1}{1-\mu}}cma_n^{\frac{\mu}{(\sigma-1)(1-\mu)}} \tag{3.53}$$

显然，式(3.52)中 $\frac{\partial S_n}{\partial K_n} > 0$，证明随着城市 n 高速铁路开通、交通技术水平提升，城市 n 中企业数量也会随之增加，增加程度随着高铁服务强度的增加而增加。

其次，将企业数量 S_n 对消费者市场准入 cma_n 求导，结果如下：

$$\frac{\partial S_n}{\partial cma_n} = f_n(\dot{L}_n)\frac{\mu^{\frac{2\mu-1}{\mu-1}}}{(1-\mu)^2(\sigma-1)}v^{\frac{1}{\mu-1}}H_n\,w_n^{\frac{\mu}{1-\mu}}(b_n+r_n)^{\frac{\mu}{1-\mu}}cma_n^{\frac{\sigma(\mu-1)+1}{(\sigma-1)(1-\mu)}} \tag{3.54}$$

由于 $\sigma > 1$，$0 < \mu < 1$，可以得到 $\frac{\partial S_n}{\partial cma_n} > 0$，证明随着城市 n 消费者市场准入的提升，会吸引企业向该城市流入。

借鉴 D-S 模型和 C-P 模型的分析思路，不妨假设整个经济系统中企业拥有相同的固定成本 $F(F>0)$ 和可变成本 a_i。根据生产函数 $x_i=(\sigma-1)\dfrac{F}{a_i}$ 可以计算得到每家企业都使用同样数量的劳动力 l 进行生产，$l>0$。公式 $S_n=f_n(L_n)$ 的具体函数形式为 $S_n=\dfrac{L_n}{l}$，式(3.51)可以转化为：

$$S_n=l^{-1}\left[(1-\mu)^{-1}\mu^{\frac{\mu}{\mu-1}}\,v^{\frac{1}{\mu-1}}H_n\,w_n^{\frac{\mu}{1-\mu}}(b_n+\delta K_n)^{\frac{\mu}{1-\mu}}cma_n^{\frac{\mu}{(\sigma-1)(1-\mu)}}\right] \tag{3.55}$$

对式(3.55)的求解同样可以得到 $\dfrac{\partial S_n}{\partial(b_n+\delta K_n)}>0$、$\dfrac{\partial S_n}{\partial K_n}>0$ 和 $\dfrac{\partial S_n}{\partial cma_n}>0$，取得与上文相同的结论。

3.4.3.5 企业集聚

由于每个企业只生产一个种类的工业品，则某城市中企业份额可以代表该城市的企业集聚程度。在整个经济系统中，劳动力总量为 L_w，因此整个经济系统中劳动力数量与企业数量的关系可以表示为 $S_w=f_w(L_w)$，短期内整个经济系统内劳动力总数一定且企业技术不变时，整个经济系统内企业数量不变，记为 $\bar{S}_w$。此时城市 n 中企业数量占经济系统内企业总量的比例为 $Y_n=\dfrac{S_n}{S_w}$ 转化为 $Y_n=\dfrac{S_n}{S_w}=\dfrac{f_n(L_n)}{\bar{S}_w}$，将式(3.48)代入后得到：

$$Y_n=\frac{f_n\left[(1-\mu)^{-1}\mu^{\frac{\mu}{\mu-1}}\,v^{\frac{1}{\mu-1}}H_n\,w_n^{\frac{\mu}{1-\mu}}(b_n+\delta K_n)^{\frac{\mu}{1-\mu}}cma_n^{\frac{\mu}{(\sigma-1)(1-\mu)}}\right]}{\bar{S}_w} \tag{3.56}$$

将企业占比 Y_n 对交通技术水平 $(b_n+\delta K_n)$ 求导，结果如下：

$$\frac{\partial Y_n}{\partial(b_n+\delta K_n)}=\frac{f_n(\dot{L}_n)}{\bar{S}_w}\,\frac{\mu^{\frac{2\mu-1}{\mu-1}}}{(1-\mu)^2}\,v^{\frac{1}{\mu-1}}H_n\,w_n^{\frac{\mu}{1-\mu}}(b_n+\delta K_n)^{\frac{2\mu-1}{1-\mu}}cma_n^{\frac{\mu}{(\sigma-1)(1-\mu)}} \tag{3.57}$$

其中 $f_n(\dot{L}_n)$ 为一阶导数，由于 $f_n(\dot{L}_n)>0$、$\dfrac{\mu^{\frac{2\mu-1}{\mu-1}}}{(1-\mu)^2}>0$，因此 $\dfrac{\partial S_n}{\partial(b_n+\delta K_n)}>0$。进一步，将企业占比 Y_n 对高速铁路服务强度 K_n 求导，可以得到：

$$\frac{\partial Y_n}{\partial K_n}=\frac{f_n(\dot{L}_n)}{\bar{S}_w}\,\frac{\delta\mu^{\frac{2\mu-1}{\mu-1}}}{(1-\mu)^2}\,v^{\frac{1}{\mu-1}}H_n\,w_n^{\frac{\mu}{1-\mu}}(b_n+\delta K_n)^{\frac{2\mu-1}{1-\mu}}cma_n^{\frac{\mu}{(\sigma-1)(1-\mu)}} \tag{3.58}$$

对消费者市场准入 cma_n 求导，结果如下：

$$\frac{\partial Y_n}{\partial cma_n}=\frac{f_n(\dot{L}_n)}{S_w}\,\frac{\mu^{\frac{2\mu-1}{\mu-1}}}{(1-\mu)^2(\sigma-1)}\,v^{\frac{1}{\mu-1}}H_n\,w_n^{\frac{\mu}{1-\mu}}(b_n+r_n)^{\frac{\mu}{1-\mu}}cma_n^{\frac{\sigma(\mu-1)+1}{(\sigma-1)(1-\mu)}} \tag{3.59}$$

在式(3.58)和式(3.59)中，由于 $\sigma>1$，$0<\mu<1$ 且 $\delta>0$，因此分别有 $\dfrac{\partial Y_n}{\partial K_n}>0$、

$\frac{\partial Y_n}{\partial cma_{\mathrm{n}}} > 0$，从而证明随着城市 n 高速铁路的开通，该城市企业集聚程度会提升，提升的程度会随着高铁服务强度的增加而增加。

特别是，同样借鉴 D-S 模型和 C-P 模型的分析思路，假设整个经济系统中企业拥有相同的固定成本 $F(F > 0)$ 和可变成本 a_{i}。

每家企业都使用同样数量的劳动力 l 进行生产，$l > 0$。

由整个经济系统劳动力总量 L_{w}、城市 n 中劳动力数量 L_{n} 可以计算整个经济系统中企业总数 $S_{\mathrm{w}} = \frac{L_{\mathrm{w}}}{l}$，城市 n 中企业数量为 $S_{\mathrm{n}} = \frac{L_{\mathrm{n}}}{l}$，相应的城市 n 中企业数量的占比 $Y_{\mathrm{n}} = \frac{S_{\mathrm{n}}}{S_{\mathrm{w}}} = \frac{L_{\mathrm{n}}/l}{L_{\mathrm{w}}/l} = \frac{L_{\mathrm{n}}}{L_{\mathrm{w}}}$，也就是说城市 n 中企业数量占整个经济系统的比重与城市 n 中劳动力占整个经济系统劳动力的比重一致。式(3.56)可以转化为：

$$Y_{\mathrm{n}} = \frac{(1-\mu)^{-1} \mu^{\frac{\mu}{\mu-1}} \bar{v}^{\frac{1}{\mu-1}} H_{\mathrm{n}} w_{\mathrm{n}}^{\frac{\mu}{1-\mu}} (b_{\mathrm{n}} + \delta K_{\mathrm{n}})^{\frac{\mu}{1-\mu}} cma_{\mathrm{n}}^{\frac{\mu}{(\sigma-1)(1-\mu)}}}{L_{\mathrm{w}}} \tag{3.60}$$

利用式(3.60)，将 Y_{n} 分别对交通技术水平 $(b_{\mathrm{n}} + \delta K_{\mathrm{n}})$、高速铁路服务强度 K_{n} 以及消费者市场准入 cma_{n} 求导，可以得到：

$$\frac{\partial Y_{\mathrm{n}}}{\partial (b_{\mathrm{n}} + \delta \mathrm{K}_{\mathrm{n}})} = L_{\mathrm{w}}^{-1} \frac{\mu^{\frac{2\mu-1}{\mu-1}}}{(1-\mu)^2} \bar{v}^{\frac{1}{\mu-1}} H_{\mathrm{n}} w_{\mathrm{n}}^{\frac{\mu}{1-\mu}} (b_{\mathrm{n}} + \delta K_{\mathrm{n}})^{\frac{2\mu-1}{1-\mu}} cma_{\mathrm{n}}^{\frac{\mu}{(\sigma-1)(1-\mu)}} \tag{3.61}$$

$$\frac{\partial Y_{\mathrm{n}}}{\partial K_{\mathrm{n}}} = L_{\mathrm{w}}^{-1} \frac{\delta \mu^{\frac{2\mu-1}{\mu-1}}}{(1-\mu)^2} \bar{v}^{\frac{1}{\mu-1}} H_{\mathrm{n}} w_{\mathrm{n}}^{\frac{\mu}{1-\mu}} (b_{\mathrm{n}} + \delta K_{\mathrm{n}})^{\frac{2\mu-1}{1-\mu}} cma_{\mathrm{n}}^{\frac{\mu}{(\sigma-1)(1-\mu)}} \tag{3.62}$$

$$\frac{\partial Y_{\mathrm{n}}}{\partial cma_{\mathrm{n}}} = L_{\mathrm{w}}^{-1} \frac{\mu^{\frac{2\mu-1}{\mu-1}}}{(1-\mu)^2(\sigma-1)} \bar{v}^{\frac{1}{\mu-1}} H_{\mathrm{n}} w_{\mathrm{n}}^{\frac{\mu}{1-\mu}} (b_{\mathrm{n}} + r_{\mathrm{n}})^{\frac{\mu}{1-\mu}} cma_{\mathrm{n}}^{\frac{\sigma(\mu-1)+1}{(\sigma-1)(1-\mu)}} \tag{3.63}$$

由于 $\sigma > 1$，$0 < \mu < 1$ 且 $\delta > 0$，因此分别有 $\frac{\partial S_{\mathrm{n}}}{\partial (b_{\mathrm{n}} + \delta K_{\mathrm{n}})} > 0$、$\frac{\partial Y_{\mathrm{n}}}{\partial K_{\mathrm{n}}} > 0$ 以及 $\frac{\partial Y_{\mathrm{n}}}{\partial cma_{\mathrm{n}}} > 0$，同样得到与前文相同的结论。

3.5　本章小结

通过对“冰山运输成本”的进一步细分，本章将产品的贸易成本分为两部分：一部分是随着货物移动而产生，与距离直接相关的贸易成本主要是运输费用、配送费用等；另一部分是服务于产品贸易，但与距离并不直接相关的交易信息成本等。高铁开通所带来的时空压缩效应提升了区域市场准入，可以使人员更加方便、快捷地跨区域面对面交流，开展商务谈判、销售推广、考察调研等，进而加快信息流动，使得产品贸易更为有效，可以降低这部分成本，进而降低商品的整体贸易成本。

本章还将劳动力的实际供应与交通技术水平相结合，在理论模型中引入了有效劳动力的概念。高铁开通提升了区域市场准入，一方面可以扩大劳动力供给范围、诱发新的供给产生，提升了劳动力的供给总量；另一方面可以降低劳动力供给的时间成本、信息成本，提升供给效率，提高了城市之间劳动力供给与市场需求的匹配度。借鉴前人研究，本章定义了消费者市场市场准入以及企业市场市场准入。利用新经济地理学模型，从消费者和生产者两个角度进行均衡分析，最后得出结论：高速铁路开通有利于开通城市企业集聚，且集聚程度会随着高速铁路服务强度的提升而提升。

第 4 章　基于高速铁路的市场准入测算

本章梳理了市场准入的研究进展，指出了其研究的不足。对市场准入测算方法进行了改进和详细测算，分析了市场准入时间和空间梯度变化特征。

4.1　理论分析

4.1.1　市场准入的提出

如何解释高速铁路对产业集聚的影响，是国内外学者面临的新问题。目前，大体上有三种思路。

第一种思路是从运输成本的角度进行解释。这是从古典区位论、新古典区位论到新经济地理学比较常见的方法。但是，与其他交通方式相比，中国高速铁路具有独特性，即运客不运货。显然，这种思路是行不通的。

第二种思路是从交通可达性的角度进行解释。这是交通管理学和经济地理学中比较常见的方法。交通可达性的测算有物理可达性与时空可达性等方法，Bhat 等人(2000)总结比较了研究文献中五种常用方法，其中考察通行时间变化是最为常用的方法之一。中国高速铁路网络的建设，带来了通行时间的缩短，即时间距离缩短了。这种现象，被经济地理学者 Janelle(1968)称为时空收敛效应。根据林善浪等人(2018)研究，这种时空收敛效应整体上促进了经济增长，而且区域之间存在很大差异。但是，正如 Vickerman(1974)指出的那样，这种方法存在很大的局限性，甚至可能导致误导性的结论。首先是忽视了通行需求。如果在两个人口稀少的地区建设高速铁路，也可能无法发挥应有的作用。其次是由于不同区域土地开发价值不同，任何时间节省都将有不同的价值，而以通行时间计算的可达性忽视了这个特点。最后是忽视了相对可达性的改变可能将现有通行量从一个目的地转移到另一个目的地的问题，可能产生一些地区要素流入是以另一些地区的要素流出为代价的。

第三种思路是从市场潜能、市场准入角度进行解释。“市场潜能”概念可以追溯到赖利(William J. Reilly)的两个城市之间零售市场区(Market Areas)理论。赖利定律是指，两个城市从邻近地区一个中间城镇所吸引的贸易额，大致与该城市的人口成正比，与其到中间城镇距离成反比(Reilly, 1929)。一般表达式为：

$$\frac{B_i}{B_j}=\left(\frac{P_i}{P_j}\right)^N\left(\frac{D_j}{D_i}\right)^n \tag{4.1}$$

其中，B_i 是 i 城市从邻近地区中间城镇 T 所吸引的贸易额，B_j 是 j 城市从邻近地区中间城镇 T 所吸引的贸易额，P_i 是 i 城市人口，P_j 是 j 城市人口，D_i 是 i 城市到邻近地区中间城镇 T 的距离，D_j 是 j 城市到邻近地区中间城镇 T 的距离，N 和 n 是两个常数。

Harris (1954)为了分析美国生产者的区位选择是否靠近城市市场，使用科林·克拉克(Colin Clark)提出的“市场潜能”(Market Potential)概念。市场潜能是基于目的地城市规模和欧几里得距离计算的，用来衡量一个生产企业所在区位能够获得的潜在市场规模和数量，其公式相当于物理学“场”概念。一般表达式为：

$$MP_i=\sum_{j=1}^{R}M_j/d_{ij} \tag{4.2}$$

其中，MP_i 为生产地 i 的市场潜能，M_j 为目标市场 j 城市的规模，d_{ij} 为生产地 i 和目标市场 j 城市的欧几里得距离。市场潜能衡量了生产者选择与城市市场之间可能存在的空间距离，与赖利的市场区类似。

Krugman (1991)从工资方程中推导出市场潜能，其表达式为：

$$MP_i=\sum_{j=1}^{R}\tau_{ij}^{1-\sigma}\times E_j/G_j^{1-\sigma} \tag{4.3}$$

其中，MP_i 为生产地 i 的市场潜能，$\tau_{ij}^{1-\sigma}$ 为生产地 i 和目标市场 j 城市之间的交易成本，σ 为产品替代弹性，E_j 为 j 城市消费支出，G_j 为 j 城市价格指数。与 Harris(1954)市场潜能相比，取代欧几里得距离的是两地之间的交易成本，不仅取决于地理距离远近，还取决于开放程度、贸易壁垒等因素；取代城市规模的是目标市场需求，取决于市场需求容量、竞争性厂商的数量和价格等。实际上，Harris(1954)市场潜能可以看作是 Krugman(1992)市场潜能的特例。

Donaldson and Hornbeck(2016)使用“市场准入”(Market Access)代替“市场潜能”概念。市场准入，一方面其取决于目标市场 j 城市的经济总量，另一方面取决于具有参数假设的生产地 i 和城市 j 两地之间的运输成本，即：

$$MA_i=\sum_{j=1}^{R}\tau_{ij}^{-\theta}GDP_j \tag{4.4}$$

其中，τ_{ij} 表示生产地 i 和目标市场 j 城市两地的运输成本，包含运输时间和费用，对本地市场影响程度的大小为 $-\theta$。可见，市场准入是介于 Harris (1954)和 Krugman (1991)市场潜能之间的一个概念。

无论是 Harris (1954)和 Krugman (1991)的市场潜能，还是 Donaldson and Hornbeck (2016)的市场准入，与 Reilly (1929)的“市场区”概念在本质上是一致的，都取决于目标城市规模和到达目标城市的距离或运输成本。市场潜能、市场准入能够比较恰当地从微观角度解释生产者或零售者潜在的市场规模。

不少学者们采用市场准入的方法或思想实证检验交通对人口、经济活动和网络空间的影响。如 Redding 和 Sturm (2008)利用第二次世界大战后德国的分裂和 1990 年后东德和西德的统一作为自然实验来估计市场准入变化对人口的影响。Head 和 Mayer(2011)通过市场准入的方法对经济发展的长期影响进行了研究,发现一个国家的要素收入水平与其邻近大型市场的市场准入有关。Cao 等(2013)通过对市场准入的定量研究来评估了中国高速铁路网络对人口和经济活动的影响。Chen(2017)通过测算中国不同区域的市场准入来评估其对人均 GDP 的影响。Yi 等(2018)通过使用一个 246 个区域组成旅行矩阵分别测算了用于高速公路和高速铁路的衰减函数参数值,并测算了高速公路和高速铁路的市场准入,通过市场准入来评估对制造业产出的空间经济影响。张梦婷等(2018)构建市场准入指标评估对中国区域企业生产率的影响。Reggiani 等(2011)为更好地采用市场准入方法,首先对 5 种市场准入中的衰减函数形式进行了评价,然后用市场准入来识别德国通勤网络的同质和异质特征。Stepniak 和 Rosik(2013)用市场准入的方法对波兰高速公路道路网的可达性进行了分析评价。Wang 等(2016)通过测算江苏省高速铁路网络市场准入变化来评估对区域内不同城市可达性的影响。

尽管国内外不少学者进行了有关市场准入的研究应用,但仍存在局限性,主要表现在缺乏对中国交通市场准入的衰减函数形式进行研究。衰减函数影响因素包括旅行目的、交通方式、旅行的空间范围、旅行者和目的地区域的独特特征(Rosik et al.,2015)。具体选择哪种衰减函数形式,研究中国交通的文献极少。

本书在前人研究基础上,通过改进和拓展测算方法,构建了基于中国数据的衰减函数,并测算基于高速铁路的市场准入。

4.1.2 高速铁路对市场准入的影响

市场准入取决于潜在市场规模和到达目标市场的时间。高速铁路具有运客不运货的特点,仍然可以在潜在市场规模和时间距离两个方面对区域市场准入发挥作用。

(1) 高速铁路通过客流带动消费流,形成"消费效应",进而在市场规模方面影响市场准入。高速铁路虽然不进行货运,但实际上高速铁路通过大量的客流带动消费流,因为高速铁路客运量大、速度快,大量快速流动的人员催生了对站点城市商品和服务的大量需求,且高速铁路使大量消费者更方便快捷地靠近商品市场,这就相当于商品在流动,形成"消费效应"。从这个意义上说,高速铁路促进了区域之间消费市场规模的调整,而且是远距离的跨区调整,从而改变了区域市场准入。

(2) 高速铁路有利于突破自然因素限制,促进要素和商品无障碍流动,进而在时间距离方面影响市场准入。由于空间距离或运输条件等自然因素的限制,外地的要素和商品进入本地市场存在自然的、制度的障碍。随着高速铁路开通,高速铁路时空距离压缩显著,大大方便了劳动力流动;高铁开通,有利于要素和商品信息的流动,克服信息不对称问题。因此,高速铁路的方便快捷，能够在时间方面影响市场准入。

4.2 对市场准入测算方法的改进

本书对市场准入的改进和拓展，主要有两个方面：一是对市场准入指标中衰减函数形式的比选，选择适合中国高速铁路运行特点的衰减函数；二是利用中国高速铁路运行经验数据构建 OD 时间矩阵，对市场准入中衰减函数参数值进行动态测算。

4.2.1 市场准入的测算公式

为进行市场准入的测算，我们需要对式(4.4)中 $\tau_{ij}^{-\theta}$ 的函数形式进行研究设定。通常，市场准入的形式有多种，在许多文献中采用的市场准入一般形式为：

$$MA_{\mathrm{i}} = \sum_{\mathrm{j}} M_{\mathrm{j}} f(t_{\mathrm{ij}}) \tag{4.5}$$

式中，MA_{i} 表示起点 i 的市场准入；M_{j} 表示目标位置的特征，一般用目的地的 GDP 或人口来衡量；$f(t_{\mathrm{ij}})$ 表示从起点 i 到终点 j 的广义出行成本的衰减函数，t_{ij} 指 i 和 j 之间的通行时间、距离或费用成本，衰减函数度量了两地间人员、经济活动发生的可能性与通行时间、距离或费用成本的关系，这种关系一般呈反比关系。

市场准入的不同测算方法中，主要的差异在于衰减函数及其中的参数值，这需要进一步研究确定。Geurs 和 Ritsema van Eck (2001)对不同类型的衰减函数进行了广泛的回顾，发现幂函数在短距离通行中衰减过快，而高斯函数在较短的距离衰减太慢，在较长的距离衰减太快，而指数函数下降的速度不如幂函数快(Rosik et al.,2015)。考虑到中国幅员辽阔，通行时间较长等特点，本书选用文献中适合长途旅行特点的指数衰减函数形式(Yi 和 Kim, 2018)，即：

$$f(t_{\mathrm{ij}}) = \mathrm{e}^{-\beta\tau_{\mathrm{ij}}}, \quad (\beta \text{ 为衰减函数参数}, \beta > 0) \tag{4.6}$$

为应用指数衰减函数，假设“冰山型成本”为 $\tau_{\mathrm{ij}} = \mathrm{e}^{\frac{\beta}{\theta}t_{\mathrm{ij}}}$，满足 $\tau_{\mathrm{ij}} = \mathrm{e}^{\frac{\beta}{\theta}t_{\mathrm{ij}}} > 1$，此外，该“冰山型成本”随着通行时间的增加而增大，假设与现实逻辑相符。因此，可得 $f(t_{\mathrm{ij}}) = \tau_{\mathrm{ij}}^{-\theta} = \mathrm{e}^{-\beta t_{\mathrm{ij}}}$，并用 GDP 表示 M_{j} 的特征，则本书采用的市场准入测算公式为：

$$MA_{\mathrm{i}} = \sum_{\mathrm{j}} M_{\mathrm{j}} f(t_{\mathrm{ij}}) = \sum_{\mathrm{j}} \tau_{\mathrm{ij}}^{-\theta} Y_{\mathrm{j}}^{r} \tag{4.7}$$

4.2.2 市场准入的测算参数

本书通过构建中国城市间的高速铁路客流向和时间的 O-D 矩阵(出发地-目的地)来测算衰减函数参数值 β，进而测算高速铁路引致的市场准入。具体通过借鉴 Yang (2019)的方法进行测算，介绍如下。

参数 β 的测算模型为，

$$OD_{ij}=KM_{i}^{\alpha_i}\ M_{j}^{\alpha_i}f(t_{ij}) \tag{4.8}$$

其中，OD_{ij} 指从城市 i 前往城市 j 的通过高速铁路旅行的人数，M_i，M_j 分别指城市 i,j 两地的人口，$f(t_{ij})$ 为衰减函数，t_{ij} 采用 i 和 j 两地之间的通行时间，k 为比例因子。

将式(4.6)代入式(4.8)得

$$OD_{ij}=K\,M_{i}^{\alpha_i}\ M_{j}^{\alpha_i}\,\mathrm{e}^{-\beta t_{ij}} \tag{4.9}$$

对式(4.9)两边取对数，即为

$$\ln\ OD_{ij}=\ln\ K+\alpha_i\ln\ M_i+\alpha_j\ln\ M_j-\beta t_{ij} \tag{4.10}$$

然后对式(4.10)分年度使用普通最小二乘法(OLS)进行回归，从而测算出每年的衰减函数参数 β。

4.2.3　市场准入测算的时间

关于市场准入中时间的测算需要利用道路网络和高速铁路网络，具体测算方法和过程如下。

式(4.10)中时间 t_{ij} 的测算公式见式(4.11)：

$$t_{ij}=\min(t_{is}^{Road}+t_{ss'}^{Railroad}+t_{sj'}^{Road}),\ (s\neq s') \tag{4.11}$$

其中，

$$t_{is}^{Road}=L_{is}/Road\ V_{is} \tag{4.12}$$

$$t_{ss'}^{Railroad}=L_{ss'}/Hsr\ V_{ss'} \tag{4.13}$$

$$t_{sj'}^{Railroad}=L_{s'j}/Road\ V_{s'j} \tag{4.14}$$

式(4.11)中，t_{ij} 指从城市 i(本书用市政府所在地)到城市 j(本书用市政府所在地)通过公路和高速铁路的最短总旅行时间；式(4.12)中，L_{is}，$Road\ V_{is}$ 和 t_{is}^{Road} 分别指从城市 i 到最近高速铁路车站 s 通过道路网络的路程、平均速度和消耗时间；式(4.13)中，$L_{ss'}$，$Hsr\,V_{ss'}$ 和 $t_{ss'}^{Railroad}$ 分别指从城市 i 的最近高速铁路站 s 到城市 j 的最近高速铁路站 s′通过高速铁路的旅行路程、高速铁路平均速度和消耗时间；式(4.14)中，$L_{s'j}$，$Road\ V_{s'j}$ 和 $t_{sj'}^{Railroad}$ 分指从距离目的地城市 j 最近的高速铁路站 s′到最终目的地城市 j 通过公路网络运输的路程、平均速度和消耗时间。图 4.1 为从城市 i 到城市 j 的旅行示意图。

借鉴 Zheng 和 Kahn(2013)的研究，城市之间通过路网的距离约等于城市间直线距离的 1.2 倍。城市间直线距离是通过各城市的经纬度坐标应用 ArcGIS10.2 计算获得。由于数据可得性原因，测算衰减函数参数及市场准入所涉及的城市为 285 个，所需数据描述性统计见表 4.1。

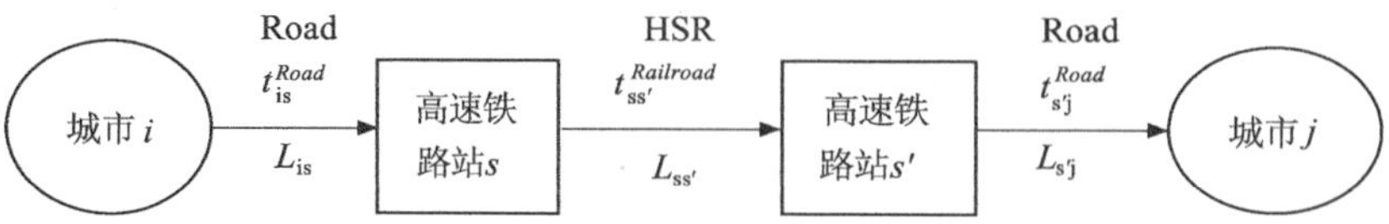

图 4.1　从城市 i 到城市 j 的旅行示意图

4.3　市场准入的测算结果

4.3.1　数据来源和说明

由于本书考察的空间范围主要是全国地级以上城市。限于数据的可得性，本书搜集了2007—2013 年中国 285 个地级以上城市的面板数据。市场准入测算所需数据主要为从出发地到目的地的流向数据，包括历年从出发地到目的地高速铁路乘客数、城市人口数、通行总时间等。高速铁路乘客数来自中国铁路总公司，城市人口数来自《中国城市统计年鉴》(2008—2014 年)，通行总时间按式(4.11)的方法测算获取。

描述性统计如表 4.1 所示。

表 4.1　测算衰减函数及市场准入所需数据描述性统计

变量名	变量含义	样本数	平均值	标准差	最小值	最大值
lnOD2007	2007 年从出发地到目的地乘客数取对数	106 590	0.023 0	0.557 9	0.000 0	16.337 0
lnOD2008	2008 年从出发地到目的地乘客数取对数	106 590	0.122 5	1.138 1	0.000 0	17.153 3
lnOD2009	2009 年从出发地到目的地乘客数取对数	106 590	0.060 4	0.797 2	0.000 0	16.591 6
lnOD2010	2010 年从出发地到目的地乘客数取对数	106 590	0.138 2	1.223 9	0.000 0	16.862 0
lnOD2011	2011 年从出发地到目的地乘客数取对数	106 590	0.166 2	1.339 1	0.000 0	16.282 2
lnOD2012	2012 年从出发地到目的地乘客数取对数	106 590	0.241 1	1.590 1	0.000 0	17.260 4
lnOD2013	2013 年从出发地到目的地乘客数取对数	106 590	0.229 2	1.608 6	0.000 0	18.494 9
lnM2007	2007 年城市人口数取对数	106 590	5.724 1	0.798 7	2.803 4	7.943 4
lnM2008	2008 年城市人口数取对数	106 590	5.733 8	0.796 8	2.833 2	7.951 6

(续表)

变量名	变量含义	样本数	平均值	标准差	最小值	最大值
lnM2009	2009 年城市人口数取对数	106 590	5.693 1	0.831 4	2.867 9	7.958 6
lnM2010	2010 年城市人口数取对数	106 590	5.762 0	0.794 9	2.953 3	7.967 6
lnM2011	2011 年城市人口数取对数	106 590	5.760 0	0.801 5	2.933 9	7.979 3
lnM2012	2012 年城市人口数取对数	106 590	5.766 3	0.798 3	2.990 7	7.988 2
lnM2013	2013 年城市人口数取对数	106 590	5.773 0	0.796 9	3.010 6	7.996 7
time2007	2007 年从出发地到目的地所需总时间	106 590	24.095 9	16.432 8	0.806 3	124.435 9
time2008	2008 年从出发地到目的地所需总时间	106 590	20.785 2	13.687 7	0.806 3	103.087 2
time2009	2009 年从出发地到目的地所需总时间	106 590	18.747 7	12.993 3	0.816 3	95.691 0
time2010	2010 年从出发地到目的地所需总时间	106 590	18.436 0	12.915 4	0.734 4	94.029 8
time2011	2011 年从出发地到目的地所需总时间	106 590	18.395 1	12.904 6	0.734 4	94.029 8
time2012	2012 年从出发地到目的地所需总时间	106 590	18.239 0	12.936 2	0.303 1	94.029 8
time2013	2013 年从出发地到目的地所需总时间	106 590	18.148 2	12.944 3	0.303 1	93.992 2

4.3.2 测算结果

本书利用指数衰减函数法测算的市场准入是 285 个地级以上城市的空间范围的市场准入，最终市场准入测算公式为：

$$MA_i = \sum_j M_j f(t_{ij}) = \sum_{j=1,\ i\neq j}^{285} GDP\, e^{-\beta t_{ij}} \tag{4.15}$$

式中 β 为衰减函数参数，t_{ij} 指从城市 i 到城市 j 通过公路网络和高速铁路网络的最短总旅行时间。

通过式(4.10)和式(4.15)测算的 2007—2013 年的衰减函数中参数 β 值和市场准入对数平均值如表 4.2 所示。Rosik 等(2015)对以往文献中的涉及 β 参数值进行了归纳，发现 β 参数值范围在 0.005 775～0.289 之间，Yi 和 Kim (2018)测算的高速铁路衰减函数参数值为 0.009，本书测算的各年衰减函数 β 值与以往文献类似，β 参数值范围在0.001 8～0.021 0之间，这从侧面支持了本书测算的市场准入的可靠性。

表 4.2　2007—2013 年衰减函数 β 值和市场准入(对数平均值)

β 值与市场准入分类统计	2007 年	2008 年	2009 年	2010 年	2011 年	2012 年	2013 年
参数 β 值	0.001 8	0.011 1	0.005 6	0.011 9	0.015 3	0.021 0	0.017 4
全样本	12.532 2	12.734 5	12.825 2	13.012 6	13.196 9	13.316 2	13.383 8
东部城市	12.529 2	12.729 8	12.821 4	13.008 3	13.192 1	13.310 6	13.379 4
中部城市	12.533 8	12.734 8	12.826 0	13.012 9	13.196 8	13.315 6	13.383 3
西部城市	12.534 0	12.739 8	12.828 7	13.017 5	13.202 8	13.323 6	13.389 6
核心城市	12.523 4	12.725 7	12.816 5	13.004 1	13.188 3	13.307 6	13.377 0
外围城市	12.533 6	12.735 9	12.826 5	13.013 9	13.198 2	13.317 5	13.384 8
沿海城市	12.529 3	12.729 8	12.821 4	13.008 1	13.191 9	13.310 2	13.378 2
内陆城市	12.533 3	12.736 2	12.826 5	13.014 2	13.198 6	13.318 3	13.385 7

资料来源：作者测算。

4.4　本章小结

本章构建了基于中国数据的衰减函数，测算了基于高速铁路的市场准入。首先，对市场准入测算方法进行了改进和详细测算。针对以往文献研究的不足，对市场准入中的衰减函数进行了比选。利用中国数据对历年衰减函数参数值进行了测算，即通过构建中国城市间的高速铁路客流向 O-D 矩阵(出发地-目的地矩阵)，使用普通最小二乘法(OLS)进行回归，从而测算出每年的衰减函数参数 β。最后测算出 285 个城市 2007—2013 年高速铁路的市场准入数值。

第 5 章　高速铁路影响制造业集聚的实证分析

本章是全书的核心内容，以制造业集聚度为被解释变量，以高铁是否开通、高铁服务强度为解释变量，运用 DID 方法验证了高速铁路对制造业集聚的影响，并从区域、城市、行业等方面进行异质性分析。最后进行中介效应检验，证明高速铁路通过市场准入影响制造业集聚。

5.1　引言

根据第 3 章设计的研究思路，高速铁路通过市场准入，影响企业区位选址和区域市场融合，最后影响制造业集聚。本章是这个研究框架的第一个核心工作。

根据高速铁路影响区域市场准入，进而影响制造业集聚的思路，开展高速铁路影响制造业集聚的实证检验，结果表明高速铁路开通对制造业集聚具有显著促进作用，且随着高速铁路服务强度（通车频次）的提升而提升。在区域异质性、城市异质性和行业异质性的检验中，发现不仅对不同地区、不同城市高速铁路的影响具有差异，而且对技术密集型、资本密集型和劳动密集型制造业的影响也存在差异。

国内外对高速铁路与集聚经济之间关系的研究，虽然近几年的文献逐步增加，但总体上还处于起步阶段，尤其是高速铁路影响制造业集聚的文献还十分有限。本章的研究，对丰富相关研究文献具有一定的理论意义。

5.2　研究设计

5.2.1　计量模型设定

为分析高速铁路开通对城市层面制造业企业集聚的影响，本章将实证回归分为两步：第一步是验证高速铁路开通与否对企业集聚的影响，第二步则在此基础上分析高速铁路服务强度对制造业企业集聚的影响程度。

第一步，构建如下实证模型进行分析：

$$IA_{j,t} = \alpha_0 + \alpha_1 HSR_{j,t} + \sum_m \beta_m Control_{k,m,t} + \varepsilon_{j,t} \tag{5.1}$$

其中，$IA_{j,t}$ 为被解释变量，表示 t 年 j 城市的制造业企业集聚情况；$HSR_{j,t}$ 为解释变量，表示 t 年 j 城市是否开通高速铁路，如果开通则为 1，否则为 0；$Control_{j,t}$ 为控制变量，反映其他影响制造业企业集聚的不同因素；$\varepsilon_{j,t}$ 为残差。

第二步，从所有样本中选取高速铁路已开通城市进行进一步分析，研究高速铁路服务强度对制造业企业集聚的影响程度，构建基本模型：

$$IAH_{j,t} = \alpha_0 + \alpha_1 HSRF_{j,t} + \sum_m \beta_m Control_{k,m,t} + \varepsilon_{j,t} \tag{5.2}$$

其中，$IAH_{j,t}$ 为被解释变量，表示 t 年已开通高铁城市 j 的制造业企业集聚情况；$HSRF_{j,t}$ 为解释变量，表示 t 年 j 城市的高速铁路服务强度，本书选用各城市高铁日通车频次作为代理变量；$Control_{j,t}$ 为控制变量，反映其他影响制造业企业集聚的地区特征；$\varepsilon_{j,t}$ 为残差。

5.2.2 变量说明

5.2.2.1 被解释变量

全部城市制造业企业集聚状况（IA）：使用工业企业数据库 2008—2013 年相应制造业企业层面数据，测算 E-G 指数作为指标。

高铁已开通城市制造业企业集聚状况（IAH）：E-G 指数计算方法与全部样本城市集聚状况（IA）一致，即 γ_{ij} 与 γ_j 的数值一致，研究范围为高铁已开通城市。

5.2.2.2 解释变量

高铁是否开通（HSR）：从城市层面进行判断，如该城市开通高速铁路，则开通当年及后续年份数据为 1，否则为 0。

高铁服务强度（$HSRF$）：使用各城市每日高铁通车频次代理，相应数据采用盛名列车时刻表人工统计数据，具体是各城市“G”字头和“D”字头每日列车频次。

5.2.2.3 控制变量

资源禀赋的差异可以诱发产业集聚，却非集聚持续发展的驱动力（Krugman，1993）。不论城市经济学还是新经济地理学都认为城市的形成是源于产业不断的地理集中，而产业不断集中的原因源于城市范围内的规模报酬递增（Rosenthal 和 Strange，2004）。雅各布斯（Jacobs，1969）等学者基于外部性对企业集聚现象的解释阐述了劳动力、中间投入品、知识技术等生产要素在促进产业集聚过程中所发挥的作用。新经济地理学则推动产业集聚的研究开始向微观因素深入，重点从货币外部性、技术外部性以及经济政策等角度分析了市场规模、前后关联、运输成本、中间投入品、劳动力、资本及对外开放程度等对集聚的促进作用（梁琦和钱学锋，2007）。本书从资源禀赋、货币外部性、技术外部性以及对外开放程度四个角度选取变量作为控制变量。

(1) 资源禀赋：资源禀赋的差异可以诱发产业集聚，各个城市所拥有的资源禀赋不同可能导致完全不同的产业发展方向。对资源禀赋的测度缺乏统一的标准，但通常人均资本较低的地区其发展对于资源的依赖性较强。另外，每个城市原有制造业发展水平、基础设施状况也存在差异性，这些也可以看作某地的资源禀赋状况。因此本书采用城市人均资本水平和高速公路通车密度来代理城市的资源禀赋。

(2) 货币外部性：新经济地理学着重讨论的是由劳动力市场共享，本地市场需求以及前后相关联所导致的货币外部性对于集聚的影响。本书在此采用各城市人口数量以及各城市职工平均工资来表示本地市场需求水平。前后相关联主要体现的是区域产业配套成熟度、中间品获取的难易程度等，本书使用第二产业占比来代理。

(3) 技术外部性：集聚的技术外部性可分为专业化和多样化两种。前者是技术在专业部门内的溢出，后者则强调不同专业领域知识的互补性(李金滟和宋德勇，2008)。多数研究认为人力资本水平相对较高的地区有助于技术溢出发生从而促进集聚。某一地区高等学校的在校生数量一方面反映了该地区培养高人力资本劳动力的水平，另一方面也反映了该地区相应的知识密集程度。因此，本书使用各城市高等学校在校生人数占该地人口数量的比重来衡量该城市的技术外部性。

(4) 对外开放程度：对外开放程度高的地区容易吸引企业入驻。随着我国国际化程度的加深，一个地区的开放程度往往体现在其对外资引进的程度上。因此本书采用各城市 *fdi* 金额来代理该城市的开放程度。

各变量统计结果及预期作用方向如表 5.1 所示。

表 5.1　变量统计表及预期作用方向

变量分类	变量名称	变量符号	变量含义	预期影响方向
被解释变量	全部城市集聚水平	*IA*	各城市制造业集聚的程度	
	高铁开通城市集聚水平	*IAH*	高铁已开通城市制造业集聚的程度	
解释变量	高铁开通与否	*HSR*	反映某城市高铁是否开通	+
	高铁开通频次	*HSRF*	反映某城市高铁服务强度	+
资源禀赋	城市人均资本水平	*percap*	各城市人均资本水平	+
	高速公路通车密度	*motorway*	反映各城市交通基础设施发展水平	+
控制变量(货币外部性)	人口规模	*pop*	各城市人口数量	+
	职工平均工资	*wage*	各城市平均工资水平	+/−
	第二产业占比	*secondary_rate*	各城市第二产业占比	+/−
控制变量(技术外部性)	高等学校在校学生数占比	*student*	各城市在校大学生数/各城市总人口(%)	+
控制变量(对外开放程度)	外商直接投资	*fdi*	各城市外商直接投资额	+

5.2.3 数据来源和处理

高速铁路开通情况与制造业企业数量变化情况是本章关注的重点，有必要结合前文整理的 2008 年至 2013 年我国高速铁路开通及制造业企业数量数据进行简要分析。

5.2.3.1 高速铁路数据

从表 5.2 中可以看出，2008 年时我国共有 17 个省份的 66 个城市开通了高速铁路，日通车频次 1 837 次。至 2013 年时，我国高速铁路覆盖的范围已经达到 21 个省份的 119 个城市，日通车频次更是增加到了 16 021 次，6 年时间实现了跨越式发展。

表 5.2 2008—2013 年高速铁路开通及制造业企业数量变化表

年份	2008	2009	2010	2011	2012	2013
已开通高铁省份数量(个)	17	21	21	21	21	21
已开通高铁城市数量(个)	66	87	100	102	116	119
高铁通车频次(列/天)	1 837	3 920	6 255	8 781	11 761	16 021

按照国家统计局关于东中西部经济地带的划分，将我国分为东部与中部、西部并进行进一步分析，从中可以看出：截至 2013 年年底，在东部 12 个省、自治区、直辖市中共有 61 个城市开通了高速铁路，比 2008 年增加了 26 个；中部 9 个省、自治区中共有 49 个城市开通了高速铁路，比 2008 年增加了 21 个；西部 10 个省、自治区、直辖市中共有 9 个城市开通了高速铁路，比 2008 年增加了 6 个。从开通城市数量上来看，东部、中部增长迅速，而西部则整体较为滞后(表 5.3)。

表 5.3 2008—2013 年地区高铁开通城市数量(个)

年份	2008	2009	2010	2011	2012	2013
全部城市	66	87	100	102	116	119
东部城市	35	44	49	50	59	61
中部城市	28	37	42	43	48	49
西部城市	3	6	9	9	9	9

进一步对各地区通车频次进行分析：截至 2013 年年底，在东部已开通高速铁路的 61 个城市中，日通车频次共 11 802 次，平均每个城市日通车频次 193 次；在中部已开通高速铁路的 49 个城市中，日通车频次共 3 531 次，平均每个城市日通车频次 72 次；在西部已开通高速铁路的 9 个城市中，日通车频次共 688 次，平均每个城市日通车频次 76 次。从通车频次上来看，东部地区高速铁路服务强度远高于中部以及西部地区(表 5.4)。

表 5.4　2008—2013 年地区高铁开通频次(列)

年份	2008	2009	2010	2011	2012	2013
全部城市	1 837	3 920	6 255	8 781	11 761	16 021
东部城市	1 659	3 198	4 746	6 590	8 642	11 802
中部城市	167	679	1 232	1 800	2 640	3 531
西部城市	11	43	277	391	479	688

将高速铁路开通城市数据和开通频次数据结合进行分析可以发现：经过 2008 年至 2013 年的建设，我国东部地区高速铁路基础设施（高速铁路开通城市）发展迅速，高速铁路服务强度（开通频次）较高；中部地区高速铁路基础设施（高速铁路开通城市）发展迅速，高速铁路服务强度（开通频次）较低；而西部地区则是高速铁路基础设施（高速铁路开通城市）发展较慢，高速铁路服务强度（开通频次）也较低。总体来说，2008 年至 2013 年间我国高速铁路网络建设的重心在东部和中部，但服务的重心仍主要集中在东部地区。

5.2.3.2　制造业企业数据

按照前文所述方法，经过对工业企业数据库中数据的梳理、筛选，总体结果如表 5.5 所示。

表 5.5　2008—2013 年制造业企业总体数量(家)

年份	2008	2009	2010	2011	2012	2013
全部城市	197 604	192 547	225 590	298 864	306 771	336 217
高铁已开通城市	93 316	108 560	144 655	179 812	204 741	227 735
全部城市平均	599	585	682	897	962	1 007
高铁已开通城市平均	1 414	1 248	1 447	1 763	1 845	1 914
高铁未开通城市平均	395	347	350	515	491	505

从表 5.5 中可以看出，2008 年至 2013 年，全部城市制造业企业平均数量呈现稳步增长态势，其中高速铁路已开通城市制造业企业平均数量增长 35.4%，增长速度高于高速铁路未开通城市（27.8%）。

重点关注高速铁路已开通城市，按照东、中、西三个地区分别统计高速铁路已开通城市制造业企业数量变化情况，结果如表 5.6 所示。

表 5.6　2008—2013 年地区高速铁路已开通城市制造业企业数量(家)

年份	2008	2009	2010	2011	2012	2013
全部已开通	93 316	108 560	144 655	179 812	204 741	227 735
东部	77 192	84 683	117 025	131 415	156 481	167 603
中部	15 028	18 293	20 482	37 875	37 130	48 235
西部	1 096	5 584	7 148	10 522	11 130	11 897

从总量上来看，东部地区制造业企业数量远远超过中、西部地区，但中、西部地区增长迅速。

从平均量来看(表 5.7)，2008 年至 2013 年，中、西部地区高速铁路开通城市制造业企业平均数量增长速度高于东部地区。

表 5.7　2008—2013 年地区高速铁路已开通城市制造业企业平均数量(家)

年份	2008	2009	2010	2011	2012	2013
全部已开通	1 414	1 248	1 447	1 763	1 845	1 914
东部	2 205	1 925	2 388	2 628	2 652	2 748
中部	537	494	488	881	863	984
西部	365	931	794	1 169	1 237	1 322

除了地区间的差异之外，制造业也包括众多的行业，不同的行业对交通基础设施变化的反映是不同的，从而造成高速铁路开通对不同行业内企业的选址行为带来不同影响。如前文，按照要素密集分类，把制造业划分为劳动密集型、资本密集型、技术密集型和资源密集型四类。相应统计四类制造业企业数量，得到结果如表 5.8 所示。

表 5.8　2008—2013 年行业制造业企业数量(家)

年份	2008	2009	2010	2011	2012	2013
劳动密集型	62 398	60 403	69 258	88 277	90 525	99 790
资本密集型	13 533	14 823	19 760	25 025	24 678	35 783
技术密集型	71 882	67 900	79 807	109 286	113 880	112 504
资源密集型	35 403	34 686	37 504	53 551	55 737	64 888

具体到高速铁路已开通城市分行业制造业企业数量及平均数量，得到结果如表 5.9、表 5.10 所示。

表 5.9　2008—2013 年高速铁路已开通城市分行业制造业企业数量(家)

年份	2008	2009	2010	2011	2012	2013
劳动密集型	28 939	33 109	45 106	52 036	59 414	66 383
资本密集型	5 528	7 093	10 860	12 918	14 240	22 939
技术密集型	38 572	44 023	57 337	73 904	84 575	84 088
资源密集型	16 792	19 246	23 615	32 360	37 660	44 759

表 5.10　2008—2013 年高速铁路已开通城市分行业制造业企业平均数量(家)

年份	2008	2009	2010	2011	2012	2013
劳动密集型	438	381	451	510	535	558
资本密集型	85	82	111	127	128	193

（续表）

年份	2008	2009	2010	2011	2012	2013
技术密集型	584	506	573	725	762	707
资源密集型	254	221	236	317	339	376

从行业的角度来看，2008 年至 2013 年期间，高速铁路已开通城市中劳动密集型及技术密集型企业所占比重最大，资本密集型企业尽管数量增长较快，但所占比重仍然较低。

本书所用数据主要涉及三个方面：企业层面、城市层面和高速铁路相关数据。

5.2.3.3　企业层面数据

1）数据库的选择

本书所用微观企业层面的数据主要来自中国工业企业数据库，该数据库由国家统计局建立，全称为“全部国有及规模以上非国有工业企业数据库”，样本范围为全部国有工业企业以及规模以上非国有工业企业，统计单位为企业法人，数据主要来自样本企业提交给当地统计局的季报和年报汇总。整体而言，该数据库优势明显：一是样本量非常大、覆盖面广，涵盖了全国所有的国有工业企业和规模以上的非国有工业企业。2004 年，工业企业销售额占第一次全国经济普查年报工业企业销售额的 89.5%，覆盖面非常广。二是涉及企业指标多，包括企业的基本情况和财务数据相关指标，可以从微观层面比较全面地反映企业的生产经营状况。

该数据库从 1998 年开始建立，主要可以分为两段：1998—2007 年以及 2008—2013 年，其中 1998—2007 年的数据较为完整，已得到学界的广泛认同与使用（肖利平等，2018 等）。相较而言，2008—2013 年数据库整体质量低于 1998—2007 年数据库，存在样本遗漏、指标缺失、统计口径变动及合并方法复杂等一系列问题，使用时需要更为仔细地甄别与处理。近年随着一些学者研究的深入，已经摸索出一些有效的方法来完善 2008—2013 年的数据库，该数据库也越来越为更多学者所使用并起到了很好的数据支撑作用（谭语嫣等，2017）。

对本书的研究而言，2008—2013 年工业企业数据库是微观企业层面最核心的数据来源，主要原因有：

（1）从时间跨度上来看，本书主要研究我国高速铁路建设对企业区位选择所带来的一系列影响，而我国高速铁路从 2008 年开始大规模建设，也有人将 2008 年称为我国高速铁路的元年。在此情况下，从 2008 年开始往后的企业层面的数据是本书研究所必不可少的。

（2）从权威性和全面性上来看，工业企业数据库的权威性和全面性是毋庸置疑的，尽管部分样本数据存在缺陷，但由于整体样本量较大，剔除部分有明显错误的样本或质量较差的样本后，剩余的样本的数量仍可满足研究需要。

2）数据库的处理

在对数据进行具体处理过程中，本书主要借鉴林善浪等人（2018）的做法，对工业企业数据库数据进行了如下整理：

（1）按照统计口径，我国规模以上工业企业主要分为制造业、采矿业以及电力、热力、燃气及水生产和供应业,其中制造业企业数量占工业企业数量的比重约为93%。本书的研究对象主要是制造业,而将采矿业以及电力、热力、燃气及水生产和供应业排除在外,其原因是这些行业的地理分布很大程度上取决于矿产资源等自然资源的分布,而自然资源在中国的分布是极不平均的,这使得对后两类行业的选址分布进行研究意义有限(路江涌和陶志刚,2007)。因此本书在数据库剔除了采矿业以及电力、热力、燃气及水生产和供应业等相关行业企业数据。

(2) 由于2011年起,工业企业数据库的统计口径发生了变动,由原先的"全部国有及年主营业务收入达500万元及以上的非国有工业企业"变为"年主营业务收入达2 000万元及以上工业法人企业"。为保证研究连续性和可对比性,本书在研究时按照最新的规模以上标准,即年主营业务收入达2 000万元及以上对现有数据进行了统一。

(3) 从企业生产经营数据入手对数据进行进一步整理,剔除企业员工数据小于8的企业;删除总资产、职工人数、工业总产值、固定资产净值以及销售额缺失的样本,且明显不符合会计原则的样本,包括总资产小于流动资产的企业、总资产小于固定资产净值的企业、累计折旧小于当期折旧等的企业,最终获得2008—2013年共1 557 593个企业样本。

(4) 2011年国民经济行业分类标准发生变动(GB/T 4754—2011),本书按照新的分类标准进行了统一;

(5) 在本书后续分析中,如无特殊说明,涉及企业层面相关数据均未包含港澳台地区。

5.2.3.4 城市层面数据

本书城市层面的数据主要来自历年《中国城市统计年鉴》《中国区域经济统计年鉴》《中国城市建设统计年鉴》等,涉及的主要指标包括:GDP增长率、人口规模、高速公路通车密度、外商直接投资金额、职工平均工资、总就业人数、高等学校在校数、国有企业占比、第二产业占比及平均海拔等。在本书后续分析中,如无特殊说明,涉及城市层面相关数据均未包含港澳台地区。

5.2.4 统计描述

按前文所述方法对数据进行整理后,对模型中的变量进行描述性统计分析,结果如表5.11所示。

表5.11 变量描述性统计

	样本数	最大值	最小值	平均值	标准误
E-G	1 953	0.002 5	8.56E-10	8.74E-05	0.000 2
HSRF	2 016	719	0	24.094 7	70.882 9
pop	2 016	3 329.8	8.5	392.207 4	291.724 4
wage	2 016	87 330	12 115	34 394.6	10 485.68

（续表）

	样本数	最大值	最小值	平均值	标准误
fdi	2 016	169.752 3	0	5.877 9	15.197 4
percap	2 016	767 475	82.105 3	51 800.62	77 077.43
student	1 715	1 446.248 0	0.592 0	165.615 0	221.420 8
secondary_rate	2 016	97.470 1	13.095 4	49.070 2	12.379 3
motorway	2 016	2.681 4	0.019 5	0.874 6	0.523 1

由于高速铁路通车频次、人口数量、工资水平、人均资本和高速公路通车密度等变量在样本间量级差距较大，为便于分析，对这些变量进行了对数化处理，相应描述性统计如表5.12 所示。

表 5.12　变量描述性统计（取对数）

	样本数	最大值	最小值	平均值	标准误
ln *E-G*	1 953	−5.985	−20.879	−10.485	1.709
ln *HSRF*	2 016	6.579	0	1.06	1.802
ln *pop*	2 016	8.111	2.14	5.674	0.869
ln *wage*	2 016	11.377	9.402	10.401	0.3
ln *fdi*	1 834	5.134	−9.21	0.326	1.928
ln *percap*	2 016	13.551	4.408	10.212	1.16
ln *student*	1 715	7.277	−0.524	4.466	1.166
secondary_rate	2 016	97.47	13.095	49.07	12.379
ln *motorway*	2 016	0.986	−3.936	−0.424	0.919

5.3　基准回归

5.3.1　回归结果

本书首先分析高速铁路开通与否对各城市制造业企业集聚所带来的影响，构建如下双向固定效应模型：

$$\ln IA_{j,t} = \alpha_0 + \alpha_1 HSR_{j,t} + \sum_m \beta_m C_{m,j,t} + \mu_j + \lambda_t + \varepsilon_{j,t} \tag{5.3}$$

其中，t 为年份，j 代表城市；$HSR_{j,t}$ 为高铁是否开通虚拟变量，如某城市开通高速铁路则开通当年及后续年份数据为 1，否则为 0；μ_j 为地区固定效应，λ_t 为时间固定效应；$\sum_m \beta_m C_{m,j,t}$ 为前文所述控制变量集，在此有：

$$\sum_{m}\beta_m C_{m,j,t}=\beta_1\ln percap_{j,t}+\beta_2\ln motorway_{j,t}+\beta_3\ln secondary\_rate_{j,t} \\ +\beta_4\ln pop_{j,t}+\beta_5\ln wage_{j,t}+\beta_6\ln student_{j,t}+\beta_7\ln fdi_{j,t} \tag{5.4}$$

考虑到变量的数量级相差较大，为消除异方差同时更好地分析，在实证分析中对高速铁路开通与否（*HSR*）以及第二产业占比（*secondary_rate*）之外的变量采用了取对数的处理方式。

基准回归结果如表 5.13 所示。

表 5.13　高速铁路开通对制造业企业集聚的影响

模型	(1)	(2)	(3)	(4)	(5)	(6)	(7)	(8)
	ln_eg	ln_eg	ln_eg	ln_eg	ln_eg	ln_eg	ln_eg	ln_eg
HSR	0.707*** (12.44)	0.497*** (9.20)	0.330*** (6.71)	0.164*** (3.69)	0.074* (1.75)	0.077* (1.81)	0.096** (2.30)	0.070* (1.65)
ln_*pop*		0.722*** (15.14)	0.820*** (18.77)	0.671*** (17.02)	1.033*** (26.23)	0.906*** (22.30)	0.905*** (22.84)	0.876*** (21.83)
ln_*wage*			1.832*** (13.35)	0.875*** (6.40)	−0.742*** (−4.79)	−0.543*** (−3.68)	−0.518*** (−3.51)	−0.530*** (−3.57)
ln_*fdi*				0.290*** (14.85)	0.140*** (7.91)	0.135*** (6.98)	0.147*** (7.58)	0.147*** (7.62)
ln_*percap*					0.716*** (19.47)	0.597*** (15.48)	0.477*** (11.24)	0.480*** (11.27)
ln_*student*						0.075*** (3.84)	0.102*** (5.19)	0.101*** (5.17)
secondary_rate							0.012*** (5.04)	0.011*** (4.49)
ln_*motorway*								0.193*** (3.54)
_*cons*	−8.611*** (−48.75)	−13.210*** (−37.95)	−34.505*** (−23.12)	−23.823*** (−16.16)	−16.457*** (−11.81)	−17.419*** (−12.71)	−16.956*** (−12.17)	−16.288*** (−11.70)
省份固定效应	Yes	Yes	Yes	Yes	Yes	Yes	Yes	Yes
年份固定效应	Yes	Yes	Yes	Yes	Yes	Yes	Yes	Yes
N	1 953	1 953	1 953	1 799	1 799	1 623	1 623	1 623
r^2_*a*	0.642	0.705	0.735	0.748	0.808	0.776	0.780	0.782

注：***、**、*分别表示 1%、5%、10%显著性水平。

本章回归地区固定效应为省份固定效应。在表 5.13 中，模型(1)是只加入高速铁路开通与否变量进行回归，结果显示高速铁路开通对制造业企业集聚在 1%的水平上有显著的正向影响关系；模型(2)至模型(8)为依次加入控制变量后的回归结果，均证明高速铁路开通对制造业企业集聚有显著正向促进作用；在模型(8)中，各控制变量对制造业企业集聚都存在显著影响，其中对人口数量、fdi、人均资本、高校在校学生数、高速公路通车密度及第二产业占比影响为正，对地区职工平均工资则产生负向影响。

总体上看，基准回归的结果较好证明了高速铁路开通对城市制造业企业集聚的积极促进作用，这也与本书第 3 章理论分析结果一致。

5.3.2　平行趋势检验

由于双向固定效应模型也是广义的双重差分模型，为保证回归结果可靠，有必要进行平行趋势检验。借助平行趋势检验还可以在一定程度上排除 DID 回归中的样本选择问题。

首先采用分组法进行简单检验，借鉴董艳梅和朱英明(2016)等的做法，将 2010 年后开通的城市作为处理组，将 2008—2013 年从未开通过高铁的城市作为控制组，根据每个年份处理组和控制组的 $E-G$ 指标平均值作图(图 5.1)。

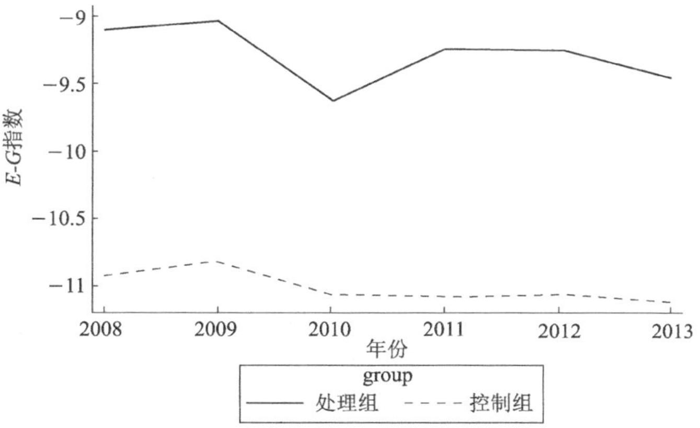

图 5.1　处理组与控制组 E-G 指数变化图

从图 5.1 中可以看出，在 2010 年前，处理组与对照组 $E-G$ 指数的变化趋势基本一致，两者之间的差距甚至有缩小的倾向。但在 2010 年后，处理组的 $E-G$ 指数明显上升，与对照组之间的差距迅速扩大，证明开通高速铁路对处理组制造业企业集聚程度的促进作用。

进一步借鉴张梦婷等(2018)的做法，采用事件研究法构建以下模型进行平行趋势检验：

$$\ln IA_{\mathrm{j},t} = \alpha + \sum_{n=-3}^{3} \alpha_n HSR_{\mathrm{j},t-n} + \sum_{k} \beta_k C_{k,\mathrm{j},t} + \mu_j + \lambda_t + \varepsilon_{\mathrm{j},t} \tag{5.5}$$

其中，$HSR_{\mathrm{j},t-n}$ 为虚拟变量，表示城市 j 在 t 年是否开通高速铁路，α_n 分别反映开通前 3 年、开通当年以及开通后 3 年的效果，得到结果图 5.2。

从图 5.2 中可以看出，高速铁路开通前 1 年系数发生明显跳升，且在随后开通当年、开通 1 年后以及开通 3 年后都显著为正，证明高速铁路开通后对制造业企业集聚的有效促进作用。

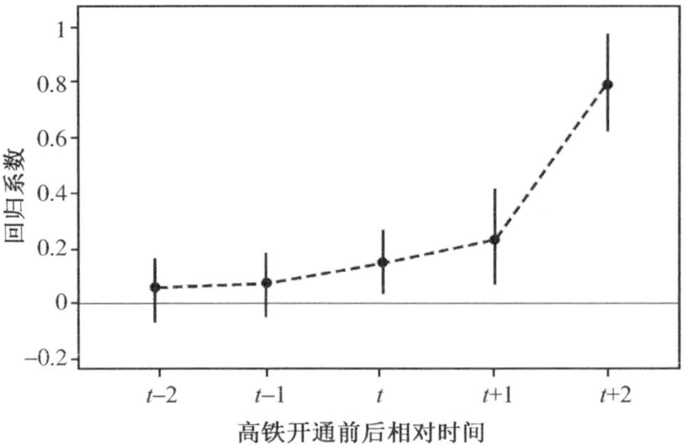

图 5.2 事件研究法检验结果

5.4 内生性处理和稳健性检验

5.4.1 内生性处理

如同高速铁路建设和企业选址之间的关系,高速铁路建设和企业集聚之间也有可能存在内生性问题。一方面,某一地区高速铁路的开通对制造业企业的集聚有积极影响;但另一方面,高速铁路规划时也可能会更加倾向于选择经济基础好或企业较为集中的区域。与前文保持一致,本章也采用工具变量法,利用地理信息构造工具变量,具体是使用每个城市的平均海拔作为工具变量并进行二阶段回归,相应回归结果如表 5.14 所示。

从表 5.14 中可以看出,Kleibergen-Paap rk LM 统计量 P 值为 0.002,拒绝原假设,表明工具变量可以被识别;Cragg-Donald F 统计量大于 15%的 Stock-Yoga 临界值为 8.962,表明不存在弱工具变量问题;Hansen J 检验 P 值为 0.00,表明模型不存在工具变量过度识别问题。

表 5.14 高速铁路开通对制造业企业集聚的影响(工具变量回归)

	(1) 第一阶段回归 HSR	(2) 第二阶段回归 ln_eg
altitude	-1.9×10^{-4} *** (−3.02)	—
HSR	—	4.097*** (3.00)
ln_*pop*	0.133*** (2.7)	0.353 (1.39)

（续表）

	(1) 第一阶段回归 HSR	(2) 第二阶段回归 ln_eg
ln_*wage*	−0.377** (−2.06)	1.642* (1.74)
ln_*fdi*	0.037* (1.65)	−0.058 (−0.47)
ln_*percap*	0.169*** (3.12)	−0.068 (−0.23)
ln_*student*	0.050* (1.8)	−0.213 (−1.60)
secondary_rate	−0.001 (−0.4)	0.002 (0.17)
ln_*motorway*	0.158*** (2.91)	−0.441 (−1.27)
_*cons*	1.717 (0.99)	−29.945*** (−3.80)
省份固定效应	Yes	Yes
年份固定效应	Yes	Yes
N	307	307
Kleibergen-Paap rk LM		9.108 P=0.002
Cragg-Donald F		9.111
Hansen J		P=0.000

注：***、**、* 分别表示 1%、5%、10%显著性水平。

从回归结果上看，海拔与高速铁路开通在 1%置信水平上显著负相关，证明海拔越高，高速铁路修建难度越大；第二阶段回归结果显示，在考虑内生性问题后，高速铁路开通对制造业企业集聚有显著正向促进作用，与前文基准回归结果一致，证明了回归的可靠性。

5.4.2　稳健性检验

为保证本书结论的可靠性，本章使用三种方法进行稳健性检验：一是使用区位熵指数（*LQ*

指数)替换 $E-G$ 指数,作为被解释变量,反映制造业企业集聚状况;二是对存在质疑的 2010 年度数据样本进行处理并进行再次回归;三是剔除影响权重较大的北京、上海、广州、深圳四座城市,然后再次回归,结果如表 5.15 所示。

表 5.15 高速铁路开通对制造业企业集聚的影响(稳健性检验)

	(1) ln *LQ*	(2) 删除 2010 年数据	(3) 删除北上广深数据
HSR	0.068* (1.78)	0.076** (2.19)	0.071* (1.66)
ln_*pop*	0.611*** (16.95)	0.873*** (25.66)	0.875*** (21.83)
ln_*wage*	0.149 (1.01)	−0.627*** (−4.49)	−0.534*** (−3.58)
ln_*fdi*	0.085*** (5.04)	0.147*** (8.32)	0.150*** (7.73)
ln_*percap*	0.277*** (6.58)	0.503*** (12.99)	0.473*** (11.08)
ln_*student*	−0.036** (−2.14)	0.087*** (4.79)	0.101*** (5.16)
secondary_rate	0.017*** (6.96)	0.009*** (4.07)	0.011*** (4.66)
ln_*motorway*	0.049 (1.00)	0.263*** (5.35)	0.190*** (3.50)
_*cons*	−6.199*** (−4.23)	−15.201*** (−11.61)	−16.195*** (−11.60)
省份固定效应	Yes	Yes	Yes
年份固定效应	Yes	Yes	Yes
N	1 623	1 352	1 599
r^2_*a*	0.717	0.859	0.771

注:***、**、*分别表示 1%、5%、10%显著性水平。

在表 5.15 中,模型(1)是使用区位熵指数(*LQ* 指数)替换 $E-G$ 指数后回归结果,模型(2)、(3)分别是删除 2010 年数据以及删除北上广深数据后回归的结果,三个回归结果均证明高速铁路的开通对制造业企业集聚的有效促进作用,与基准回归结果一致,证明基准回归结果的稳健性。

5.5 异质性分析

为进一步研究高速铁路开通对不同地区、不同规模城市以及不同行业类型制造业企业集聚的影响，本章对样本进行分地区、分城市规模以及分行业类型回归。

5.5.1 区域异质性

分地区回归同样按照前文所述的东、中、西部相应划分标准，分样本进行回归以进一步验证高速铁路开通对不同地区制造业企业集聚的影响，回归结果如表 5.16 所示。

表 5.16　高速铁路开通对制造业企业集聚的影响（分地区回归）

	(1) 全国	(2) 东部	(4) 中部	(5) 西部
HSR	0.070* (1.65)	0.089* (1.66)	0.064 (0.65)	0.038 (0.57)
ln_*pop*	0.876*** (21.83)	0.752*** (12.25)	0.812*** (13.10)	1.000*** (14.27)
ln_*wage*	−0.530*** (−3.57)	0.991*** (3.67)	−0.582** (−2.48)	−1.010*** (−3.96)
ln_*fdi*	0.147*** (7.62)	0.302*** (9.89)	0.087*** (3.50)	0.073* (1.96)
ln_*percap*	0.480*** (11.27)	0.278*** (2.68)	0.501*** (8.08)	0.369*** (4.36)
ln_*student*	0.101*** (5.17)	0.328*** (6.89)	0.125*** (4.69)	0.154*** (4.31)
secondary_rate	0.011*** (4.49)	0.033*** (7.76)	0.010*** (2.89)	0.020*** (4.36)
ln_*motorway*	0.193*** (3.54)	0.219* (1.70)	0.417*** (5.62)	−0.054 (−0.52)
_*cons*	−16.694*** (−11.46)	−29.692*** (−12.60)	−15.949*** (−6.90)	−10.961*** (−5.16)
省份固定效应	Yes	Yes	Yes	Yes
年份固定效应	Yes	Yes	Yes	Yes
N	1 623	606	446	571
r^2_*a*	0.782	0.765	0.736	0.558

注：***、**、* 分别表示 1%、5%、10%显著性水平。

从回归结果中可以看出，高速铁路开通对东部地区城市的制造业企业集聚有正向促进作用，但对中、西部地区城市的影响则并不显著。究其原因，东部地区经济发展较早，整体工业基础及其他配套设施经过多年积累后优于中、西部地区，受到高速铁路开通因素影响后相应集聚程度更高。

在控制变量中，人口数量、*fdi*、人均资本、高校在校学生数及第二产业占比等在东、中、西三个地区均产生正向影响；高速公路通车密度对东、中部地区城市有正向影响，但对西部地区城市影响不显著；地区职工平均工资水平对东部地区城市有显著正向影响，对中、西部地区城市则产生了显著负向影响。

分析地区职工平均工资水平的差异化影响，通常认为技术含量高、专业性强的工作工资水平高于一般劳动岗位，结合本书研究时间段(2008—2013 年)所出现的东部地区“用工荒”、东部地区产业结构调整以及东部地区产业转移等现象，可以认为是东部地区对劳动力的整体技术、能力要求不断提升，相应工资水平须提升后才能吸引更多的劳动力，进而吸引更多企业集聚。

5.5.2 城市异质性

将城市按规模大小进行四等分，然后进行回归以验证高速铁路开通对不同规模城市制造业企业集聚的影响，结果如表 5.17 所示。

表 5.17 高速铁路开通对制造业企业集聚的影响(分城市规模回归)

	(1) 0—25	(2) 25—50	(3) 50—75	(4) 75—100
HSR	−0.195 (−1.20)	0.076 (0.67)	0.194*** (2.75)	−0.006 (−0.08)
ln_*pop*	1.170*** (8.91)	1.110*** (3.96)	0.745*** (3.66)	0.920*** (6.05)
ln_*wage*	−1.061** (−2.57)	−0.140 (−0.51)	−0.296 (−1.16)	−0.211 (−0.58)
ln_*fdi*	0.057 (1.39)	0.165*** (4.12)	0.143*** (4.75)	0.083* (1.74)
ln_*percap*	0.470*** (4.80)	0.493*** (6.14)	0.429*** (5.75)	0.652*** (5.86)
ln_*student*	0.027 (0.54)	0.171*** (4.25)	0.079** (2.38)	−0.001 (−0.01)
secondary_rate	0.025*** (3.84)	0.009* (1.96)	0.004 (0.69)	0.008 (1.60)

（续表）

	(1) 0—25	(2) 25—50	(3) 50—75	(4) 75—100
ln_*motorway*	0.139 (1.14)	0.048 (0.42)	0.417*** (3.98)	−0.312* (−1.78)
_*cons*	−12.584*** (−3.42)	−20.593*** (−6.57)	−15.890*** (−5.94)	−20.294*** (−5.86)
省份固定效应	Yes	Yes	Yes	Yes
年份固定效应	Yes	Yes	Yes	Yes
N	267	435	434	487
r^2_*a*	0.781	0.689	0.761	0.778

注：***、**、* 分别表示 1%、5%、10%显著性水平。

回归结果显示：高速铁路开通对城市规模处于中等偏上水平(50～75 区间)的城市有显著正向影响，对其他规模城市则没有产生显著影响。结合实际情况分析原因，我国人口规模较大的城市往往经济发展水平也相对较高，这些城市正在不断积极推动产业结构升级，将一些低端制造业、劳动密集型制造业向外迁移，以实现“腾笼换鸟”，进而发展高端、新兴制造业，在这过程中，距离大城市较近的中等规模城市易于从中承接第一轮转移。另外，规模中等偏上的城市整体工业基础优于小城市，但生产成本又低于大城市，因而也更容易产生制造业的集聚，现实中可以观察到的例子就有如靠近上海的江苏南通、昆山以及靠近上海、杭州的浙江嘉兴等城市。

5.5.3　行业异质性

为分析高速铁路开通对不同地区不同类型行业制造业企业集聚的影响，按照前文分类方法，同样将行业分为劳动密集型、资本密集型、技术密集型和资源密集型四类，然后按照东、中、西三个地区分别进行回归分析，结果如表 5.18～表 5.20 所示。

表 5.18　高速铁路开通对制造业企业集聚的影响(东部地区分行业类型)

	(1) 劳动密集型	(2) 资本密集型	(3) 技术密集型	(4) 资源密集型
HSR	−0.106* (−1.88)	−0.109 (−1.08)	0.172*** (2.81)	0.334*** (4.92)
ln_*pop*	0.865*** (10.59)	1.102*** (8.38)	0.683*** (7.65)	0.799*** (9.64)
ln_*wage*	−0.520* (−1.85)	−0.486 (−1.06)	0.756** (2.50)	0.190 (0.66)

（续表）

	(1) 劳动密集型	(2) 资本密集型	(3) 技术密集型	(4) 资源密集型
ln_*fdi*	0.356*** (9.49)	0.180** (2.41)	0.376*** (9.20)	0.219*** (4.72)
ln_*percap*	0.165** (2.34)	0.317** (2.14)	0.407*** (5.37)	0.181** (2.28)
ln_*student*	0.106** (2.08)	0.189** (2.39)	0.072 (1.38)	0.102** (1.97)
secondary_rate	0.015*** (2.81)	0.023** (2.28)	0.010* (1.84)	0.045*** (6.80)
ln_*motorway*	0.606*** (4.35)	−0.734*** (−4.09)	−0.156 (−1.11)	0.247 (1.64)
_*cons*	−12.913*** (−4.81)	−17.750*** (−4.00)	−27.467*** (−9.22)	−21.168*** (−7.64)
省份固定效应	Yes	Yes	Yes	Yes
年份固定效应	Yes	Yes	Yes	Yes
N	606	586	606	606
r^2_*a*	0.732	0.481	0.790	0.704

注：***、**、*分别表示1%、5%、10%显著性水平。

表5.19　高速铁路开通对制造业企业集聚的影响(中部地区分行业类型)

	(1) 劳动密集型	(2) 资本密集型	(3) 技术密集型	(4) 资源密集型
HSR	0.029 (0.38)	0.208* (1.94)	0.039 (0.50)	−0.123 (−1.46)
ln_*pop*	0.993*** (11.88)	0.875*** (6.34)	1.209*** (14.95)	1.075*** (11.99)
ln_*wage*	−0.881*** (−3.05)	−1.742*** (−2.81)	−0.957*** (−3.40)	−0.451 (−1.39)
ln_*fdi*	0.104** (2.09)	0.306*** (3.86)	0.052 (1.17)	−0.020 (−0.40)
ln_*percap*	0.001 (0.01)	0.485*** (2.77)	0.623*** (7.09)	0.329** (2.55)
ln_*student*	0.046 (1.19)	0.037 (0.51)	0.306*** (7.46)	0.177*** (3.08)
secondary_rate	0.014*** (3.13)	−0.008 (−0.99)	0.006 (1.20)	0.044*** (5.69)

（续表）

	(1) 劳动密集型	(2) 资本密集型	(3) 技术密集型	(4) 资源密集型
ln_*motorway*	0.153 (1.29)	−0.737*** (−3.54)	−0.041 (−0.34)	−0.145 (−1.04)
_*cons*	−7.357*** (−2.82)	−2.734 (−0.48)	−16.454*** (−6.46)	−18.643*** (−6.26)
省份固定效应	Yes	Yes	Yes	Yes
年份固定效应	Yes	Yes	Yes	Yes
N	571	542	570	571
r^2_a	0.593	0.366	0.662	0.460

注：***、**、* 分别表示 1%、5%、10%显著性水平。

表 5.20　高速铁路开通对制造业企业集聚的影响（西部地区分行业类型）

	(1) 劳动密集型	(2) 资本密集型	(3) 技术密集型	(4) 资源密集型
HSR	0.285* (1.82)	−0.465** (−2.42)	−0.040 (−0.26)	−0.305** (−2.40)
ln_*pop*	1.085*** (8.97)	1.128*** (8.38)	0.988*** (11.01)	0.998*** (9.83)
ln_*wage*	−0.987*** (−2.71)	−1.584*** (−2.91)	0.130 (0.41)	0.120 (0.34)
ln_*fdi*	0.051 (1.32)	0.059 (1.17)	0.164*** (4.56)	0.092*** (2.72)
ln_*percap*	0.355*** (3.77)	0.831*** (6.34)	0.219** (2.41)	0.498*** (5.82)
ln_*student*	0.069** (1.97)	0.104 (1.59)	0.326*** (8.34)	0.088** (2.37)
secondary_rate	−0.029*** (−4.76)	0.009 (1.16)	0.022*** (4.14)	0.033*** (7.21)
ln_*motorway*	0.234* (1.76)	0.086 (0.55)	0.881*** (8.35)	0.276** (2.10)
_*cons*	−9.500*** (−2.66)	−10.653* (−1.95)	−23.233*** (−7.30)	−25.760*** (−7.82)
省份固定效应	Yes	Yes	Yes	Yes

（续表）

	(1) 劳动密集型	(2) 资本密集型	(3) 技术密集型	(4) 资源密集型
年份固定效应	Yes	Yes	Yes	Yes
N	446	406	443	445
r^2_a	0.611	0.407	0.711	0.622

注：***、**、* 分别表示 1%、5%、10%显著性水平。

为更好进行对比分析，将上述回归结果简要汇总，得到结果如表 5.21 所示。

表 5.21　高速铁路开通对制造业企业集聚的影响（分地区及行业类型）

行业分类	劳动密集型	资本密集型	技术密集型	资源密集型
东部	−0.106*	−0.109	0.172***	0.334***
中部	0.029	0.208*	0.039	−0.123
西部	0.285*	−0.465**	−0.040	−0.305**

注：***、**、* 分别表示 1%、5%、10%显著性水平。

从中可以看出：对于东部地区城市而言，高速铁路开通在 1%的显著性水平上有利于技术密集型以及资源密集型制造业企业的集聚，但在 10%显著性水平上不利于劳动密集型制造业企业的集聚，与前文分地区、分城市规模回归结果相印证，反映了东部地区整体制造业行业转型升级以及低端制造业向外转移的现实状况；对中部地区城市而言，高速铁路开通有利于资本密集型制造业的集聚，对其他类型行业的影响并不显著；对西部地区城市而言，高速铁路开通有利于劳动密集型制造业企业的集聚，但不利于资本密集型、资源密集型制造业企业的集聚。考虑到西部地区城市规模普遍偏小，高速铁路开通对资本密集型、资源密集型制造业企业集聚的负向影响在一定程度上也证明了“虹吸效应”的存在。

5.6　高速铁路服务强度影响分析

根据第 3 章理论模型的研究，高速铁路开通会对企业集聚产生促进作用，而且这种促进作用应会随着高铁服务强度的提升而提升。前文实证分析已经证明高速铁路开通对于制造业企业集聚的促进作用，本节将对高速铁路对企业集聚的促进作用是否会随着高速铁路服务强度的提升而提升进行验证。

从所有样本中选取高速铁路已开通城市作为研究对象，被解释变量为城市层面的集聚指数 γ_j；解释变量为高铁服务强度（$HSRF$），使用各城市每日高铁通车频次代理。

5.6.1　计量模型设定

构建计量模型如下：

$$\ln IAH_{j,t} = \alpha_0 + \alpha_1 \ln HSRF_{j,t} + \sum_m \beta_m C_{m,j,t} + \varepsilon_{j,t} \tag{5.6}$$

其中，t 为年份，j 代表城市；$HSRF_{i,t}$ 为高速铁路通车频次；$\sum_m \beta_m C_{m,j,t}$ 为控制变量集，在此有：

$$\begin{aligned}\sum_m \beta_m C_{m,j,t} = {} & \beta_1 \ln percap_{j,t} + \beta_2 \ln motorway_{j,t} + \beta_3 \ln secondary\_rate_{j,t} \\ & + \beta_4 \ln pop_{j,t} + \beta_5 \ln wage_{j,t} + \beta_6 \ln student_{j,t} + \beta_7 \ln fdi_{j,t}\end{aligned} \tag{5.7}$$

考虑到变量的数量级相差较大，为消除异方差同时进行更好分析，在实证分析中对第二产业占比(*secondary_rate*)之外的变量采用了取对数的处理方式。

5.6.2　基准回归

在实证分析时，为确定采用随机效应模型还是固定效应模型型(Fixed Effects Model)，本书对样本数据进行了豪斯曼检验(Hausman Test)，结果(Prob>chi2=0.000 0)表明应采用固定效应模型。同时，由于本书的控制变量中存在多个城市层面的指标，包括人口规模、人均资本水平、职工平均工资、高校在校学生数及 *fdi* 等指标，指标之间可能存在多重共线性，因此采用 *VIF* 检验对于模型的共线性进行检验。*VIF* 检验的结果见表 5.22，各个变量的 *VIF* 值均小于 10，所有变量的平均 *VIF* 值同样小于 10，说明各指标之间不存在多重共线性问题。

表 5.22　*VIF* 检验结果

变量	*VIF* 值	1/*VIF*
ln_*percap*	4.06	0.246 461
ln_*fdi*	2.16	0.462 973
ln_*wage*	2.06	0.484 906
ln_ *student*	1.76	0.566 692
ln_*pop*	1.76	0.566 711
secondary_rate	1.73	0.578 418
ln_*motorway*	1.48	0.674 936
VIF 平均值	2.15	

根据式 5.7，使用固定效应模型，在控制省份和时间效应后基准回归结果如表 5.23 所示。

表 5.23　高铁通车频次对高铁已开通城市制造业企业集聚的影响

	(1) ln_eg	(2) ln_eg	(3) ln_eg	(4) ln_eg	(5) ln_eg	(6) ln_eg	(7) ln_eg	(8) ln_eg
ln_*HSRF*	0.212*** (14.32)	0.158*** (10.69)	0.103*** (7.37)	0.053*** (4.11)	0.026** (2.16)	0.028** (2.30)	0.038*** (3.09)	0.032*** (2.62)
ln_*pop*		0.707*** (14.81)	0.807*** (18.27)	0.666*** (16.79)	1.029*** (25.79)	0.899*** (21.62)	0.894*** (22.09)	0.866*** (21.12)
ln_*wage*			1.728*** (12.57)	0.830*** (6.12)	−0.759*** (−4.93)	−0.562*** (−3.86)	−0.542*** (−3.72)	−0.550*** (−3.75)
ln_*fdi*				0.286*** (14.59)	0.138*** (7.81)	0.134*** (6.95)	0.145*** (7.56)	0.145*** (7.59)
ln_*percap*					0.714*** (19.32)	0.593*** (15.28)	0.464*** (10.93)	0.468*** (10.97)
ln_*student*						0.072*** (3.71)	0.101*** (5.12)	0.100*** (5.10)
secondary_rate							0.013*** (5.42)	0.012*** (4.87)
ln_*motorway*								0.186*** (3.48)
_*cons*	−8.264*** (−42.95)	−14.225*** (−37.84)	−33.115*** (−21.01)	−22.647*** (−15.90)	−15.850*** (−11.97)	−17.577*** (−12.46)	−16.949*** (−11.85)	−16.343*** (−11.41)
省份固定效应	Yes	Yes	Yes	Yes	Yes	Yes	Yes	Yes
年份固定效应	Yes	Yes	Yes	Yes	Yes	Yes	Yes	Yes
N	1 953	1 953	1 953	1 953	1 953	1 953	1 953	1 953
r^2_*a*	0.651	0.712	0.737	0.749	0.809	0.777	0.781	0.783

注：***、**、* 分别表示 1%、5%、10%显著性水平。

从回归结果中可以得到以下结论：模型(1)是对高速铁路通车频次进行直接回归，结果表明高速铁路通车频次提升在 1%显著性水平上促进了高速铁路已开通城市制造业企业的集聚；模型(2)至模型(8)为依次加入控制变量后的回归结果，结果均显著证明高速铁路通车频次的提升对制造业企业集聚的促进作用；在模型(8)中，各控制变量对制造业企业集聚都存在显著影响，其中人口数量、*fdi*、人均资本、高校在校学生数、高速公路通车密度和第二产业占比影响为正，地区职工平均工资则产生负向影响，这与高速铁路开通与否对制造业企业集聚影响中控制变量的作用方向一致。

总的来看，基准的回归结果有效证明了高速铁路通车频次提升对制造业企业集聚的显著促进作用，证明高速铁路开通对城市制造业企业集聚有积极促进作用，且这种促进作用随着高速铁路服务强度的提升而提升，这也与本书第 3 章理论分析的结果相一致。

5.6.3 内生性处理和稳健性检验

5.6.3.1 内生性处理

与前文方法一致，本节同样也采用工具变量法，利用地理信息构造工具变量，具体是使用每个城市的平均海拔作为工具变量并进行二阶段回归，相应回归结果如表 5.24 所示。

在表 5.24 中，模型(1)及模型(2)分别是第一阶段回归和第二阶段回归的结果，均具有 1%显著性水平。其中，Kleibergen-Paap rk LM 统计量 P 值为 0.002，拒绝原假设，表明工具变量可以被识别；Cragg-Donald F 统计量大于 15%的 Stock-Yoga 临界值 8.96，表明不存在弱工具变量问题；Hansen J 检验 P 值 0.00，表明模型不存在工具变量过度识别问题。

第二阶段回归结果显示，在考虑内生性问题后，高速铁路通车频次提升对高速铁路已开通城市制造业企业集聚有显著正向促进作用，与前文基准回归结果一致，证明回归的可靠性。

表 5.24　高铁通车频次对高铁已开通城市制造业企业集聚的影响(工具变量回归)

	(1) 第一阶段回归 ln_*HSRF*	(2) 第二阶段回归 ln_eg
altitude	−0.231*** (−3.01)	—
ln_*HSRF*	—	0.930*** (3.07)
ln_*pop*	0.827*** (3.82)	0.159 (0.55)
ln_*wage*	−0.938 (−1.18)	0.725 (0.94)
ln_*fdi*	0.202** (2.12)	−0.085 (−0.68)
ln_*percap*	0.858*** (3.69)	−0.272 (−0.83)
ln_*student*	0.226* (1.85)	−0.180 (−1.46)
secondary_rate	−0.017 (−1.35)	0.018 (1.38)
ln_*motorway*	0.532** (2.18)	−0.360 (−1.14)
_cons	−1.455 (−0.19)	−17.765*** (−2.59)

（续表）

	(1) 第一阶段回归 ln_*HSRF*	(2) 第二阶段回归 ln_eg
省份固定效应	Yes	Yes
年份固定效应	Yes	Yes
N	279	279
Kleibergen—Paap rk LM		9.052 P=0.002
Cragg—Donald F		9.054
Hansen J		P=0.000

注：***、**、* 分别表示 1%、5%、10%显著性水平。

5.6.3.2 稳健性检验

为保证本书结论的可靠性，本节使用 3 种方法进行稳健性检验，一是使用区位熵指数(*LQ* 指数)替换 *E*-*G* 指数作为被解释变量，反映制造业企业集聚状况；二是对存在质疑的 2010 年度数据样本进行处理并进行再次回归；三是与前文一致，剔除影响权重较大的北京、上海、广州、深圳四座城市，然后再次回归，结果如表 5.25 所示。

表 5.25 高铁通车频次对高铁已开通城市制造业企业集聚的影响(稳健性检验)

	(1) ln *LQ*	(2) 删除 2010 年数据	(3) 删除北上广深数据
ln_*HSRF*	0.030*** (2.80)	0.032*** (2.62)	0.036*** (3.60)
ln_*pop*	0.666*** (18.34)	0.865*** (21.12)	0.862*** (25.00)
ln_*wage*	−0.081 (−0.56)	−0.554*** (−3.77)	−0.650*** (−4.69)
ln_*fdi*	0.062*** (3.76)	0.148*** (7.70)	0.145*** (8.28)
ln_*percap*	0.357*** (9.08)	0.461*** (10.78)	0.490*** (12.65)
ln_*student*	−0.060*** (−3.55)	0.100*** (5.09)	0.085*** (4.71)
secondary_rate	0.014*** (5.53)	0.012*** (5.03)	0.009*** (4.53)
ln_*motorway*	0.047 (0.99)	0.184*** (3.44)	0.255*** (5.23)

（续表）

	(1) ln *LQ*	(2) 删除 2010 年数据	(3) 删除北上广深数据
_*cons*	−4.559*** (−3.15)	−15.838*** (−11.52)	−14.802*** (−11.44)
省份固定效应	Yes	Yes	Yes
年份固定效应	Yes	Yes	Yes
N	1 623	1 599	1 352
r^2_*a*	0.728	0.772	0.860

注：***、**、* 分别表示 1%、5%、10%显著性水平。

在表 5.25 中，模型(1)是使用区位熵指数(*LQ* 指数)替换 *E*-*G* 指数后回归结果，模型(2)、模型(3)分别是删除 2010 年数据以及删除北上广深数据后回归的结果，三个回归结果均证明高速铁路通车频次提升对高速铁路已开通城市制造业企业集聚的有效促进作用，与基准回归结果一致，证明基准回归结果的稳健性。

5.6.4 异质性分析

本节对样本分地区、分城市规模以及分地区分行业类型进行回归。

5.6.4.1 地区异质性

分地区回归结果如表 5.26 所示。

表 5.26 高铁通车频次对高铁已开通城市制造业企业集聚的影响(分地区回归)

	(1) 全国	(2) 东部	(4) 中部	(5) 西部
ln_*HSRF*	0.032*** (2.62)	0.024* (1.73)	−0.010 (−0.40)	0.009 (0.46)
ln_*pop*	0.866*** (21.12)	0.754*** (10.54)	0.823*** (13.23)	0.998*** (13.87)
ln_*wage*	−0.550*** (−3.75)	0.291 (1.19)	−0.602** (−2.57)	−1.015*** (−3.97)
ln_*fdi*	0.145*** (7.59)	0.289*** (9.46)	0.090*** (3.57)	0.073** (1.97)
ln_*percap*	0.468*** (10.97)	0.352*** (6.26)	0.507*** (8.10)	0.370*** (4.31)
ln_*student*	0.100*** (5.10)	0.047 (1.08)	0.125*** (4.72)	0.154*** (4.29)

（续表）

	(1) 全国	(2) 东部	(4) 中部	(5) 西部
secondary_rate	0.012*** (4.87)	0.023*** (5.21)	0.010*** (2.84)	0.019*** (4.33)
ln_*motorway*	0.186*** (3.48)	0.093 (0.82)	0.431*** (5.84)	−0.049 (−0.48)
_*cons*	−16.343*** (−11.41)	−22.866*** (−10.00)	−15.844*** (−6.84)	−11.034*** (−5.08)
省份固定效应	Yes	Yes	Yes	Yes
年份固定效应	Yes	Yes	Yes	Yes
N	1 623	606	446	571
r^2_*a*	0.783	0.800	0.736	0.557

注：***、**、*分别表示1%、5%、10%显著性水平。

从回归结果中可以看出：高速铁路通车频次提升对东部地区城市的制造业企业集聚有正向促进作用，但对中、西部城市的影响则并不显著，这与前文中高速铁路开通对制造业企业集聚影响的回归结果具有相似性，证明随着高速铁路通车频次提升，东部地区城市制造业企业更易产生集聚现象。

5.6.4.2 城市异质性

将城市按规模大小进行四等分，然后进行回归以验证高速铁路通车频次提升对不同规模城市制造业企业集聚的影响，结果如表5.27所示。

表5.27 高铁通车频次对高铁已开通城市制造业企业集聚的影响（分城市规模回归）

	(1) 0—25	(2) 25—50	(3) 50—75	(4) 75—100
ln_*HSRF*	−0.032 (−0.49)	0.038 (1.23)	0.051*** (2.77)	0.016 (0.88)
ln_*pop*	1.188*** (9.10)	1.087*** (3.99)	0.764*** (3.74)	0.914*** (5.99)
ln_*wage*	−1.045** (−2.58)	−0.169 (−0.62)	−0.339 (−1.31)	−0.236 (−0.65)
ln_*fdi*	0.051 (1.24)	0.164*** (4.14)	0.143*** (4.79)	0.087* (1.82)
ln_*percap*	0.465*** (4.66)	0.483*** (6.00)	0.410*** (5.45)	0.639*** (5.78)

(续表)

	(1) 0—25	(2) 25—50	(3) 50—75	(4) 75—100
ln_*student*	0.029 (0.61)	0.170*** (4.21)	0.089*** (2.72)	−0.010 (−0.17)
secondary_rate	0.026*** (3.91)	0.010** (2.16)	0.004 (0.78)	0.009* (1.69)
ln_*motorway*	0.119 (1.08)	0.040 (0.34)	0.427*** (4.15)	−0.347** (−2.00)
_*cons*	−12.820*** (−3.55)	−20.115*** (−6.55)	−15.472*** (−5.77)	−19.881*** (−5.78)
省份固定效应	Yes	Yes	Yes	Yes
年份固定效应	Yes	Yes	Yes	Yes
N	267	435	434	487
r^2_*a*	0.780	0.691	0.760	0.779

注：***、**、*分别表示 1%、5%、10%显著性水平。

与高速铁路开通与否对不同规模城市制造业集聚所带来的影响一致，高速铁路通车频次的提升也是更有利于中等偏上(50～75)规模城市中制造业企业的集聚，对其他规模城市影响不显著，这也证明前文回归结果的可靠性。

5.6.4.3　行业异质性

为分析高速铁路服务强度提升对不同地区不同类型行业制造业企业集聚的影响，按照前文分类方法，同样将行业分为劳动密集型、资本密集型、技术密集型和资源密集型四类，然后按照东、中、西三个地区分别进行回归分析，结果如表 5.28～表 5.30 所示。

表 5.28　高铁通车频次对高铁已开通城市制造业企业集聚的影响(东部地区分行业类型)

	(1) 劳动密集型	(2) 资本密集型	(3) 技术密集型	(4) 资源密集型
ln_*HSRF*	−0.010 (−0.58)	0.008 (0.34)	0.058*** (3.55)	0.075*** (4.34)
ln_*pop*	0.852*** (9.89)	1.068*** (8.05)	0.666*** (7.31)	0.801*** (9.34)
ln_*wage*	−0.554** (−2.01)	−0.567 (−1.24)	0.708** (2.40)	0.192 (0.68)
ln_*fdi*	0.355*** (9.46)	0.177** (2.37)	0.373*** (9.26)	0.217*** (4.69)

（续表）

	(1) 劳动密集型	(2) 资本密集型	(3) 技术密集型	(4) 资源密集型
ln_*percap*	0.158** (2.22)	0.295* (1.95)	0.386*** (5.07)	0.169** (2.10)
ln_*student*	0.107** (2.05)	0.187** (2.35)	0.065 (1.25)	0.094* (1.79)
secondary_rate	0.015*** (2.92)	0.025** (2.38)	0.011** (2.12)	0.046*** (6.98)
ln_*motorway*	0.580*** (4.40)	−0.792*** (−4.39)	−0.183 (−1.33)	0.257* (1.73)
_*cons*	−12.417*** (−4.74)	−16.522*** (−3.75)	−26.692*** (−9.14)	−21.108*** (−7.75)
省份固定效应	Yes	Yes	Yes	Yes
年份固定效应	Yes	Yes	Yes	Yes
N	606	586	606	606
r^2_*a*	0.731	0.481	0.792	0.702

注：***、**、* 分别表示 1%、5%、10%显著性水平。

表 5.29 高铁通车频次对高铁已开通城市制造业企业集聚的影响（中部地区分行业类型）

	(1) 劳动密集型	(2) 资本密集型	(3) 技术密集型	(4) 资源密集型
ln_*HSRF*	0.009 (0.39)	0.060* (1.90)	−0.008 (−0.35)	0.004 (0.17)
ln_*pop*	0.991*** (11.47)	0.861*** (6.18)	1.218*** (14.79)	1.060*** (11.61)
ln_*wage*	−0.883*** (−3.05)	−1.757*** (−2.84)	−0.972*** (−3.47)	−0.418 (−1.28)
ln_*fdi*	0.104** (2.10)	0.304*** (3.85)	0.055 (1.22)	−0.024 (−0.50)
ln_*percap*	0.000 (0.00)	0.480*** (2.74)	0.633*** (7.18)	0.310** (2.37)
ln_*student*	0.045 (1.16)	0.033 (0.45)	0.310*** (7.52)	0.169*** (2.92)
secondary_rate	0.014*** (3.11)	−0.008 (−0.99)	0.006 (1.10)	0.045*** (5.79)

（续表）

	(1) 劳动密集型	(2) 资本密集型	(3) 技术密集型	(4) 资源密集型
ln_*motorway*	0.156 (1.34)	−0.713*** (−3.45)	−0.030 (−0.25)	−0.172 (−1.24)
_*cons*	−7.309*** (−2.81)	−2.396 (−0.42)	−16.434*** (−6.46)	−18.782*** (−6.29)
省份固定效应	Yes	Yes	Yes	Yes
年份固定效应	Yes	Yes	Yes	Yes
N	571	542	570	571
r^2_*a*	0.593	0.366	0.662	0.458

注：***、**、* 分别表示 1%、5%、10%显著性水平。

表 5.30　高铁通车频次对高铁已开通城市制造业企业集聚的影响(西部地区分行业类型)

	(1) 劳动密集型	(2) 资本密集型	(3) 技术密集型	(4) 资源密集型
ln_*HSRF*	−0.012 (−0.35)	−0.101** (−2.04)	−0.054 (−1.42)	−0.081** (−2.36)
ln_*pop*	1.122*** (9.23)	1.104*** (8.25)	1.002*** (11.26)	0.990*** (9.83)
ln_*wage*	−1.065*** (−2.92)	−1.489*** (−2.75)	0.121 (0.38)	0.169 (0.48)
ln_*fdi*	0.059 (1.52)	0.059 (1.16)	0.169*** (4.61)	0.092*** (2.70)
ln_*percap*	0.372*** (3.94)	0.826*** (6.21)	0.230** (2.51)	0.501*** (5.81)
ln_*student*	0.071** (2.03)	0.100 (1.51)	0.326*** (8.35)	0.085** (2.31)
secondary_rate	−0.029*** (−4.69)	0.008 (1.01)	0.022*** (4.03)	0.032*** (7.01)
ln_*motorway*	0.280** (2.11)	0.066 (0.43)	0.899*** (8.52)	0.269** (2.07)
_*cons*	−9.081** (−2.52)	−11.414** (−2.09)	−23.282*** (−7.33)	−26.209*** (−8.01)
省份固定效应	Yes	Yes	Yes	Yes
年份固定效应	Yes	Yes	Yes	Yes

（续表）

	(1) 劳动密集型	(2) 资本密集型	(3) 技术密集型	(4) 资源密集型
N	446	406	443	445
r^2_a	0.609	0.404	0.712	0.621

注：***、**、*分别表示1%、5%、10%显著性水平。

为更好进行对比分析，将上述回归结果简要汇总，得到结果如表5.31所示。

表5.31　高铁通车频次对高铁已开通城市制造业企业集聚的影响（分地区及行业类型）

行业分类	劳动密集型	资本密集型	技术密集型	资源密集型
东部	−0.010	0.008	0.058***	0.075***
中部	0.009	0.060*	−0.008	0.004
西部	−0.012	−0.101**	−0.054	−0.081**

注：***、**、*分别表示1%、5%、10%显著性水平。

从汇总表中可以看出：对于东部地区城市而言，高速铁路开通在1%显著性水平上有利于技术密集型以及资源密集型制造业企业的集聚，对其他类型制造业影响并不显著；对中部地区城市而言，高速铁路开通有利于资本密集型制造业的集聚，对其他类型行业的影响并不显著；对西部地区城市而言，高速铁路开通不利于资本密集型、资源密集型制造业企业的集聚，对其他类型制造业集聚作用并不显著。

5.7　中介效应检验

高速铁路开通缩短了通行时间，提高了可达性，表现为市场准入的提升，也即高速铁路通过影响市场准入，从而影响制造业集聚。为验证市场准入这一中介效应机制，借鉴Baron和Kenny(1986)的方法验证市场准入中介效应的存在。

具体实证检验分为三个步骤：①将倍差项(hsr)与被解释变量(lneg)进行回归，检查倍差项回归系数，如果显著，则继续第二、三步，否则停止分析；②将倍差项(hsr)与市场准入(ln_access)进行回归，若倍差项(hsr)系数显著，说明高速铁路开通影响了市场准入；③将倍差项(hsr)和市场准入(ln_access)同时放入模型与被解释变量(lneg)进行回归，检查倍差项(hsr)的系数，若显著，说明中介效应显著，若不显著，说明完全中介效应显著。按照上述步骤，机制验证模型设定如下。

第一步：验证高速铁路对市场准入的影响：

$$\ln\_access_{it}=\delta_0+\alpha_1 HSR_{it}+\delta_r X_{it}+\delta_n \nu_{it}+\lambda_i+\varepsilon_{it} \tag{5.8}$$

第二步：验证市场准入对制造业集聚的影响：

$$\text{lneg}_{it} = \delta_0 + \delta_1 \ln\_access_{it} + \delta_r X_{it} + \delta_n \nu_{it} + \lambda_i + \varepsilon_{it} \tag{5.9}$$

第三步：将高速铁路和市场准入同时放入回归方程：

$$\text{lneg}_{it} = \delta_0 + \gamma_1 HSR_{it} + \gamma_2 \ln\_access_{it} + \delta_r X_{it} + \delta_n \nu_{it} + \lambda_i + \varepsilon_{it} \tag{5.10}$$

表 5.32　高速铁路开通影响制造业集聚的中介效应检验

VARIABLES	(1) ln_*access*	(2) lneg	(3) lneg
ln_*access*		0.014 2*** (0.002 9)	0.014 4*** (0.002 9)
hsr	0.024 8*** (0.008 4)		−0.000 8 (0.000 9)
ln_*pop*	0.313 3*** (0.051 0)	−0.005 3 (0.005 3)	−0.005 3 (0.005 3)
ln_*wage*	0.466 2*** (0.014 9)	−0.007 6*** (0.002 0)	−0.007 6*** (0.002 0)
ln_*fdi*	0.001 4 (0.002 2)	0.000 2 (0.000 2)	0.000 2 (0.000 2)
ln_*perca*	0.178 7*** (0.010 5)	−0.000 1 (0.001 2)	−0.000 1 (0.001 2)
ln_*student*	0.040 1*** (0.009 3)	0.001 2 (0.001 1)	0.001 2 (0.001 1)
secondary_rate	−0.004 4*** (0.000 7)	0.000 2*** (0.000 1)	0.000 2*** (0.000 1)
ln_*motorway*	0.029 8*** (0.005 4)	0.000 3 (0.000 6)	0.000 4 (0.000 6)
Constant	4.173 6*** (0.324 0)	−0.071 5** (0.035 2)	−0.074 4** (0.035 3)
Observations	1 567	1 560	1 560
R-squared	0.948	0.733	0.733
Control Variables	YES	YES	YES
Time Trend	YES	YES	YES
Province FE	YES	YES	YES
Time FE	YES	YES	YES

注：括号内为稳健标准误，***、**、* 分别表示在1%、5%和10%置信水平上显著。进行了城市固定，限于篇幅，没有报告控制变量及常数项。

依次检验基本回归、第一步、第二步和第三步中高速铁路虚拟变量（*HSR*）和市场准入（ln _*access*）的系数显著性：δ_1、α_1、γ_1、γ_2，若基本回归中高速铁路虚拟变量的系数显著，则开始第一步、第二步、第三步的分析；若式 5.8、式 5.9 和式 5.10 中高速铁路虚拟变量的系数 α_1、市场准入的系数 γ_2 都显著，则检验式 5.10 中高速铁路虚拟变量的系数 γ_1；若 γ_1 显著，则说明存在中介效应；若 γ_1 不显著，则说明存在完全中介效应。

按照上述三个步骤进行中介效应检验。首先分析被解释变量为市场准入（ln _*access*）的情形，回归结果见表 5.32 第（1）列，系数 α_1 显著且为正，表明高速铁路影响市场准入。再分析被解释变量为制造业集聚（lneg）的情形，回归结果见表 5.33 第（2）、第（3）列，可知，系数 δ_1、γ_2 均显著且为正，表明在制造业集聚中，市场准入的中介效应显著，且 γ_1 不显著，则说明存在完全中介效应。因此，高速铁路通过影响市场准入从而影响制造业集聚，市场准入是高速铁路促进制造业集聚的中介效应机制变量。

综上可知，高速铁路通过影响市场准入从而影响制造业集聚，市场准入是高速铁路促进制造业集聚的中介效应机制变量。

5.8 本章小结

本章利用 2008 年至 2013 年中国工业企业库数据，计算 E-G 指数作为制造业企业集聚指标代理变量，随后结合高速铁路相应数据，实证分析了高速铁路开通以及服务强度提升（通车频次增加）对于我国城市层面制造业企业集聚所带来的影响，研究结果表明，高速铁路开通对制造业企业集聚存在显著促进作用，且这种促进作用会随着高速铁路服务强度的提升（高速铁路通车频次提升）而提升。主要结论有：

（1）高速铁路开通对制造业企业集聚有显著促进作用，制造业企业更易于在高速铁路开通的城市集聚。其中：从分地区的角度来看，高速铁路开通对东部地区城市的制造业企业集聚有正向促进作用，但对中、西部地区城市的影响则并不显著。从城市规模的角度来看，高速铁路开通对城市规模处于中等偏上水平（50～75 区间）的城市有显著正向影响，对其他规模城市则没有产生显著影响。对于东部地区城市而言，高速铁路开通在 1%显著性水平上有利于技术密集型以及资源密集型制造业企业的集聚，但在 10%显著性水平上不利于劳动密集型制造业企业的集聚；对中部地区城市而言，高速铁路开通有利于资本密集型制造业的集聚，对其他类型行业的影响并不显著；对西部地区城市而言，高速铁路开通有利于劳动密集型制造业企业的集聚，但不利于资本密集型、资源密集型制造业企业的集聚。

（2）高速铁路开通对制造业企业集聚的促进程度随着高速铁路服务强度（通车频次）的提升而提升，其中：高速铁路通车频次提升对东部地区城市的制造业企业集聚有正向促进作用，但对中、西部城市的影响则并不显著；从城市规模的角度看，高速铁路通车频次提升更有利于中等偏上（50～75）规模城市中制造业企业的集聚，对其他规模城市的影响则不显著。对于东部地区城市而言，高速铁路开通在 1%显著性水平上有利于技术密集型以及资源密集型制造业企业的集聚，对其他类型制造业影响并不显著；对中部地区城市而言，高速铁路开通有利于资本密集型制造业的集聚，对其他类型行业的影响并不显著；对西部地区城市而言，高速铁路开通不利于资本密集型、资源密集型制造业企业的集聚，对其他类型制造业集聚作用并不显著。

第 6 章 高速铁路影响制造企业区位选择的实证分析

本章研究高速铁路影响制造业集聚的机制，即企业区位选择。以制造企业区位选择为被解释变量，以高铁是否开通、高铁服务强度为解释变量，运用 DID 方法验证了高速铁路对制造企业区位选择的影响，并从区域、城市、行业等方面进行异质性分析。最后进行中介效应检验，证明高速铁路通过市场准入影响制造企业区位选择。

6.1 引言

根据第 3 章设计的研究思路，高速铁路通过市场准入，影响企业区位选址和区域市场融合，最后影响制造业集聚。本章研究其中一个机制，即制造企业区位选择。

根据高速铁路影响区域市场准入，进而影响制造企业区位选择的思路，开展高速铁路影响制造企业区位选择的实证检验，结果表明高速铁路开通对制造企业选址具有显著影响，且随着高速铁路服务强度（通车频次）的提升而增加。在区域异质性、城市异质性和行业异质性的检验中，发现不仅在不同地区、不同城市高速铁路对选址的影响具有差异，而且对技术密集型、资本密集型和劳动密集型制造企业选址的影响也存在差异。

本书把企业区位选择看作制造业集聚最重要的微观机制，认为高速铁路对制造业集聚的影响，首先是其引致的市场准入将会改变企业区位选择。对高速铁路是否引发企业区位选择的研究，是高速铁路经济效应研究的一个新领域。

6.2 理论分析

6.2.1 区位选择理论的演进

19 世纪初期的自由资本主义时代，农业逐步由庄园经营转向自由经营，要求经营者合理安排耕作业和畜牧业，并努力提高土地资源的利用率。在此背景下，德国经济学家杜能（Thünen，1826）最早注意到区位对运输费用的影响，开始研究农业中因对土地的不同使用而产生的区位问题，即农业区位理论。他在《孤立国同农业和国民经济的关系》一书中指出，距离城市远近的地租差异即区位地租或经济地租，是决定农业土地利用方式和农作物布局的关键因素。杜能认为，市场上的产品销售价格决定经营的产品种类和经营方式，而运输费用决定产品的总成本。一个经营者所期望得到的利润，等于销售的商品价格减去生产费用，再减去运输费用。由此他提出了以城市为中心呈六个同心圆状分布的农业地带理论，即著名的“杜能环”。杜能的农业区位论根据级差地租、运输成本和农产品的差异，建立起农业生产空间的布局模式，以实现农业的集约化经营，对区位论作出了开创性的贡献，并对后来的区位论产生了深刻的影响。

至19世纪末20世纪初时，资本主义由自由竞争向垄断竞争过渡，重工业及其他工业在区位上的集中以及因铁路运输系统的兴建和国际贸易的增长而引起的工业迁移等种种问题成为区位论的研究重点。奠定工业区位论基础的首要人物是威廉·劳恩哈特(Wilhelm Launhardt, 1882)，他首先运用自己创立的“结点原理”(Node Theorem, 1900—1902)中的结点原则、极原则对三个区位怎样连接成一个“V”或“Y”的问题进行几何求解，构建了工业三角区位论的重要模型。随后其又对市场方进行分析，认为运费率、商品效用与竞争者行为决定市场规模的大小，由此提出了“漏斗理论”(Funnel Theorem)，并发展了双寡头垄断模型。此后，德国经济学家韦伯(Weber, 1909)将杜能的区位论思想运用到工业领域，他所出版的《论工业区位》是世界上第一部关于工业区位的比较系统和完整的理论著作。韦伯认为，运费的高低决定着厂商的区位选择方向，他从简单假设开始，抽象地分析工业生产分配过程以推导出纯区位规则的演绎方法来研究工业区位问题。提出了决定工业区位的最小成本原理，以及一系列有关区位分析的概念和工具，如区位因素、区位指向、原料指数、等运费线等，对区位论发展有很大的影响。“区位因素”这一概念是韦伯对区位论的一个十分重要的贡献。韦伯将区位因素划分为一般性区位因素和特殊区位因素，并且着重研究一般性区位因素中运输成本、劳动力成本以及聚集分散几种最重要的因素对工业区位的作用。

之后，有一些学者对韦伯的工业区位论进行了补充和完善。帕兰德(Palander, 1935)在韦伯研究的基础上，以价格为变量研究区位空间的均衡。美国空间经济学家胡佛(Hoover, 1948)则首次提出了运输费用结构理论，并考察了运输成本问题。他认为，运输成本由两部分构成：一是站场费用，二是线路运输费用，运输费用的高低与运输距离远近呈现正比例关系。在研究中，胡佛尤其重视运输结构的影响，认为运输量、运输方向、运输距离及其他运输条件的变化，往往会引起经济活动区位的变化，并提出了“终点区位优于中间区位”的观点。

20世纪20年代开始，随着垄断资本主义的发展，市场开拓成为企业生存与发展的关键，出现了主要分析市场对工业区位影响的区位理论。克里斯泰勒(Christaller, 1933)通过对德国南部的城市和乡村、集镇以及四周农村服务区之间的空间结构特征的研究，首创了以城市聚落为中心，以市场、交通和行政等中心地区原则进行市场区与网络分析的理论，被称作中心地理论。他认为，中心地是一个地区商品和服务交换的中心市场，受到“人口门槛”和“服务半径”的制约。中心地规模越小，服务半径越小，数目就越多，只能提供较低档次的商品和服务；反之，中心地规模越大，服务半径越大，数目也越少，越有能力提供较高档次的商品和服务，并包含有多个较低级别的中心地。各中心地相互竞争，形成等级不同的六边形网络体系。

中心地理论的研究对象由生产领域扩展到市场领域，推动了区位论由传统的区域个性描述走向对空间规律和法则的探讨，成为一种较宏观的静态分析的、以市场为中心的商业、服务业的区位论，从而使原有的区位理论又一次获得了重大发展。其后，廖什(Lösch，1940)在其著作《区位经济学》中，用与克里斯泰勒相似的模式解释工业区位，并在其基础上扩展，将贸易流量和运输网络的"中心地区"的服务区位问题纳入区位论，进一步强调市场在利润最大化方面的重要作用，建立了市场网络模型，把中心地理论发展成为产业的"市场区位论"。

农业区位论、工业区位论以及此后的改进模型，以供给不受市场需求约束的市场结构为基础，研究单个企业成本最小化的最优区位决策。中心地理论和市场区位理论等以供给受市场约束的市场结构为条件，以扩大和优化区域市场来实现利润最大化目标，开始利用一般均衡分析方法来分析区位问题。这段时期的区位论，提供了市场经济条件下经济活动主体区位选择的局部均衡分析框架，为区位论的形成和发展奠定了基础。

20 世纪中叶以来，随着工业化、城市化浪潮的到来，区位理论研究对象扩大为区域的国民经济体系以及经济活动的部门结构和空间布局最优化，使区位理论研究进入新的阶段。艾萨德(Isard，1975)把传统区位论与现代生产理论相结合，开创了区域科学。他对杜能农业区位论、韦伯工业区位论进行了比较与综合，发展了市场区位理论，使区位理论分支融合为一体。阿隆索(Alonso，1964)提出城市土地竞租理论(Urban Land Bidrent Theory)，以完整的微观经济学的理论为基础，分析城市居民和企业布局、生活和生产活动的行为，揭示了城市内部空间中经济活动的基本规律。普雷德(Pred，1967)则阐述了行为因素对区位决策的影响作用，构建了行为区位理论体系。他认为，经济活动区位是从事经济活动的行为主体(满意人)的决策结果，是决策者基于所获得的信息，对其进行判断、加工后所作的决定；作出何种区位决策以及区位决策是否合理，均取决于在决策时点的信息占有量以及决策者的信息运用能力。运用行为矩阵研究区位决策时，普雷德强调不完全信息和非最佳行为对区位选择的影响作用。史密斯(Smith，1966)在前期 Rawstron(1958)研究的基础上总结发展出了收益性空间界限分析理论，他将韦伯的空间费用曲线和勒施的空间收入曲线相结合，确定收入的空间界限，进而通过对收入的空间界限分析就可找到"最佳区位""接近最佳区位"或者"次佳区位"，构建了盈利空间界限理论。其基本原理为：能够得到最大利润的区位是总收入超过总费用金额最大的地点。斯科特(Scott，1986)则以微观经济学的交易成本理论为基础，通过分析劳动过程中的纵向一体化和纵向分解、生产关系、集聚经济而得出现代工业的区位原则。他认为由于经济中心的企业集中，交通运输等交易成本会随距离的缩短而减小，因此单位交易成本低的项目会在大城市之外具有廉价劳动力的地方以企业分厂的形式组织生产，单位交易成本高的项目则会在大城市或经济中心以市场交易的方式购买，从而高技术及专业化等的生产活动会向大城市集中，低技术的生产会向大城市以外的廉价劳动力的地方扩散。

相对于传统区位论而言，现代区位论的最大特点是从传统区位论的微观决策发展到在区域总体经济结构的中、宏观层面上研究问题，推动对区位选择的研究从局部均衡向一般均衡发展，使其更接近现实经济情况；建模方法从纯理论模型的推导到建立接近区域实际的应用型模型，考虑外生性投入、产出、运费率变动的情况下，研究企业利润最大化区位选择中的不确定性和风险问题，把它纳入一般企业区位选择分析框架，并对消费者的区位选择问题进行了研究。然而，现代区位论的整个理论框架仍然沿用新古典经济学的完全竞争和规模报酬不变假设，这极大地影响了其理论对现实区位选择的解释力和实际运用范围。

6.2.2 高速铁路对区位选择的影响

关于交通基础设施对企业区位选择的影响，传统区位理论（古典区位论、新古典区位论）、现代区位论、新经济地理理论以及新新经济地理理论从运输成本、可达性等角度进行了研究。马歇尔（arshall，1890）早在《经济学原理》一书中就讨论了交通发展对工业分布的影响，即“每当交通工具跌价，每当相距甚远的两地之间的思想自由交流有了新的方便条件时，就会是那些决定工业地区化分布的种种因素的作用也随之发生变化的时候”。杜能（Thünen，1826）认为运费是农业生产部门选择最佳布局的重要考虑因素，韦伯（Weber，1909）也认为运费的高低决定着厂商的区位选择方向。其后，胡佛（Hoover，1948）对韦伯的理论进行了完善，建立了交通区位理论，提出运输量、运输方向、运输距离及其他运输条件的变化，往往会引起经济活动区位的变化。Harris（1954）则将运输成本与市场需求有机地结合在一起，构造市场潜力模型，系统描述了美国制造业的空间分布，同时从最低交通费用角度论证美国制造业带存在于市场邻近性最好的地方。

早期企业区位选择的研究主要集中在较大空间范围内的企业选址问题，比如一个省或一个地区。随着微观计量方法的发展和微观数据可获得性的改善，对企业区位选择的研究逐渐进入实证分析层面。多数实证研究认为，地区交通基础设施的发展对吸引企业“落地”具有促进作用。例如，Martin 和 Rogers（1995）验证了公共基础设施在产业区位选择中的正向促进作用。Holl（2004）发现新建交通基础设施能增加邻近区域的吸引力，影响包括制造业在内的大多数产业的空间布局。Garcia-Milà 和 Montalvo（2007）则分析了 1984—2000 年西班牙国道升级高速公路对于企业选址的影响。文章将西班牙公路网分为每 20 公里长度的单元，将道路升级区域每平方公里内的公司数量同还未升级区域每平方公里的公司数量相比较，结果表明升级高速公路之后的 10 年间企业数量及总产出在道路升级区域有明显的提高。Ghani（2016）研究了印度的黄金四边形高速公路计划对于制造业部门的影响，使用 DID 方法来比较不同距离带对于制造业企业选址的影响，发现了中小城市中距离高速公路系统 0～10 公里的地区有较高的厂商进入率及生产率。进一步的研究还发现了黄金四边形高速公路计划使得土地密集型产业从中心城市向非中心城市扩散。在国内，对交通基础设施影响区位选择的实证研究，也有不少文献。例如，周浩等人（2015）利用泊松模型考察了 1998—2007 年间可达性和集聚经济对中国制造业新企业选址的影响，证明可达性和集聚经济是影响企业选址决策的两种重要因素，具有相对发达交通基础设施的地区制造业占比更高，西部交通基础设施欠发达地区制造业企业占全国的比重极低。林善浪等人(2018)根据高速公路的特点，构建了包含“时间效应”的企业空间选址模型，实证分析运输时间通达性对中国制造业企业选址的影响。

但是，现有文献对高速铁路经济效应的研究，主要集中在高速铁路对集聚经济及其机制的研究，包括知识溢出、生产率等方面。研究高速铁路影响企业区位选择的文献还凤毛麟角。荷兰乌特勒支大学 Willigers 和 Van Wee 于 2003 年和 2011 年发表的两篇论文，是迄今为止仅有的相关文献。他们将可达性划分为 4 类，即现有和潜在雇员的可达性、现有和潜在顾客的可达性、其他厂商选址的可达性、其他现有和潜在商业活动的可达性，然后通过问卷的方式发现，对厂商区位选择而言，邻近高铁线路的可达性比高铁线路本身更重要，高铁在厂商区位选择中的作用不是由可达性单独决定的。以荷兰为例的研究还发现，高速列车服务的可用性有助于提高办公地点的吸引力。对于面向国际的办公室来说，拥有国际高速列车服务的车站周围区域因其良好的国际可达性而具有吸引力，与高速铁路连接方便的其他地区也对区位选择有吸引力。

根据第 3 章的分析，高速铁路对企业区位选择的影响，市场准入是最主要机制。一方面，高速铁路开通对不同城市的影响不同，中心性高的城市可能对其他城市具有虹吸效应，引发市场规模的扩大；另一方面，正如 Willigers 和 Van Wee(2003)指出的那样，高速铁路的可达性对某些厂商的区位选择具有吸引力。

6.3 研究设计

6.3.1 计量模型设定

为分析高速铁路开通对各地区城市层面(地级市及以上)制造业企业选址的影响，本章的实证分析分为两步：第一步是验证高速铁路开通与否对制造业企业选址的影响，第二步则在此基础上分析高速铁路服务强度对制造业企业选址的影响程度。

第一步，分析高速铁路是否开通对制造业企业选址的影响，构建基本模型式(6.1)：

$$Num_{i,t} = \alpha_0 + \alpha_1 HSR_{i,t} + \sum_k \beta_k Control_{k,i,t} + \varepsilon_{i,t} \tag{6.1}$$

其中，$Num_{i,t}$ 为被解释变量，表示 t 年 i 城市的制造业企业选址情况，本书选用 t 年 i 城市制造业企业数量作为代理变量；$HSR_{i,t}$ 为解释变量，表示 t 年 i 城市是否开通高速铁路，如果开通则为 1，否则为 0；$Control_{i,t}$ 为控制变量，反映其他影响制造业企业进入和退出的地区特征；$\varepsilon_{i,t}$ 为残差。

第二步，从所有样本中选取高速铁路已开通城市进行分析，研究高速铁路服务强度对制造业企业选址的影响程度，构建基本模型式(6.2)：

$$NumH_{i,t} = \alpha_0 + \alpha_1 HSRF_{i,t} + \sum_k \beta_k Control_{k,i,t} + \varepsilon_{i,t} \tag{6.2}$$

其中，$NumH_{i,t}$ 为被解释变量，表示 t 年已开通高速铁路城市 i 的制造业企业选址情况，本书选用 t 年 i 城市制造业企业数量作为代理变量；$HSRF_{i,t}$ 为解释变量，表示 t 年 i 城市的高速铁路服务强度，本书选用高铁通车频次作为代理变量；$Control_{i,t}$ 为控制变量，反映其他影响制造业企业进入和退出的地区特征；$\varepsilon_{i,t}$ 为残差。

6.3.2 变量说明

6.3.2.1 被解释变量

全部城市制造业企业数量（*Num*）：使用工业企业数据库 2008—2013 年各城市相应制造业企业数量数据代理。

高铁已开通城市制造业企业数量（*NumH*）：统计各年份高铁已开通城市制造业企业数量，数据来源与处理方式与全部城市制造业企业数量（*Num*）一致。

6.3.2.2 解释变量

高铁是否开通（*HSR*）：从城市层面进行判断，如该城市开通高速铁路则开通当年及后续年份数据为 1，否则为 0。

高铁服务强度（*HSRF*）：使用各城市每日高铁通车频次代理，相应数据采用盛名列车时刻表人工统计数据，具体是各地区“G”字头和“D”字头每日列车频次。

6.3.2.3 控制变量

GDP 增长率（*Gdpr*）：反映地区整体经济发展水平。一方面，企业的发展、扩张、迁移等行为受到宏观经济形势的影响（Holl，2004）。宏观经济形势较好时企业易选择扩张发展战略，但当经济形势较差时，企业往往倾向于选择维持现状；另一方面，某地区 GDP 增长率较高时也意味着该地区市场潜力的扩大，这同样也易于企业发展和吸引企业进入。

人口规模（*pop*）：反映地区市场状况。人口规模越大，意味着市场中的消费者越多，企业面对的市场容量就越大，越容易吸引企业进入（金煜等，2006）。

高速公路通车密度（*motorway*）：反映地区交通基础设施的发展水平。交通基础设施是经济活动主体之间相互联系的纽带，运输成本也是影响企业生产经营的重要因素。在现代交通运输体系中，高速公路运输网络依靠其密度大、分布广、运输灵活、方便快捷和性价比高等特点，在货物运输中承担着最为重要的角色。我国从 1984 年开始建设高速公路，至 2017 年年底，我国高速公路里程已达到 13.64 万公里，2017 年全年货运量分别达到全国货运总量、公路货运总量的 32%、42%左右，对企业，尤其是制造业企业的重要性不言而喻。因此，本书加入高速公路通车密度，可以较好反映并控制其他交通基础设施发展水平对制造业企业选址的影响。

外商直接投资（*fdi*）：反映地区的开放程度。改革开放的实践经验证明，外资的引进对中国经济发展产生了巨大影响，对区域经济的发展具有良好促进作用。外资不仅直接带来资本和就业，还会带来先进技术和管理经验(林善浪等，2018)；另外，某一地区对外资的吸引能力更是当地政策、服务态度、经济开放程度的一个直观反映。使用地区 *fdi* 投资额占该地总产值的比重来代理。

第二产业占比(*secondary_rate*)：反映地区产业结构状况。一方面，第二产业占比相对较高的地区，工业相对较为发达，这意味着此地区工业配套更为成熟，可能存在马歇尔外部性或雅各布斯外部性，有利于吸引企业入驻；但另一方面，第二产业占比较高的地区也可能反映出地区现有制造业企业数量较多，在资源量一定的情况下可能会产生拥挤效应，导致企业进入成本增加，反而不利于企业进入。

城市职工平均工资(*wage*)：反映劳动力成本。一方面，劳动力成本是制造业企业最为重要的成本，也是影响企业区位选择的重要影响因素，往往劳动力成本相对较低的地区更容易吸引企业进入来享受其成本优势。但另一方面，劳动力在就业时往往会选择工资收入较高的地区就业，这会使得工资较低的地区在吸引劳动力流入时处于劣势，进而无法满足企业对劳动力数量或质量的需求，不利于吸引企业入驻。

总就业人数(*Employee*)：反映劳动力供应量。对制造业而言，劳动力是重要的生产要素，劳动力供应量较为充足的地区相对而言更容易吸引企业入驻。随着我国“刘易斯拐点”的来临以及越来越多“用工荒”现象出现，未来劳动力供应状况对制造业企业选址的影响力也将越来越大。

6.3.3　数据来源和统计描述

数据按前文所述方法进行整理后，对模型中的主要变量进行描述性统计分析，以便观察数据的基本特征，描述性统计结果如表 6.1 所示。

表 6.1　变量描述性统计

	样本数	最大值	最小值	平均值	标准误
Num	1 976	13 556	1	788.256	1 210.392
HSRF	2 016	719	0	24.095	70.883
gdpr	2 016	2.021	−0.548	0.163	0.092
pop	2 016	3 329.8	8.5	392.207	291.724
employee	1 936	1 690	3.2	236.351	187.712
wage	2 016	87 330	12 115	34 394.6	10 485.68
fdi	2 016	169.752	0	5.878	15.197
secondary_rate	2 016	97.47	13.095	49.07	12.379
motorway	2 016	2.681	0.02	0.875	0.523

由于企业数量、高速铁路通车频次、人口、总就业人数、平均工资、外商直接投资及高速公路通车密度等变量数值范围较大,对其进行取对数处理。其中部分城市在高速铁路刚开通时存在频次为 1 的现象,为避免这些数值取对数后变为 0 值,本书将频次统一进行了加 1 处理,此处理不影响最终分析结果。取对数后描述性统计如表 6.2 所示。

表 6.2　变量描述性统计(取对数)

	样本数	最大值	最小值	平均值	标准误
ln *Num*	1 976	9.515	0	5.774	1.525
ln *HSRF*	2 016	6.579	0	1.06	1.802
gdpr	2 016	2.021	−0.548	0.163	0.092
ln *pop*	2 016	8.111	2.14	5.674	0.869
ln *employee*	1 936	7.432	1.163	5.17	0.826
ln *wage*	2 016	11.377	9.402	10.401	0.3
ln *fdi*	1 834	5.134	−9.21	0.326	1.928
secondary_rate	2 016	97.47	13.095	49.07	12.379
ln *motorway*	2 016	.986	−3.936	−0.424	0.919

6.4 基准回归

6.4.1 回归结果

为分析高速铁路开通与否对制造业企业选址的影响,本章构建如下双向固定效应模型进行分析:

$$\ln Num_{i,t} = \alpha_0 + \alpha_1 HSR_{i,t} + \sum_k \beta_k C_{k,i,t} + \mu_i + \lambda_t + \varepsilon_{i,t} \tag{6.3}$$

该方法也是一种广义的双重差分计量模型(Difference-in-Difference, DID),是政策分析和工程评估中广为使用的一种计量经济学方法,可以有效评价某一事件或政策的影响程度。其中 t 为年份,i 代表城市;$HSR_{i,t}$ 为高铁是否开通虚拟变量,如某城市开通高速铁路则开通当年及后续年份数据为 1,否则为 0;μ_i 为地区固定效应,λ_t 为时间固定效应;$\sum_k \beta_k C_{k,i,t}$ 为前文所述控制变量集,在此有:

$$\begin{aligned}\sum_k \beta_k C_{k,i,t} = {} & \beta_1 \ln gdpr_{i,t} + \beta_2 \ln pop_{i,t} + \beta_3 \ln motorway_{i,t} + \beta_4 \ln fdi_{i,t} \\ & + \beta_5 \ln employee_{i,t} + \beta_6 \ln secondary\_rate_{i,t} + \beta_7 \ln wage_{i,t}\end{aligned} \tag{6.4}$$

由于制造业企业数量(*Num*)、人口规模(*pop*)、高速公路通车密度(*motorway*)、职工平均工资(*wage*)及总就业人数(*Employee*)等变量与 GDP 增长率(*gdpr*)、外商直接投资占比(*fdi*)、第二产业占比(*secondary_rate*)等变量的数量级相差较大,为消除异方差同时进行更好地分析,在实证分析中对变量采用了取对数的处理方式。

按照上述方法,对全样本数据进行回归,结果如表 6.3 所示。

表 6.3　高速铁路开通对制造业企业选址的影响(全样本回归)

	(1) ln_*Num*	(2) ln_*Num*	(3) ln_*Num*	(4) ln_*Num*	(5) ln_*Num*	(6) ln_*Num*	(7) ln_*Num*	(8) ln_*Num*
HSR	0.557 *** (12.64)	0.558 *** (12.64)	0.352 *** (9.14)	0.243 *** (7.19)	0.168 *** (5.26)	0.078 *** (2.62)	0.098 *** (3.61)	0.086 *** (3.19)
gdpr		0.059 (0.32)	0.260 * (1.68)	0.408 ** (2.57)	0.462 *** (3.01)	0.445 *** (2.99)	0.613 *** (5.45)	0.625 *** (5.37)
ln_*pop*			0.720 *** (26.17)	−0.141 (−1.40)	0.072 (0.79)	0.124 (1.54)	0.191 ** (2.35)	0.168 ** (2.03)
ln_*employee*				0.905 *** (8.69)	0.735 *** (8.03)	0.585 *** (7.34)	0.623 *** (7.63)	0.620 *** (7.58)
ln_*wage*					1.082 *** (12.55)	0.565 *** (6.62)	0.153 * (1.75)	0.174 ** (1.98)
ln_*fdi*						0.179 *** (13.65)	0.166 *** (13.37)	0.163 *** (13.09)
secondary_rate							0.023 *** (15.54)	0.022 *** (14.77)
ln_*motorway*								0.097 *** (2.98)
_*cons*	7.287 *** (49.87)	7.340 *** (66.26)	2.570 *** (12.23)	2.757 *** (12.87)	−9.360 *** (−9.42)	−3.554 *** (−3.69)	−0.872 (−0.90)	−0.864 (−0.90)
省份固定效应	Yes	Yes	Yes	Yes	Yes	Yes	Yes	Yes
年份固定效应	Yes	Yes	Yes	Yes	Yes	Yes	Yes	Yes
N	1 976	1 976	1 976	1 915	1 915	1 805	1 805	1 805
r^2_a	0.743	0.743	0.822	0.814	0.830	0.852	0.878	0.879

注: ***、**、* 分别表示 1%、5%、10%显著性水平。

与林善浪等(2018)的做法一致,本章的地区固定效应为省份固定效应,并未直接采取城市固定效应。一方面这是由于如果直接加入城市层面固定效应,则相当于加入 200 多个虚拟变量。对于总样本数为 2 000 多的本书来说,加入过多的虚拟变量会导致较为严重的多重共线性问题。另一方面,本书所用控制变量也都是城市层面的控制变量,在控制变量的选择上参考了相关新企业选址的文献(周浩等,2015),所选控制变量涵盖了城市层面影响企业选址的因素。而一些不可观测的因素,如制度、文化等,本书采取与陈建军(2009)等学者同样的做法,认为不同省份内部各城市的制度、文化相对较为统一,要素流动也较少存在障碍，而这些因素在各省份之间则差异较大，因此采用省级水平的地区哑变量予以控制。

在表 6.4 的回归结果中，模型(1)只对高速铁路开通与否进行回归，结果表明某地区高速铁路开通与否对该地区制造业企业数量有显著正向影响。模型(2)至模型(8)为依次加入 GDP 增长率、人口、总就业人数、职工工资、fdi、第二产业占比及高速公路通车密度等控制变量后的回归结果，结果均表明高速铁路开通对于企业数量有显著正向影响。在模型(8)中，GDP 增长率、人口、总就业人数、fdi 和高速公路通车密度等控制变量均对制造业企业选址有显著正向影响，与预期相符；第二产业占比对制造业企业选址产生了显著正向影响，可以认为第二产业占比相对较高的地区工业相对较为发达，通常工业配套更为成熟，外部性超过了拥挤成本，有利于吸引企业入驻；职工工资对制造业企业选址同样产生了显著正向影响，证明地区工资水平较高时有利于吸引更多劳动力进入，提升劳动力供给的数量和质量，进而吸引企业进入。

总的来说，基准回归的结果有效证明了高速铁路开通对制造业企业选址的正向促进作用，与本书第 3 章理论分析结果具有一致性。

6.4.2 平行趋势检验

使用 DID 模型进行回归分析的一个重要前提是平行趋势假设，即处理组和对照组在不受到政策干预的情况下，其发展趋势应保持一致(或趋势非常接近，没有出现突然变化)。为确保回归结果可靠，因而在使用时也有必要进行相应平行趋势检验。借助平行趋势检验，还可以在一定程度上排除 DID 回归中的样本选择问题。

首先采用分组法进行简单检验，借鉴董艳梅和朱英明(2016)等的做法，将 2010 年后开通的城市作为处理组，将 2008—2013 年从未开通过高铁的城市作为控制组，根据每个年份处理组和控制组的企业数量平均值作图。

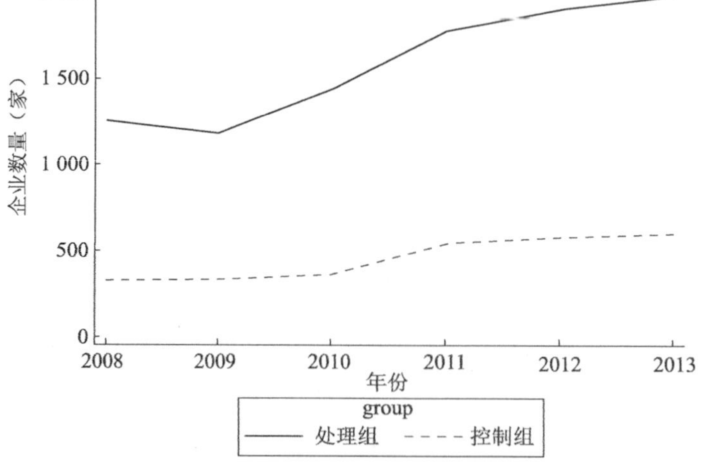

图 6.1　处理组与控制组企业数量变化图

从图 6.1 可以看出：2010 年前处理组与对照组数量变化趋势基本持平，但在 2010 年后处理组的企业数量增长明显，处理组与对照组之间的差距有扩大趋势，这说明高铁开通之后，相较于控制组，处理组的企业数量有明显的增加。

进一步借鉴张梦婷等(2018)的做法，采用事件研究法构建以下模型进行平行趋势检验：

$$\ln Num_{i,t} = \alpha + \sum_{j=-3}^{2} \alpha_j HSR_{i,t-j} + \sum_{k} \beta_k C_{k,i,t} + \mu_i + \lambda_t + \varepsilon_{i,t} \tag{6.5}$$

其中，$HSR_{i,t-j}$ 为虚拟变量，表示城市 i 在 t 年是否开通高速铁路，α_j 分别反映开通前 3 年、开通当年以及开通后 2 年的效果，得到结果如图 6.2 所示。

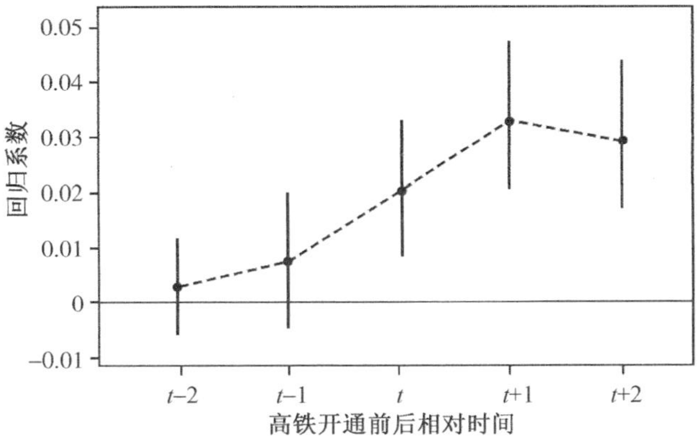

图 6.2　事件研究法检验结果

从图 6.2 中可以看出，高速铁路开通前 3 年间系数 α_j 较为平稳且接近于 0，没有出现明显波动；但高速铁路开通当年开始出现显著上升，相应系数大于 0；直到开通 2 年以后趋势再次趋于平稳，证明高速铁路开通对企业选址的促进作用。

6.5　内生性处理和稳健性检验

6.5.1　内生性处理

内生性问题一般来自遗漏变量、测量误差或双向交互影响，严重的内生性会导致回归结果的有偏性和非一致性。就本章研究而言，高速铁路建设和制造业企业选址有可能产生双向交互影响：一方面，正如前文理论分析和实证结果，某一地区高速铁路的开通对制造业企业的选址有积极影响；但另一方面，高铁规划时可能会更加倾向于选择经济基础好或者发展前景较好的地区来进行高铁建设，而这些地区在高速铁路开通前企业就较为集中或地区本身其他条件已对企业具有较好吸引力。

工具变量法是识别交通基础设施影响，解决内生性的有效方法，本书借鉴刘冲和周黎安(2014)等的做法，利用地理信息构造工具变量，使用每个城市的平均海拔作为工具变量并进行二阶段回归。这是因为一个地区平均海拔越高，通常意味着这一地区建造高速铁路的成本相对就越高，从而更不容易有高速铁路修建。考虑到海拔是地理特征，通常较为稳定、短期不会发生变化，借鉴张梦婷等(2018)的做法，采用海拔的对数值作为工具变量，使用2013年当年的数据进行工具变量回归。结果如表6.4所示。

表6.4　高速铁路开通对制造业企业选址的影响(工具变量回归)

	(1) 第一阶段回归 *HSR*	(2) 第二阶段回归 ln_*Num*
altitude	-1.2×10^{-4} *** (−2.52)	—
HSR	—	3.622** (2.55)
gdpr	0.190 (0.41)	0.370 (0.23)
ln_*pop*	−0.118 (−1.58)	0.604* (1.90)
ln_*employee*	0.185*** (2.67)	−0.106 (−0.29)
ln_*wage*	0.042 (0.29)	0.819 (1.64)
ln_*fdi*	0.077*** (4.39)	−0.109 (−0.75)
secondary_rate	0.002 (0.99)	0.008 (0.90)
ln_*motorway*	0.073* (1.73)	−0.210 (−1.04)
_cons	−0.459 (−0.3)	−7.119 (−1.31)
省份固定效应	Yes	Yes
年份固定效应	Yes	Yes
N	307	307
Kleibergen-Paap rk LM		6.395 *P*=0.011
Cragg-Donald F		6.340
Hansen J		*P*=0.00

注：***、**、*分别表示1%、5%、10%显著性水平。

从表 6.4 中可以看出，Kleibergen-Paap rk LM 统计量 P 值为 0.011，拒绝原假设，表明工具变量可以被识别；Cragg-Donald F 统计量大于 25%的 Stock-Yoga 临界值 6.2，表明不存在弱工具变量问题；Hansen J 检验 P 值 0.00，表明模型不存在工具变量过度识别问题。

从回归结果上看海拔与高速铁路建设在 1%置信水平上显著负相关，证明海拔越高，高速铁路修建难度越大；第二阶段回归结果显示，在考虑内生性问题后，高速铁路开通对制造业企业选址有显著正向促进作用，与前文基准回归结果一致，证明回归可靠性。

6.5.2　稳健性检验

上文分析较好证明了高速铁路开通对制造业企业选址的影响。但为保证本书结论的可靠性，本书采用以下两个方法对实证结果进行稳健性检验：一是对存在质疑的年度数据样本进行处理并进行再次回归，二是剔除部分影响权重较大的城市，然后再次回归。

(1) 2014 年我国发布了《关于调整城市规模划分标准的通知》，将城市规模分为超大城市、特大城市、大城市、中等城市和小城市五类七档，其中超大城市城区常住人口 1 000 万以上；特大城市城区常住人口 500 万至 1 000 万；大城市城区常住人口 100 万至 500 万；中等城市城区常住人口 50 万至 100 万；小城市城区常住人口 50 万以下。在当时，北京、上海、广州和深圳四座城市是普遍认可的首批超大城市。这些超大城市在各自区域内地位突出，也是高速铁路在规划、建设时重点考虑的对象。从 2013 年的数据来看，这四座超大城市日均高速铁路列车频次在 2 100 次左右，约占全国总频次的 13%，对回归结果的影响权重较大。在此，本书将这四座城市的数据予以剔除并再次进行回归。

(2) 本书研究所用企业层面数据主要来自于工业企业数据库(2008—2013)，该数据库的权威性和全面性已在前文阐述。但该时间段数据库质量相对于 1998—2007 略差，需要仔细甄别使用。其中 2010 年的数据因极端值较多，受到部分学者的质疑，因此有许多学者在实证分析时将此年份数据进行了删除(谭语嫣等，2017；王贵东，2017 等)。本书借鉴前人做法，同样将 2010 年数据进行删除，并再次进行回归。

表 6.5　高速铁路开通对制造业企业选址的影响(稳健性检验)

	(1) 删除北上广深数据 ln_*Num*	(2) 删除 2010 年数据 ln_*Num*
HSR	0.086*** (3.19)	0.091*** (3.31)
gdpr	0.628*** (5.40)	0.688*** (5.42)
ln_*pop*	0.175** (2.11)	0.143* (1.87)

（续表）

	(1) 删除北上广深数据 ln_*Num*	(2) 删除 2010 年数据 ln_*Num*
ln_*employee*	0.614*** (7.50)	0.641*** (7.98)
ln_*wage*	0.161* (1.82)	0.161* (1.78)
ln_*fdi*	0.165*** (13.21)	0.157*** (12.22)
secondary_rate	0.022*** (14.88)	0.021*** (13.49)
ln_*motorway*	0.094*** (2.90)	0.125*** (3.80)
_*cons*	−0.751 (−0.78)	−1.021 (−0.96)
省份固定效应	Yes	Yes
年份固定效应	Yes	Yes
N	1 781	1 505
r^2_*a*	0.874	0.896

注：***、**、*分别表示 1%、5%、10%显著性水平。

在表 6.5 中，模型(1)是剔除北京、上海、广州和深圳四座城市后回归的结果，模型(2)是剔除 2010 年样本数据后回归的结果。模型(1)及模型(2)中高速铁路开通对制造业企业选址的影响均通过了 1%显著性水平检验，再次证明高速铁路开通对制造业企业选址的有效促进作用，与基准回归结果一致。

6.6 异质性分析

6.6.1 地区异质性

我国幅员辽阔，城市众多，区域之间的经济发展水平、人文环境和政策因素等方面存在较大差异。因此，有必要对城市样本进行分类，进一步验证高速铁路开通对不同地区制造业选址的影响。按照国家统计局东中西部经济地带的划分，本书将样本城市按照东部和中西部来划分，具体为：东部地区包括北京、天津、河北、辽宁、上海、江苏、浙江、福建、山东、广东、广西、海南 12 个省、自治区、直辖市；中部地区包括山西、内蒙古、吉林、黑龙江、安徽、江西、河南、湖北、湖南 9 个省、自治区；西部地区包括重庆、四川、贵州、云南、西藏、陕西、甘肃、青海、宁夏、新疆 10 个省、自治区、直辖市。按照划分对数据进行整理并相应进行回归分析，结果如表 6.6 所示。

表 6.6　高速铁路开通对制造业企业选址的影响(分地区回归)

	(1) 全国	(2) 东部	(4) 西部	(5) 中部
HSR	0.086*** (3.19)	−0.004 (−0.09)	0.086 (1.17)	0.117*** (3.24)
gdpr	0.625*** (5.37)	0.159 (0.31)	1.105*** (3.87)	0.573*** (4.98)
ln_*pop*	0.168** (2.03)	0.031 (0.23)	0.514*** (6.54)	0.615*** (6.44)
ln_*employee*	0.620*** (7.58)	0.922*** (6.75)	0.283*** (4.11)	0.132 (1.52)
ln_*wage*	0.174** (1.98)	0.310** (1.98)	0.132 (0.95)	0.122 (0.93)
ln_*fdi*	0.163*** (13.09)	0.197*** (8.16)	0.137*** (8.17)	0.120*** (5.21)
secondary_rate	0.022*** (14.77)	0.031*** (10.81)	0.023*** (10.16)	0.022*** (9.17)
ln_*motorway*	0.097*** (2.98)	0.081 (0.94)	0.148*** (3.61)	−0.088* (−1.84)
_*cons*	−0.864 (−0.90)	−4.153** (−2.39)	−1.576 (−1.04)	−0.511 (−0.37)
省份固定效应	Yes	Yes	Yes	Yes
时间固定效应	Yes	Yes	Yes	Yes
N	1 805	606	593	606
r^2_a	0.879	0.827	0.831	0.804

注：***、**、* 分别表示 1%、5%、10%显著性水平。

从回归结果中可以看出：高速铁路开通对东部地区和西部地区城市影响并不显著，对中部地区城市则在 1%显著性水平上产生正向影响。究其原因可能是，对于企业而言，西部地区城市整体市场规模、基础配套、产业发展状况较为落后，现阶段对企业吸引力较差；东部地区城市是我国改革开放后最先发展起来的城市，城市配套齐全、市场较大，但同时成本问题、劳动力供应问题(民工荒现象)也日益突出。在此情况下，高速铁路开通后，许多企业便会选择沿高速铁路向中部地区迁移。例如武广高铁开通后，“珠三角”许多企业便选择将生产转移至沿线粤北及湖南、湖北省的一些城市，以此避开“珠三角”高昂的土地、人力以及其他要素成本。据统计，仅在高铁开通后2年内，湘南地区就承接了2 000多个产业转移项目。

在控制变量中，第二产业占比与 *fdi* 对东部地区和中、西部地区均存在显著影响，这表明无论在何地，工业配套成熟度和对外开放程度是制造业企业选址的基本考量因素；另外，相对于东部地区而言，中西部地区城市的 GDP 增长率、人口规模对制造业企业选址有显著影响，这表明中西部地区城市的发展前景、市场状况也是制造业企业在选址时的重要考量因素。

6.6.2 城市异质性

城市规模的大小也是影响制造业企业选址的一个重要因素。根据新经济地理学理论，城市中存在“本地市场效应”“价格指数效应”和“市场竞争效应”，三种作用力相互作用，决定企业选址。通常而言，企业选择规模较大的城市意味着更大的市场、更充足的劳动力供给、更完备的产业配套，但同时也将面临更为激烈的市场竞争和经营成本。本书将城市按人口规模进行划分，并分组进行回归，得到结果如表6.7所示。

表 6.7 高速铁路开通对制造业企业选址的影响(分城市规模回归)

	(1) 0～25 分位	(2) 25～50 分位	(3) 50～75 分位	(4) 75～100 分位
HSR	−0.178* (−1.71)	−0.121* (−1.91)	0.107** (2.38)	0.122*** (2.87)
gdpr	0.655*** (4.13)	0.585** (2.07)	0.145 (0.52)	0.214 (0.55)
ln_*pop*	0.931*** (7.45)	0.273 (1.28)	0.259 (1.35)	0.198 (1.28)
ln_*employee*	0.166 (1.35)	0.919*** (7.49)	0.580*** (3.43)	0.462*** (3.95)
ln_*wage*	0.560*** (−2.91)	0.079 (0.49)	0.578*** (3.56)	0.472** (2.11)
ln_*fdi*	0.084*** (4.47)	0.147*** (4.81)	0.123*** (5.42)	0.180*** (5.14)
secondary_rate	0.033*** (10.34)	0.014*** (4.28)	0.031*** (10.47)	0.023*** (6.64)
ln_*motorway*	−0.050 (−0.85)	0.062 (0.94)	0.351*** (5.94)	0.002 (0.02)
_*cons*	3.848* (1.88)	−0.556 (−0.29)	−6.594*** (−3.45)	−2.903 (−1.11)
省份固定效应	Yes	Yes	Yes	Yes

（续表）

	(1) 0～25 分位	(2) 25～50 分位	(3) 50～75 分位	(4) 75～100 分位
年份固定效应	Yes	Yes	Yes	Yes
N	360	468	485	492
r^2_a	0.870	0.815	0.857	0.859

注：***、**、* 分别表示 1%、5%、10%显著性水平。

从表 6.8 中可以看出，对于规模较小的城市（0～25 分位）以及城市规模中等偏下（25～50 分位）的城市而言，高速铁路开通对制造业企业选址有显著负向影响；对规模较大的城市而言（50～75 分位及 75～100 分位），高速铁路开通对制造业企业选址有显著的促进作用。两者相结合也从一个侧面解释了现实中许多规模较小的城市虽然开通了高速铁路，但其发展并未从中直接获益、甚至受到“损害”的状况（虹吸效应），这与 Vickerman（2015）等研究结果具有一定相似性。

6.6.3　行业异质性

为分析高速铁路开通对不同地区不同类型行业制造业企业选址的影响，本书将行业分为劳动密集型、资本密集型、技术密集型和资源密集型四类，然后按照东、中、西三个地区分别进行回归分析。如表 6.8～表 6.10 所示。

表 6.8　高速铁路开通对制造业企业选址的影响（东部地区分行业类型）

	(1) 劳动密集型	(2) 资本密集型	(3) 技术密集型	(4) 资源密集型
HSR	−0.098* (−1.96)	0.046 (0.60)	0.102* (1.85)	0.144*** (2.68)
gdpr	0.462 (0.76)	1.430* (1.80)	−0.417 (−0.65)	−0.246 (−0.39)
ln_*pop*	0.202 (1.35)	0.414*** (2.87)	−0.158 (−1.08)	0.197 (1.42)
ln_*employee*	0.836*** (5.54)	0.748*** (4.28)	1.094*** (6.90)	0.601*** (4.14)
ln_*wage*	−0.539*** (−2.93)	0.642** (2.11)	1.134*** (5.92)	0.142 (0.76)
ln_*fdi*	0.312*** (11.16)	0.043 (0.95)	0.226*** (7.11)	0.254*** (9.36)
secondary_rate	0.025*** (7.05)	0.025*** (3.84)	0.027*** (7.50)	0.037*** (10.01)

（续表）

	(1) 劳动密集型	(2) 资本密集型	(3) 技术密集型	(4) 资源密集型
ln_*motorway*	0.590*** (5.99)	−0.539*** (−3.71)	0.054 (0.50)	0.285** (2.48)
_*cons*	2.942 (1.42)	−11.299*** (−3.34)	−12.901*** (−5.99)	−3.083 (−1.47)
省份固定效应	Yes	Yes	Yes	Yes
年份固定效应	Yes	Yes	Yes	Yes
N	606	596	606	606
r^2_*a*	0.809	0.610	0.811	0.738

注：***、**、* 分别表示1%、5%、10%显著性水平。

表6.9 高速铁路开通对制造业企业选址的影响（中部地区分行业类型）

	(1) 劳动密集型	(2) 资本密集型	(3) 技术密集型	(4) 资源密集型
HSR	0.027 (0.49)	0.108 (1.52)	0.144*** (2.59)	0.087 (1.57)
gdpr	0.448** (2.14)	0.730*** (3.22)	0.479*** (3.54)	0.656*** (4.38)
ln_*pop*	0.829*** (7.23)	0.225 (1.16)	0.177 (1.25)	0.709*** (3.97)
ln_*employee*	0.150 (1.42)	0.357* (1.92)	0.590*** (4.59)	0.022 (0.13)
ln_*wage*	−0.564*** (−2.91)	−0.434 (−1.32)	0.110 (0.55)	0.208 (1.15)
ln_*fdi*	0.131*** (4.77)	0.225*** (5.38)	0.251*** (6.41)	0.173*** (4.64)
secondary_rate	0.008*** (2.90)	0.014*** (2.98)	0.027*** (7.52)	0.029*** (9.58)
ln_*motorway*	0.089 (1.18)	−0.610*** (−5.40)	0.276*** (3.67)	0.040 (0.53)
_*cons*	3.887** (1.99)	3.752 (1.14)	−2.380 (−1.20)	−3.996** (−2.03)
省份固定效应	Yes	Yes	Yes	Yes
年份固定效应	Yes	Yes	Yes	Yes
N	606	602	599	603
r^2_*a*	0.766	0.537	0.758	0.695

注：***、**、* 分别表示1%、5%、10%显著性水平。

表 6.10　高速铁路开通对制造业企业选址的影响(西部地区分行业类型)

	(1) 劳动密集型	(2) 资本密集型	(3) 技术密集型	(4) 资源密集型
HSR	0.289** (2.45)	−0.050 (−0.47)	0.280** (2.18)	−0.056 (−0.57)
gdpr	−0.102 (−0.17)	−0.010 (−0.02)	1.435** (2.38)	1.229*** (2.59)
ln_*pop*	0.694*** (5.23)	0.416** (2.51)	0.457*** (2.85)	0.376*** (3.18)
ln_*employee*	0.270*** (2.70)	0.378*** (2.59)	0.355** (2.34)	0.343*** (3.41)
ln_*wage*	−0.637*** (−2.61)	−0.075 (−0.29)	1.129*** (4.22)	0.136 (0.71)
ln_*fdi*	0.134*** (4.59)	0.157*** (6.07)	0.216*** (7.93)	0.169*** (7.78)
secondary_rate	−0.002 (−0.49)	0.026*** (6.79)	0.032*** (8.11)	0.020*** (7.00)
ln_*motorway*	0.183** (1.96)	−0.186** (−2.48)	0.545*** (7.50)	0.388*** (6.47)
_*cons*	5.333** (2.09)	−1.922 (−0.74)	−13.033*** (−4.73)	−2.876 (−1.41)
省份固定效应	Yes	Yes	Yes	Yes
年份固定效应	Yes	Yes	Yes	Yes
N	585	571	569	585
r^2_a	0.665	0.579	0.706	0.725

注：***、**、* 分别表示 1%、5%、10%显著性水平。

为更好进行对比分析，将上述回归结果简要汇总，得到结果如表 6.11 所示。

表 6.11　高速铁路开通对制造业企业选址的影响(分地区及行业类型)

行业分类	劳动密集型	资本密集型	技术密集型	资源密集型
东部	−0.098*	0.046	0.102*	0.144***
中部	0.027	0.108	0.144***	0.087
西部	0.289**	−0.050	0.280**	−0.056

注：***、**、* 分别表示 1%、5%、10%显著性水平。

从回归结果可以看出：在东部地区，高速铁路开通后会对劳动密集型企业选址带来负向影响，对技术密集型企业存在正向影响，对资源密集型企业选址则有显著正向影响；在中部地区，高速铁路开通会显著吸引技术密集型企业；在西部地区，高速铁路开通则对劳动密集型企业和技术密集型企业带来显著影响。

6.7 高速铁路服务强度分析

6.7.1 计量模型设定

本章构建如下计量模型：

$$\ln NumH_{i,t} = \alpha_0 + \alpha_1 \ln HSRF_{i,t} + \sum_k \beta_k C_{k,i,t} + \varepsilon_{i,t} \tag{6.6}$$

其中 t 为年份，i 代表城市；$NumH_{i,t}$ 为各年份高铁已开通城市制造业企业数量；$HSRF_{i,t}$ 为高铁频次；$\sum_k \beta_k C_{k,i,t}$ 为前文所述控制变量集，在此有：

$$\begin{aligned}\sum_k \beta_k C_{k,i,t} = {} & \beta_1 \ln \mathrm{gdpr}_{i,t} + \beta_2 \ln pop_{i,t} + \beta_3 \ln motorway_{i,t} + \beta_4 \ln fdi_{i,t} \\ & + \beta_5 \ln Employee_{i,t} + \beta_6 \ln secondary\_rate_{i,t} + \beta_7 \ln wage_{i,t}\end{aligned} \tag{6.7}$$

由于制造业企业数量（Num）、人口规模（pop）、高速公路通车密度（$motorway$）、职工平均工资（$wage$）及总就业人数（$Employee$）等变量与 GDP 增长率（$gdpr$）、外商直接投资占比（fdi）、第二产业占比（$secondary\_rate$）等变量的数量级相差较大，为消除异方差并更好地分析，在实证分析中对变量采用了取对数的处理方式。

根据第 3 章理论模型的研究，高速铁路开通会对企业选址产生促进作用，而且这种促进作用应会随着高铁服务强度的提升而提升。前文实证分析已经证明高速铁路开通对于制造业企业选址的显著促进作用，本章将对高速铁路对制造业企业选址的促进作用是否会随着高速铁路服务强度的提升而提升进行验证。

为进行此分析，首先从所有样本中选取高速铁路已开通城市作为研究对象，被解释变量为这些城市制造业企业数量（$NumH$），数据来源与处理方式与全部城市企业数量（Num）一致；解释变量为高铁服务强度（$HSRF$），使用各城市每日高铁通车频次代理，相应数据采用盛名列车时刻表人工统计数据，具体是各地区“G”字头和“D”字头每日列车频次。

数据整理后将高铁通车频次与样本城市制造业企业数量做趋势图分析，以便从数据特征中得到高速铁路服务强度提升对新增企业数量影响的直观体现。从趋势图（图 6.3）中可以看出，高铁通车频次与样本城市制造业企业数量之间存在明显的正向相关关系，符合本书预期。

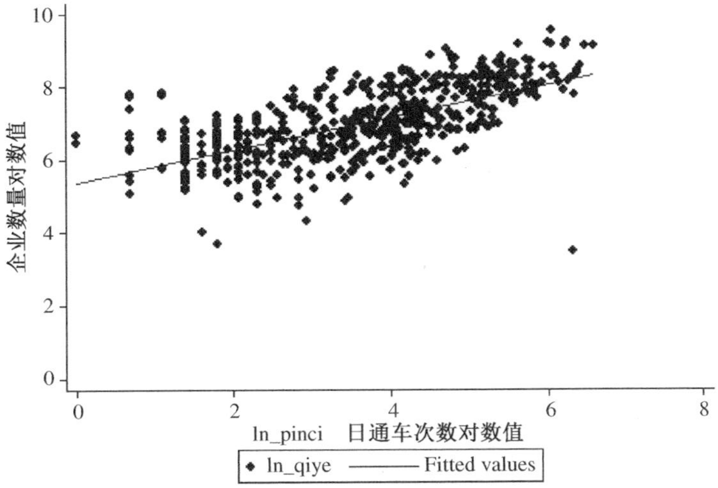

图 6.3　高铁通车频次与制造业企业数量变化趋势图

6.7.2　基准回归

在实证分析时，为确定采用随机效应模型还是固定效应模型(Fixed Effects Model)，本书对样本数据进行了豪斯曼检验(Hausman Test)，结果表明应采用固定效应模型。同时，由于本书的控制变量中存在多个城市层面的指标，包括 GDP 增长率、人口规模、职工平均工资、总就业人数和 *fdi* 等指标，指标之间可能存在多重共线性，因此采用 *VIF* 检验对于模型的共线性进行检验。*VIF* 检验的结果见表 6.12，各个变量的 *VIF* 值均小于 10，所有变量的平均 *VIF* 值同样小于 10，说明各指标之间不存在多重共线性问题。

表 6.12　*VIF* 检验结果

变量(ln_*Num*)	*VIF* 值	1/*VIF*
ln_*employee*	9.3	0.107 499
ln_*pop*	8.09	0.123 626
ln_*motorway*	1.97	0.507 307
ln_*fdi*	1.88	0.530 699
did	1.42	0.703 943
ln_*wage*	1.31	0.764 852
secondary_rate	1.2	0.835 364
gdpr	1.07	0.934 391
平均 *VIF* 值	3.28	

根据式(6.7),使用固定效应模型,在控制省份和时间效应后基准回归结果如表 6.13 所示。

表 6.13 高铁通车频次对高铁已开通城市制造业企业选址的影响

	(1) ln_*Num*	(2) ln_*Num*	(3) ln_*Num*	(4) ln_*Num*	(5) ln_*Num*	(6) ln_*Num*	(7) ln_*Num*	(8) ln_*Num*
ln_*HSRF*	0.166*** (14.36)	0.167*** (14.37)	0.114*** (10.63)	0.074*** (7.64)	0.047*** (5.21)	0.021** (2.41)	0.033*** (4.22)	0.030*** (3.93)
gdpr		0.112 (0.61)	0.303* (1.94)	0.420*** (2.65)	0.464*** (3.03)	0.444*** (2.99)	0.622*** (5.55)	0.634*** (5.47)
ln_*pop*			0.709*** (25.76)	−0.093 (−0.93)	0.095 (1.05)	0.134* (1.67)	0.209*** (2.62)	0.185** (2.28)
ln_*employee*				0.847*** (8.22)	0.706*** (7.80)	0.574*** (7.25)	0.601*** (7.48)	0.599*** (7.44)
ln_*wage*					1.052*** (12.20)	0.555*** (6.52)	0.127 (1.45)	0.148* (1.69)
ln_*fdi*						0.178*** (13.52)	0.163*** (13.19)	0.161*** (12.89)
secondary *_rate*							0.023*** (15.77)	0.022*** (15.00)
ln_*motorway*								0.096*** (3.00)
_cons	7.354*** (73.60)	7.327*** (66.32)	1.850*** (7.88)	2.121*** (9.69)	−9.136*** (−9.58)	−4.934*** (−5.13)	−1.525 (−1.57)	−1.421 (−1.47)
省份固定效应	Yes	Yes	Yes	Yes	Yes	Yes	Yes	Yes
年份固定效应	Yes	Yes	Yes	Yes	Yes	Yes	Yes	Yes
N	1 976	1 976	1 976	1 915	1 915	1 805	1 805	1 805
r^2_*a*	0.750	0.750	0.827	0.816	0.830	0.852	0.878	0.879

注:表中 ***、**、*,分别代表在 1%、5%和 10%的显著水平上显著。

在表 6.14 中,模型(1)是对高速铁路通车频次与制造业企业数量进行直接回归,结果表明高速铁路通车频次提升对高速铁路已开通城市制造业企业选址有显著正向促进作用。模型(2)至模型(8)为依次加入 GDP 增长率、人口、总就业人数、职工工资、*fdi*、第二产业占比和高速公路通车密度等控制变量的回归结果,结果均在 1%显著性水平上表明高速铁路通车频次提升对于企业数量有明显促进作用。在模型(8)中,GDP 增长率、人口、总就业人数、职工工资、*fdi*、第二产业占比和高速公路通车密度等控制变量均对制造业企业选址有显著正向影响,这与前文高速铁路开通与否对城市制造业企业选址影响中各控制变量的方向一致。

从回归结果中可以得到以下结论:随着高速铁路通车频次的增加,高速铁路已开通地区对制造业企业选址的吸引力也在逐渐增强，证明高速铁路开通对制造业企业选址存在正向促进作用，且这种正向促进作用的强度随着高速铁路服务强度（高速铁路通车频次）的提升而提升，这与第三章中理论分析的结果一致。

6.7.3　内生性处理和稳健性检验

6.7.3.1　内生性处理

如同高速铁路建设和制造业企业选址有可能产生的双向交互影响，一方面高速铁路服务强度的提升有利于吸引更多企业入驻，但另一方面也有可能因为某地区制造业较为发达、企业较多、经济活动较为活跃导致人员流动增加、客运需求提升，进而导致政策制定部门在设置站点、确定停靠频次时给予了相应考虑。

为解决这一问题，仍然采用工具变量法，利用地理信息构造工具变量，使用每个城市的平均海拔作为工具变量，采用 2013 年当年的数据进行工具变量回归，并进行二阶段回归。回归结果如表 6.14 所示。

表 6.14　高铁通车频次对高铁已开通城市制造业企业选址的影响(工具变量回归)

	(1) 第一阶段回归 Ln_*HSRF*	(2) 第二阶段回归 ln_*NumH*
ln_*altitude*	−0.212*** (−3.01)	—
HSRF	—	0.769*** (3.09)
gdpr	−0.199 (−0.10)	0.659 (0.44)
ln_*pop*	−0.640** (−1.97)	0.728** (2.40)
ln_*employee*	1.158*** (3.86)	−0.325 (−0.88)
ln_*wage*	1.134* (1.89)	−0.146 (−0.28)
ln_*fdi*	0.356*** (4.57)	−0.119 (−0.96)
secondary_rate	−0.001 (−0.09)	0.018** (2.41)

(续表)

	(1) 第一阶段回归 Ln_*HSRF*	(2) 第二阶段回归 ln_*NumH*
ln_*motorway*	0.128 (0.68)	−0.094 (−0.62)
_*cons*	−11.905* (−1.82)	3.212 (0.56)
省份固定效应	Yes	Yes
年份固定效应	Yes	Yes
N	307	307
Kleibergen-Paap rk LM		9.062 *P*=0.002
Cragg-Donald F		9.064
Hansen J		*P*=0.000

注:表中 ***、**、*,分别代表在1%、5%和10%的显著水平上显著。

在表6.14中,模型(1)及模型(2)分别是第一阶段回归和第二阶段回归的结果,均具有1%显著性水平。其中,Kleibergen-Paap rk LM统计量 P 值为0.002,拒绝原假设,表明工具变量可以被识别;Cragg-Donald F统计量大于15%的Stock-Yoga临界值为8.96,表明不存在弱工具变量问题;Hansen J检验 P 值0.000,表明模型不存在工具变量过度识别问题。在二阶段回归结果中,高速铁路通车频次在1%显著性水平上对高速铁路已开通城市制造业企业数量产生正向促进作用,与基准回归结果一致,表明回归比较可靠。

6.7.3.2 稳健性检验

采用与前文一致的方法,分别剔除北京、上海、广州、深圳四座城市以及剔除2010年样本数据后进行稳健性检验,相应结果如表6.15所示。

表6.15 高铁通车频次对高铁已开通城市制造业企业选址的影响(稳健性检验)

	(1) 删除北上广深数据 ln_*Num*	(2) 删除2010年数据 ln_*Num*
ln_*HSRF*	0.030*** (3.94)	0.031*** (4.17)
gdpr	0.638*** (5.50)	0.697*** (5.50)

（续表）

	(1) 删除北上广深数据 ln_*Num*	(2) 删除 2010 年数据 ln_*Num*
ln_*pop*	0.192** (2.35)	0.161** (2.12)
ln_*employee*	0.593*** (7.36)	0.619*** (7.74)
ln_*wage*	0.134 (1.53)	0.136 (1.49)
ln_*fdi*	0.162*** (13.01)	0.154*** (12.08)
secondary_rate	0.022*** (15.11)	0.021*** (13.64)
ln_*motorway*	0.094*** (2.92)	0.125*** (3.82)
_*cons*	−0.506 (−0.53)	−0.393 (−0.38)
省份固定效应	Yes	Yes
年份固定效应	Yes	Yes
N	1 781	1 505
r^2_*a*	0.874	0.896

注：表中 ***、**、*，分别代表在 1%、5%和 10%的显著水平上显著。

在表 6.15 中，模型(1)是剔除北京、上海、广州、深圳四座城市后回归的结果，模型(2)是剔除 2010 年样本数据后回归的结果。从结果上看，模型(1)及模型(2)中高速铁路通车频次对制造业企业选址的影响均通过了 1%显著性水平检验，各控制变量影响显著、方向与基准回归一致，证明高速铁路通车频次提升对高速铁路已开通城市制造业企业选址的促进作用。

6.7.4　异质性分析

本节将样本分别按照东、中、西三个地区以及城市规模进行划分并进行回归分析。

6.7.4.1　地区异质性

将城市分为东部、中部、西部三部分，回归结果如表 6.16 所示。

表 6.16　高铁通车频次对高铁已开通城市制造业企业选址的影响(分地区回归)

	(1) 全国	(2) 东部	(4) 西部	(5) 中部
ln_*HSRF*	0.030*** (3.93)	0.005 (0.47)	0.020 (0.94)	0.041*** (3.86)
gdpr	0.634*** (5.47)	0.184 (0.36)	1.105*** (3.87)	0.580*** (5.05)
ln_*pop*	0.185** (2.28)	0.034 (0.25)	0.518*** (6.65)	0.622*** (6.48)
ln_*employee*	0.599*** (7.44)	0.914*** (6.73)	0.281*** (4.10)	0.117 (1.33)
ln_*wage*	0.148* (1.69)	0.291* (1.86)	0.125 (0.89)	0.099 (0.75)
ln_*fdi*	0.161*** (12.89)	0.196*** (8.08)	0.137*** (8.09)	0.115*** (5.04)
secondary_rate	0.022*** (15.00)	0.031*** (10.87)	0.023*** (10.19)	0.022*** (9.22)
ln_*motorway*	0.096*** (3.00)	0.073 (0.87)	0.149*** (3.63)	−0.080* (−1.67)
_*cons*	−0.622 (−0.65)	−4.166** (−2.50)	−1.509 (−0.99)	−0.247 (−0.18)
省份固定效应	Yes	Yes	Yes	Yes
年份固定效应	Yes	Yes	Yes	Yes
N	1 805	606	593	606
r^2_*a*	0.879	0.827	0.831	0.805

注：表中 ***、**、*，分别代表在 1%、5%和 10%的显著水平上显著。

从表 6.16 的回归结果中可以看出：在中部地区，高速铁路通车频次对制造业企业选址具有显著影响，但在东部及西部地区则影响不显著，这与前文中高速铁路开通对制造业企业选址影响的分地区回归结果一致，也再次证明中部地区城市将从高速铁路开通过程中明显“获益”。

在控制变量中，第二产业占比、*fdi* 对东部地区和中、西部地区均存在显著影响；相对于东部地区而言，中、西部地区城市的 GDP 增长率、人口规模对制造业企业选址同样具有显著影响，这与前文结果一致，再次证明中、西部地区城市的发展前景、市场状况是制造业企业在选址时的重要考量因素。

6.7.4.2　城市异质性

以城市人口规模为标准，将城市进行四等分并分组进行回归，结果如表 6.17 所示。

表 6.17　高铁通车频次对高铁已开通城市制造业企业选址的影响(分城市规模回归)

	(1) 0～25	(2) 25～50	(3) 50～75	(4) 75～100
ln_*HSRF*	−0.060 (−1.32)	−0.029* (−1.71)	0.035*** (2.69)	0.042*** (3.86)
gdpr	0.653*** (4.10)	0.597** (2.13)	0.166 (0.60)	0.248 (0.64)
ln_*pop*	0.912*** (7.73)	0.246 (1.16)	0.300 (1.53)	0.234 (1.53)
ln_*employee*	0.191* (1.69)	0.932*** (7.47)	0.564*** (3.36)	0.418*** (3.65)
ln_*wage*	−0.544*** (−2.95)	0.086 (0.53)	0.532*** (3.23)	0.430* (1.92)
ln_*fdi*	0.085*** (4.49)	0.149*** (4.83)	0.124*** (5.52)	0.175*** (4.98)
secondary_rate	0.032*** (10.50)	0.014*** (4.22)	0.031*** (10.54)	0.024*** (6.82)
ln_*motorway*	−0.049 (−0.85)	0.058 (0.88)	0.348*** (5.87)	−0.019 (−0.18)
_*cons*	3.684* (1.84)	−0.613 (−0.31)	−6.301*** (−3.29)	−3.485 (−1.37)
省份固定效应	Yes	Yes	Yes	Yes
年份固定效应	Yes	Yes	Yes	Yes
N	360	468	485	492
r^2_*a*	0.871	0.815	0.857	0.861

注：表中 ***、**、*，分别代表在 1%、5%和 10%的显著水平上显著。

与前文回归结果相似，对于规模较小的城市(0～25 分位)而言，高速铁路通车频次提升对制造业企业选址影响并不显著；对于城市规模中等偏下(25～50 分位)的城市而言，高速铁路通车频次提升对制造业企业选址有显著负向影响；对规模较大的城市而言(50～75 分位及 75～100 分位)，高速铁路通车频次提升对制造业企业选址有显著的促进作用。这与前文结果具有一致性，再次说明高速铁路开通有利于规模较大的城市，而不利于规模较小的城市。

6.7.4.3　行业异质性

与前文一致，将行业分为劳动密集型、资本密集型、技术密集型和资源密集型四类，然后按照东、中、西三个地区分别进行回归分析。如表 6.18～表 6.20 所示。

表 6.18　高铁通车频次对高铁已开通城市制造业企业选址的影响(东部地区分行业类型)

	(1) 劳动密集型	(2) 资本密集型	(3) 技术密集型	(4) 资源密集型
ln_*HSRF*	−0.022* (−1.77)	0.015 (0.80)	0.022 (1.58)	0.034** (2.56)
gdpr	0.495 (0.82)	1.435* (1.80)	−0.458 (−0.72)	−0.290 (−0.46)
ln_*pop*	0.187 (1.25)	0.425*** (2.95)	−0.143 (−0.97)	0.220 (1.58)
ln_*employee*	0.852*** (5.65)	0.731*** (4.12)	1.080*** (6.76)	0.576*** (3.98)
ln_*wage*	−0.534*** (−2.89)	0.624** (2.05)	1.133*** (5.91)	0.130 (0.68)
ln_*fdi*	0.313*** (11.16)	0.042 (0.93)	0.225*** (7.09)	0.253*** (9.24)
secondary_rate	0.025*** (7.01)	0.026*** (3.86)	0.027*** (7.59)	0.038*** (10.16)
ln_*motorway*	0.587*** (6.07)	−0.545*** (−3.75)	0.059 (0.56)	0.288** (2.56)
_*cons*	2.672 (1.34)	−10.657*** (−3.16)	−13.809*** (−6.68)	−3.800* (−1.89)
省份固定效应	Yes	Yes	Yes	Yes
年份固定效应	Yes	Yes	Yes	Yes
N	606	596	606	606
r^2_a	0.809	0.610	0.811	0.738

注：表中 ***、**、*，分别代表在 1%、5%和 10%的显著水平上显著。

表 6.19　高速铁路通车频次对制造业企业选址的影响(中部地区分行业类型)

	(1) 劳动密集型	(2) 资本密集型	(3) 技术密集型	(4) 资源密集型
ln_*HSRF*	0.015 (0.96)	0.019 (0.90)	0.042*** (2.62)	0.050*** (3.16)
gdpr	0.454** (2.17)	0.722*** (3.17)	0.481*** (3.56)	0.675*** (4.55)
ln_*pop*	0.835*** (7.26)	0.215 (1.11)	0.179 (1.26)	0.730*** (4.06)

（续表）

	(1) 劳动密集型	(2) 资本密集型	(3) 技术密集型	(4) 资源密集型
ln_*employee*	0.140 (1.32)	0.366* (1.96)	0.580*** (4.48)	−0.013 (−0.08)
ln_*wage*	−0.573*** (−2.95)	−0.444 (−1.34)	0.087 (0.43)	0.178 (0.99)
ln_*fdi*	0.128*** (4.65)	0.228*** (5.35)	0.248*** (6.28)	0.163*** (4.41)
secondary_rate	0.008*** (2.93)	0.013*** (2.92)	0.027*** (7.47)	0.030*** (9.72)
ln_*motorway*	0.088 (1.19)	−0.593*** (−5.29)	0.290*** (3.84)	0.035 (0.45)
_*cons*	4.506** (2.24)	3.884 (1.17)	−2.155 (−1.07)	−3.680* (−1.88)
省份固定效应	Yes	Yes	Yes	Yes
年份固定效应	Yes	Yes	Yes	Yes
N	606	602	599	603
r^2_*a*	0.766	0.536	0.758	0.698

注：表中 ***、**、*，分别代表在 1%、5%和 10%的显著水平上显著。

表 6.20　高速铁路通车频次对制造业企业选址的影响(西部地区分行业类型)

	(1) 劳动密集型	(2) 资本密集型	(3) 技术密集型	(4) 资源密集型
ln_*HSRF*	0.037 (1.26)	0.006 (0.20)	0.065* (1.92)	−0.019 (−0.74)
gdpr	−0.095 (−0.16)	−0.010 (−0.02)	1.437** (2.38)	1.229*** (2.59)
ln_*pop*	0.707*** (5.33)	0.414** (2.50)	0.470*** (2.96)	0.373*** (3.15)
ln_*employee*	0.265*** (2.64)	0.377** (2.58)	0.347** (2.30)	0.346*** (3.41)
ln_*wage*	−0.661*** (−2.70)	−0.072 (−0.28)	1.101*** (4.12)	0.141 (0.74)
ln_*fdi*	0.138*** (4.66)	0.155*** (5.96)	0.217*** (7.87)	0.170*** (7.67)

（续表）

	(1) 劳动密集型	(2) 资本密集型	(3) 技术密集型	(4) 资源密集型
secondary_rate	−0.002 (−0.42)	0.026^{***} (6.77)	0.032^{***} (8.19)	0.020^{***} (6.99)
ln_*motorway*	0.192^{**} (2.06)	-0.190^{**} (−2.52)	0.548^{***} (7.54)	0.388^{***} (6.45)
_*cons*	6.262^{**} (2.39)	−1.594 (−0.59)	-13.761^{***} (−4.64)	−2.919 (−1.43)
省份固定效应	Yes	Yes	Yes	Yes
年份固定效应	Yes	Yes	Yes	Yes
N	585	571	569	585
r^2_a	0.663	0.579	0.705	0.725

注：表中 ***、**、*，分别代表在 1%、5%和 10%的显著水平上显著。

同样将上述回归结果进行汇总对比，得到结果如表 6.21 所示。

表 6.21　高速铁路开通对制造业企业选址的影响(分地区及行业类型)

行业分类	劳动密集型	资本密集型	技术密集型	资源密集型
东部	-0.022^{*}	0.015	0.022	0.034^{**}
中部	0.015	0.019	0.042^{***}	0.050^{***}
西部	0.037	0.006	0.065^{*}	−0.019

注：***、**、* 分别表示 1%、5%、10%显著性水平。

从回归结果可以看出：在东部地区，高速铁路通车频次提升后会对劳动密集型企业选址带来负向影响，对资源密集型企业选址则有显著正向影响；在中部地区，高速铁路通车频次提升对技术密集型企业和资源密集型企业有显著正向影响；在西部地区，高速铁路通车频次提升对技术密集型企业存在正向影响。

6.8　中介效应检验

根据第 3 章的分析，高速铁路引发市场准入的变化，对制造企业区位选择产生影响，市场准入是其中的影响机制。为验证市场准入这一中介效应机制，依第 5 章中介效应检验方法进行检验。三步法的回归方程如下。

第一步，验证高速铁路对市场准入的影响：

$$\ln\_access_{it} = \delta_0 + \alpha_1 HSR_{it} + \delta_r X_{it} + \delta_n \nu_{it} + \lambda_i + \varepsilon_{it} \tag{6.8}$$

第二步，验证市场准入对制造企业数量的影响：

$$\ln num_{it} = \delta_0 + \delta_1 \ln\_access_{it} + \delta_r X_{it} + \delta_n \nu_{it} + \lambda_i + \varepsilon_{it} \tag{6.9}$$

第三步，将高速铁路和市场准入同时放入回归方程：

$$\ln num_{it} = \delta_0 + \gamma_1 HSR_{it} + \gamma_2 \ln\_access_{it} + \delta_r X_{it} + \delta_n \nu_{it} + \lambda_i + \varepsilon_{it} \tag{6.10}$$

表 6.22 是三步法回归的结果。由第(1)列可知，高速铁路虚拟变量(HSR)的回归系数显著为正，中介效应检验第一步得到验证；由第(2)列可知，市场准入(ln_*access*)对制造业企业数量(ln_*num*)的回归中的系数 δ_1 显著为正，中介效应检验第二步得到验证；由第(3)列可知，市场准入(ln_*access*)的系数显著为正，而由于市场准入(ln_*access*)的加入，高速铁路虚拟变量(HSR)变得不再显著，说明存在完全中介效应，第三步得到验证。因此，市场准入影响制造业企业区位选择的中介效应存在。

表 6.22　高速铁路开通影响制造业企业数量的中介效应检验

VARIABLES	(1) ln*num*	(2) ln_*access*	(3) ln*num*
ln_*access*	0.135 2*** (0.047 3)		3.495 8*** (0.965 3)
hsr		0.027 8*** (0.009 5)	−0.023 0 (0.014 5)
ln_*pop*	−0.143 9 (0.099 8)	0.287 0*** (0.057 8)	0.131 2*** (0.023 4)
ln_*employee*	−0.025 9 (0.016 3)	0.011 1 (0.009 6)	0.046 5** (0.021 4)
ln_*wage*	0.014 0 (0.037 8)	0.588 7*** (0.014 9)	0.008 6 (0.039 4)
ln_*fdi*	0.009 5** (0.004 2)	0.001 5 (0.002 5)	0.054 9*** (0.004 2)
secondary_rate	0.006 6*** (0.001 3)	−0.001 6** (0.000 8)	0.005 3*** (0.000 7)
ln_*motorway*	0.007 1 (0.010 4)	0.038 0*** (0.006 0)	0.014 3 (0.009 6)
gdpr	0.002 9** (0.001 2)	−0.000 9 (0.000 7)	0.007 3*** (0.002 0)
Constant	5.032 7*** (0.649 8)	5.079 2*** (0.354 4)	−41.352 7*** (12.750 3)
Observations	1 579	1 580	1 583

（续表）

VARIABLES	(1) ln*num*	(2) ln_*access*	(3) ln*num*
R-squared	0.920	0.934	0.666
Control Variables	YES	YES	YES
Time Trend	YES	YES	YES
Province FE	YES	YES	YES
Time FE	YES	YES	YES

注：括号内为稳健标准误，*、**、*** 分别表示 10%、5%、1%的水平上显著。

6.9 本章小结

以第 3 章理论分析为基础，本章利用 2008 年至 2013 年我国工业企业数据及高速铁路相应数据，从城市角度实证分析了高速铁路开通以及服务强度提升（通车频次增加）对于我国制造业企业选址所带来的影响。研究结果表明，高速铁路开通对制造业企业选址存在显著影响，且这种促进作用会随着高速铁路服务强度的提升（高速铁路通车频次提升）而提升。主要结论有：

（1）高速铁路开通对制造业企业选址有显著促进作用，某城市开通高速铁路后有利于吸引企业入驻，其中，从分地区的角度来看，高速铁路开通对东部地区和西部地区城市影响并不显著，对中部地区城市则在 1%显著性水平上产生正向影响。高速铁路开通对不同规模城市会产生不同影响，对于规模较小的城市（0～25 分位）以及城市规模中等偏下（25～50 分位）的城市而言，高速铁路开通对制造业企业选址有显著负向影响；对规模较大的城市而言（50～75 分位及 75～100 分位），高速铁路开通对制造业企业选址有显著的促进作用。在东部地区，高速铁路开通后会对劳动密集型企业选址带来负向影响，对技术密集型企业存在正向影响，对资源密集型企业选址则有显著正向影响；在中部地区，高速铁路开通会显著吸引技术密集型企业；在西部地区，高速铁路开通则对劳动密集型企业和技术密集型企业带来显著影响。

（2）高速铁路开通对制造业企业选址的促进程度随着高速铁路服务强度（通车频次）的提升而提升，其中，在中部地区，高速铁路通车频次对制造业企业选址具有显著影响，但在东部及西部地区则影响不显著，再次证明中部地区城市将从高速铁路开通过程中明显“获益”。从城市规模角度看，高速铁路通车频次提升对规模较小的城市（0～25 分位）影响并不显著；对于城市规模中等偏下（25～50 分位）的城市而言，高速铁路通车频次提升对制造业企业选址有显著负向影响；对规模较大的城市而言（50～75 分位及 75～100 分位），高速铁路通车频次提升对制造业企业选址有显著的正向促进作用。在东部地区，高速铁路通车频次提升后会对劳动密集型企业选址带来负向影响，对资源密集型企业选址则有显著正向影响；在中部地区，高速铁路通车频次提升对技术密集型企业和资源密集型企业有显著正向影响；在西部地区，高速铁路通车频次提升对技术密集型企业存在正向影响。

第7章　高速铁路影响区域市场融合的实证分析

本章研究高速铁路影响制造业集聚的另一个机制，即区域市场融合。以区域市场融合为被解释变量，以高铁是否开通、高铁服务强度为解释变量，运用 DID 方法验证了高速铁路对区域市场融合的影响，并从区域、城市、行业等方面进行异质性分析。最后进行中介效应检验，证明高速铁路通过市场准入影响区域市场融合。

7.1　引言

根据第 3 章设计的研究思路，高速铁路通过市场准入，影响企业区位选址和区域市场融合，最后影响制造业集聚。本章接续第 6 章的内容，研究第二个机制，即区域市场融合。

根据高速铁路影响市场准入，进而影响区域市场融合的思路，开展高速铁路影响区域市场融合的实证检验，结果表明，高速铁路开通对区域市场融合具有显著影响，且随着高速铁路服务强度（通车频次）的提升而增加。在区域异质性、城市异质性和行业异质性的检验中，发现不仅在不同地区、不同城市高速铁路对区域市场融合的影响具有差异，而且对不同行业市场融合的影响也存在差异。

本书把区域市场融合看作制造业集聚的重要影响机制，认为高速铁路对制造业集聚影响的前提条件是区域市场开放。这是因为只有市场开放，才能为生产要素和商品流动创造条件。中国正处于体制机制转型过程中，市场开放程度对生产要素和商品流动具有重要的现实意义。

7.1　理论分析

7.1.1　市场融合的定义

Market Integration 一词在不同的研究领域被广泛使用，通常被定义为货物之间的价格传导程度（Stigler, 1969），或者如 Monke and Petzel（1984）所说的，就是同质商品服从一个价格定律（Law of One Price），各地价格差异不超过商品套利的成本。如果一个价格定律适用于一个市场内的所有同质产品，那么这个市场就称为融合市场。Lele（1967）则认为，一个市场的价格形成与其他市场的价格有关,两个市场中价格变动之间的这种相互关系被定义为市场融合。因此,把 Market Integration 一词翻译成"市场融合"更恰当,指的是不同区域市场商品和要素充分流动,趋于之间价格差异缩小,具有通常所称的"市场一体化"的含义。

缺乏融合被称为分割。如果买方和卖方的位置对交易条款产生重大影响(即,货物从一个位置到另一个位置的实际移动成本超过边际成本),则市场在地理上是分割的。一个完全竞争的市场应该完全融合(Knetter 和 Goldberey, 1996)。完全价格传递和市场融合的前提与标准竞争模型的前提相对应,在无摩擦无失真的世界中,LOP 应该调节空间价格关系(Conforti 2004)。

据推断,显著的交易成本会影响市场价格(Meyer 2004)。如果这两个地区之间的价格差异仅仅是因为运输成本,那么市场就被称为空间融合(Ravallion 1986)。空间市场融合指的是价格的共同运动,更一般地说,是指价格信号和信息在空间分离的市场之间的平稳传输(Goletti、Ahmed 和 Farid, 1995)。

7.1.2　市场融合的相关研究

市场整合的衡量被视为了解特定市场如何运作的基础数据(Ravallion, 1986)。为了理解长期市场细分,我们需要从市场角度逐个研究产品价格细节。Palaskas 和 Harriss(1993)试图通过评估主食价格的行为,来回答市场如何运作的问题。在从价格数据推断市场效率时,市场融合的概念一直是其中的核心。市场融合程度受到多方面的影响,商品分销和转售监管、信息流动、运输成本和其他交易成本等,都可能导致价格差异(Knelter 和 Goldberey, 1996)。两个市场之间的距离也在一定程度上引起价格差异。

由于收入和替代品的可用性,需求弹性的变化也会导致价格差异。从理论上讲,不同市场的价格差异可能是由于消费者群体的需求特征不同,或者不同市场的转售成本不同、企业利用需求差异的能力不同而产生的。在差异化产品的情况下,如果产品价格不同,但在生产或消费中具有高度的可替代性,则一种产品的供需变化会传递给其他产品(Monke 和 Petzel, 1984)。价格传导还受到运输和交易成本、市场力量、生产规模收益递增、汇率以及边境和国内政策的影响(Conforti, 2004)。运输成本可能导致两种品质的相对价格在不同地区的差异(Monke 和 Petzel, 1984)。根据每个行业的集中程度,在生产链上,一些代理商可能会充当价格制定者,而另一些代理商则充当价格接受者。

如何在实证上研究市场融合,一直是国内外学者关心的问题。Bradford 和 Lawrence(2004)运用 1994 年和 2004 年两个时间点的消费品价格数据,评估印度市场是否随着时间的推移而融合。结果表明,在印度国内市场中,各个州、大宗商品市场之间存在市场融合的趋势,价格差异是由高运输成本、分销利润率等因素造成的。但是,即使存在这些价格差异,商品市场和国有市场也呈现出空间市场融合的趋势。良好的道路设施和较低的运输成本,尤其是货运铁路网,有助于降低产品从生产地市场转移到其他市场的成本,有助于产品市场融合。政策扭曲,尤其是关税政策扭曲,是影响市场融合的重要因素。Góes 和 Matheson

(2017)运用11个地铁区域的51种产品的价格指数,使用一价定律对巴西国内市场融合进行评估,认为该方法适用于大多数可贸易产品,并发现巴西价格趋同速度非常缓慢,表明国内市场融合相对有限,改善交通基础设施对市场融合十分重要。

不少学者对中国各地市场融合进行研究。多数文献发现,中国的确存在着较为严重的市场分割和地方保护主义,但具有走向市场融合的趋势。Poncet(2005)根据省级投入产出表中,计算行业层面的贸易流,发现在20世纪90年代中国省际市场分割十分严重,甚至在1992—1997年分割程度是提高的。桂琦寒等人(2006)利用价格指数,考察了中国相邻省份的商品市场融合进程,认为市场融合程度呈现上升趋势,而且东部地区市场融合比中西部地区更明显。陆铭和陈钊(2009)根据"一价定律"构造了省级的市场分割指数,用于解释经济增长。Hong等人(2019)构建了1997—2015年29个省份年度市场分割指数,发现地方政府在市场融合方面采取限制政策,限制其他地区生产的产品进入当地市场,省际贸易强度下降,当地生产的商品在省内消费中所占份额不断增加,对国内其他地区生产的商品造成了损害。范欣等人(2017)利用1993—2012年省际面板数据,采用空间面板杜宾模型,对中国基础设施建设与市场分割的关系进行研究,认为作为社会先行资本的基础设施建设在一定程度上有助于打破国内市场分割。李嘉楠等人(2019)使用中国165个主要城市174种商品(工业品和消费品)的实际销售价格数据,从"商品—城市—时间"微观维度构建了市场整合指标,认为区域之间市场分割导致中间品贸易渠道受阻,影响垂直专业化分工。

7.1.3 高速铁路对市场融合的影响

不少文献研究认为,交通基础设施对区域市场融合具有促进作用。例如,Lele(1967)认为,由于运输成本的存在,即使两个市场之间没有任何货物流动,终端市场的价格也可能变化很大,而且运输成本越大,两个市场的价格差异越大。运输瓶颈是市场之间价格差异的关键因素,尤其在欠发达国家。新近的研究文献同样发现,交通设施是市场融合的重要因素。例如,Spiros Bougheas(1997)通过构建基础设施和交通成本的理论模型,论证了交通基础设施建设会减小运输成本,从而促进贸易流的增加。因此,很多国家把交通基础设施投资作为推进国内市场融合的重要政策工具。David等人(2008)也是从影响地区之间贸易流动入手,认为交通条件的改善能够有效地降低地区之间的运输成本,扩大两地之间的贸易流,更多的厂商能够将其产品销售到更远的市场,促进市场融合。

与其他交通方式不同,高速铁路运客不运物,是如何对区域市场融合发挥作用的呢?

(1) 高速铁路促进区域之间的经济联系。高速铁路首先是克服了地理上的空间障碍,压缩了时间距离,提高了劳动力和人口流动的便利性。一方面,促进了劳动力和人口的跨区域流动,跨区域就业成为越来越普遍的现象,促进劳动力市场融合;另一方面,人口流动也意味着消费力的流动,有助于商品市场融合。

(2) 高速铁路促进区域市场开放。高速铁路在促进人员流动的同时,也带动了信息流动，信息更加透明和公开。一方面，地区之间的要素价格和商品价格不对称现象得到缓解；另一方面，长期以来地方政府采取的地方保护主义政策，越来越容易曝光，市场的行政分割现象得到缓解。

7.2　区域市场融合指数的测算

7.2.1　区域市场融合指数测算方法构建

梳理已有的文献，不同研究者对区域市场融合指数的测算方法，存在较大差异，主要有生产法、贸易法、价格法、经济周期法和问卷调查法等。经过比较，相对于其他方法，相对价格法具有独特优势。这是因为：

(1) 生产法对数据处理，尤其是数据的加总要求非常严格。

(2) 贸易法需要获取区际间的贸易量数据，我国地区与地区之间的贸易量的数据难以获取。

(3) 经济周期法对于衡量地区市场分割过于片面，地方保护政策和市场分割只是造成经济周期非同步变化的其中一个因素。

(4) 问卷调查法成本极高，并且需要受访者的积极配合，并且在问卷问题设计和样本选定等方面就有一定程度的主观性。

通过对以上几种方法的分析和比较，相对价格法是相对可行的方法。因此，本书采用“相对价格指数法”进行测算。

为采用此方法，需要构建三维 $(t \times \mathrm{i} \times \mathrm{k})$ 面板数据，其中 t 为年份，i 为城市，k 为商品。原始数据来自各城市或城市所在省份的统计年鉴中分地区商品零售价格指数，数据涵盖 2003—2017 年全国 285 个地级市、省会城市和直辖市 16 类商品，包括食品、饮料烟酒、服装鞋帽、纺织品、家用电器及影像器材、文化用品、日用品、体育用品、交通通信用品、家具、化妆品、金银珠宝、中西药品及医疗保健用品、书报杂志及电子出版物、燃料、建筑材料及五金电料。

相对价格法有三种形式(桂琦寒等，2006)：①两地价格比 $p_{it}^{\mathrm{k}}/p_{jt}^{\mathrm{k}}$；②两地价格比取对数 $Q_{ijt}^{\mathrm{k}}=\ln(p_{it}^{\mathrm{k}}/p_{jt}^{\mathrm{k}})$；③相对价格对数的一阶差分，即 $\Delta Q_{ijt}^{\mathrm{k}}=\ln(p_{it}^{\mathrm{k}}/p_{jt}^{\mathrm{k}})-\ln(p_{it-1}^{\mathrm{k}}/p_{jt-1}^{\mathrm{k}})$。这三种形式中，i、j 表示两城市，$t$ 为年份，k 为某类商品。

在测算市场融合指数时，鉴于统计年鉴中原始数据是商品零售价格的环比指数，因此，本书采用第三种形式，即相对价格的对数的一阶差分来度量相对价格。经过简单变换，可得：

$$\Delta Q_{ijk}^{\mathrm{k}}=\ln(p_{it}^{\mathrm{k}}/p_{jt}^{\mathrm{k}})-\ln(p_{it-1}^{\mathrm{k}}/p_{jt-1}^{\mathrm{k}})=\ln(p_{it}^{\mathrm{k}}/p_{it-1}^{\mathrm{k}})-\ln(p_{jt}^{\mathrm{k}}/p_{jt-1}^{\mathrm{k}}) \tag{7.1}$$

为了避免因两个地区的置放顺序不同而影响到相对价格方差 $\mathrm{var}(\Delta Q_{ijt}^{\mathrm{k}})$，对相对价格取绝对值，即：

$$|\Delta Q_{ijt}^{k}|=|\ln(p_{it}^{k}/p_{it-1}^{k})-\ln(p_{jt}^{k}/p_{jt-1}^{k})| \tag{7.2}$$

桂琦寒等(2006)、陆铭和陈钊(2009)在进行相关市场分割指标的度量时，仅仅考虑相邻省市的情况。与他们不同，本书考虑整个国内市场的情况，与盛斌和毛琪淋(2011)处理方法类似，因为这种处理也更加符合中国地方政府“政治锦标赛”的特征。

根据式(7.2)，由 2003—2017 年(共 15 年) 40 470(=285×284/2) 对城市两两组合及 16 类商品的数据，可以计算 15 年 16 类商品 9 712 800(=285×284/2×15×16)个相对价格的绝对值 $|\Delta Q_{ijt}^{k}|$。

城市间发生的价格变动，一部分变动仅与商品自身的某些特性有关，如农产品与自然条件有关；另一部分变动与商品无关，与城市特殊的市场环境或者其他随机因素有关。若不考虑商品自身的某些特性对 $|\Delta Q_{ijt}^{k}|$ 的影响，可能会高估相对价格方差值。为此，采用 Parsley 和 Wei(2001a, 2001b) 提出的去均值(De-mean)法去除与商品特性相关的固定效应。假设 $|\Delta Q_{ijt}^{k}|=a^{k}+\varepsilon_{ijt}^{k}$，$a^{k}$ 为商品 k 自身的某些特性引起的价格变动，为固定效应部分，ε_{ijt}^{k} 为与城市市场环境有关的影响价格变动的因素。为消除固定效应 a^{k}，对于某年份 t 的商品 k，均有 40 474(= 285×284/2) 对城市组合的相对价格 $|\Delta Q_{ijt}^{k}|$，求其平均值 $|\overline{\Delta Q_{ijt}^{k}}|$，然后去均值，可得：

$$\begin{aligned} q_{ijt}^{k} &\equiv |\Delta Q_{ijt}^{k}|-|\overline{\Delta Q_{ijt}^{k}}|=(a^{k}+\varepsilon_{ijt}^{k})-(\overline{a^{k}}+\overline{\varepsilon_{ijt}^{k}}) \\ &=(a^{k}-\overline{a^{k}})+(\varepsilon_{ijt}^{k}-\overline{\varepsilon_{ijt}^{k}})=\varepsilon_{ijt}^{k}-\overline{\varepsilon_{ijt}^{k}} \end{aligned} \tag{7.3}$$

最终用 q_{ijt}^{k} 计算方差的相对价格变动部分，其仅与城市间的市场分割因素和一些随机因素有关。然后计算 t 年每两个城市组合间商品 k 的相对价格波动 q_{ijt}^{k} 的方差 $\mathrm{var}(q_{ijt}^{k})$，进一步地，针对 t 年度的商品 k 将其方差按城市 i 合并，再取其平均值，得到城市 i 的 t 年的商品 k 的市场分割指数 $[\sum_{i=1}^{n-1}\mathrm{var}(q_{ijt}^{k})]/n$，$n$ 表示城市数。

考虑到市场分割与市场融合呈反向关系，取市场分割的倒数为市场融合指数，因此：

$$integ_{it}^{k}=\frac{1}{\left[\sum_{i=1}^{n-1}\mathrm{var}(q_{ijt}^{k})\right]/n} \tag{7.4}$$

其中 $integ_{it}^{k}$ 表示城市 i 年度 t 商品 k 的市场融合指数，对式 7.4 两边取对数，可得城市 i 在 t 年的商品 k 的市场融合指数的对数：

$$\ln\_integ_{it}^{k}=\ln\left\{\frac{1}{\left[\sum_{i=1}^{n-1}\mathrm{var}(q_{ijt}^{k})\right]/n}\right\} \tag{7.5}$$

若要计算包含 m 类商品为对象的城市市场融合指数，则将 m 类商品的市场分割指数取平均值，再取其倒数的对数，即：

$$\ln\_integ_{it} = \ln\left\{ \frac{1}{\frac{1}{m}\sum_{m}\left[\left(\sum_{i=1}^{n-1}\mathrm{var}(q_{ijt}^{k})\right)/n\right]} \right\} \tag{7.6}$$

7.2.2　区域市场融合指数测算结果描述

通过采用上述方法对中国 2003—2017 年区域市场融合指数和分东中西三大区域市场融合指数进行测算，将其绘制在图 7.1 和图 7.2 中。结果显示，除了 2004 年、2008 年、2009 等年份的波动，可能是税制体制改革和金融危机等因素的影响使得区域市场融合指数下降（宋冬林、姚常成，2019），但整体上，区域市场融合指数呈现出明显的上升趋势。

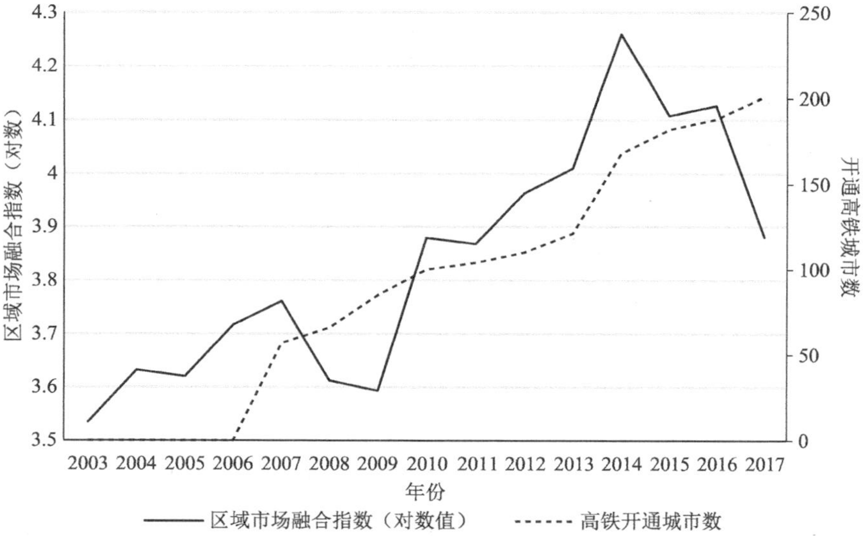

图 7.1　高铁开通与市场融合指数

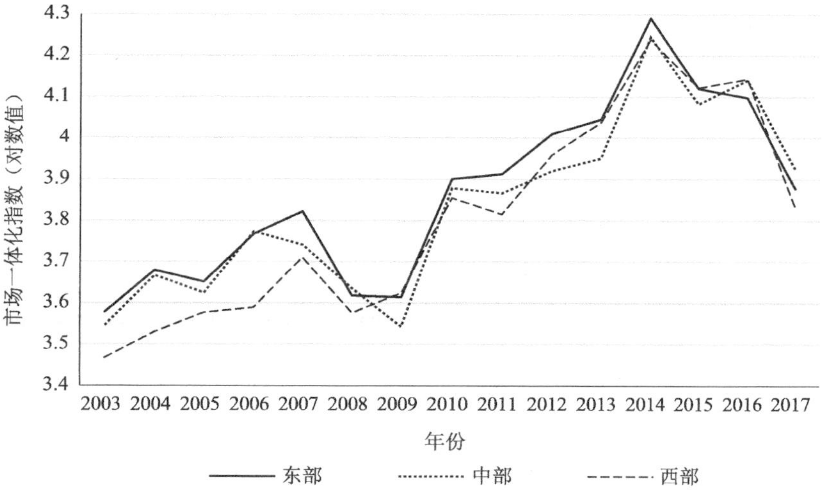

图 7.2　东中西部市场融合指数

图 7.1 中，把历年高速铁路开通城市数也绘制在同一表中，显然，区域市场融合指数和高速铁路开通城市数呈同步上升趋势。

图 7.2 中，分东中西三大区域看，区域市场融合指数也呈上升趋势，在 2009 年之前西部市场融合指数低于东部和中部，2012 年之后西部超过中部，2015 年之后西部超过东部，呈现出区域空间变化特征。

这进一步提示我们思考，高速铁路与区域市场融合是否存在某种相关关系，高速铁路是否影响了东中西三大区域的市场融合的空间变化？但最终关系如何，需要通过严格的实证检验。

7.3 研究设计

7.3.1 模型和变量说明

本书基于 DID 方法，构建高速铁路影响区域市场融合的基准回归模型为：

$$\ln\_integ_{it} = \delta_0 + \delta_1 HSR_{it} + \delta_r X_{it} + Z_i + \varepsilon_{it} \tag{7.7}$$

其中，$\ln\_integ_{it}$ 为被解释变量，表示 t 年 i 城市的区域市场融合情况，以 t 年 i 城市市场融合指数作为代理变量；$HSR_{i,t}$ 为解释变量，表示 t 年 i 城市是否开通高速铁路，如果开通则为 1，否则为 0；X_{it} 为控制变量，反映其他影响区域市场融合的地区特征；$\varepsilon_{i,t}$ 为残差。

控制变量选取和指标度量说明如下：

(1) 其他交通状况(ln_roaddens、ln_waterp、ln_airp)。其他交通包括公路、水路和航空。分别用行政区公路密度(公里/平方公里)、水路客运量(万人)、航空客运量(人)进行代替，均进行了对数化处理。高速铁路之外的交通状况是本书必须控制的影响因素，从前文机制分析上看，其他交通设施与高速铁路对市场融合的影响机制有类似之处，因此有必要对其他交通状况进行控制，以进一步厘清高速铁路对市场融合的影响作用。

(2) 互联网($\ln\_interpop$)。采用每万人用户数(户/万人)的对数来表征一个地区接入国际互联网的发展状况。国际互联网无论在商品的生产还是促进物流、商流、信息流等方面起到非常重要的作用。预期对市场融合产生正向影响。

(3) 外商投资($\ln\_fdigdp$)。采用实际使用外资金额占 GDP 的比重取对数来度量外商投资。随着中国经济对外开放度的提高，大量外资涌入中国，对中国的经济增长、市场结构产生了较大影响。为吸引外资，各地政府出台各项优惠政策，控制资源流出，加强了对市场的控制力。预期外商投资对市场融合产生影响。

(4) 开放程度($\ln\_open$)。采用货物进出口总额与 GDP 比重来表征开放程度。开放程度有利于加强与外市的经济联系，影响国内商品市场的供求关系，预期对市场融合产生影响。

(5) 政府干预(ln_*gov*)。采用财政支出扣除科教支出占 GDP 的比重取对数。选取该指标以反映地方政府维持政府正常运转以及提供公共服务所需支出比重,这个比重越高意味着地方政府财政压力更大,越有动力通过非市场行为干预市场活动。

7.3.2　数据来源和统计描述

本书采用的计算市场融合指标的数据主要来自 2003—2017 年各城市统计年鉴或城市所在省份的省级统计年鉴分地区商品零售价格分类指数,控制变量数据主要来自《中国城市统计年鉴》(2004—2018 年),部分年份缺失数据通过平均增长率方法或插入法补齐。高速铁路是否开通数据主要来自 12306 网站、国家铁路总公司等新闻报道或有关公告,通过手工搜集整理历年各地级市高速铁路开通时间;各地级市各年高速铁路开通班次通过盛名时刻 App 和极品时刻 App 整理获得。最终得到 2008—2013 年 285 个地级以上城市 15 年的 4 275 个样本的平衡面板数据。

研究分析涉及的各类变量描述性统计见表 7.2。

表 7.2　变量描述性统计

变量名(ln 表示取对数)	变量含义	样本数	平均值	标准差	最小值	最大值
被解释变量						
ln_*integ*	利用 16 类商品零售价格总指数计算的市场融合	1 734	3.821	0.219	2.944	4.224
ln_*totalinteg*	利用商品零售价格总指数计算的市场融合	1 734	4.921	0.507	2.074	5.571
ln_*integ*6	利用 6 类商品零售价格总指数计算的市场融合	1 734	0.378	0.328	−0.814	1.022
ln_*integ*8	利用 8 类商品零售价格总指数计算的市场融合	1 734	−0.167	0.329	−1.266	0.445
核心解释变量						
HSR	高速铁路开通为 1,否则为 0	1 734	0.266	0.442	0	1
ln_*HSRF*req	高速铁路开通班次数	1 704	19.55	54.41	0	591
控制变量						
road	公路:公路密度(公里/平方公里)	1 734	9.168	0.694	6.405	11.72
ln*pop*	人口:人口数量	1 715	5.868	0.687	2.975	8.12
ln_*gdp*	GDP:国内生产总值	1 716	16.33	0.954	13.538	19.53
ln_*gov*	政府干预:财政支出扣除科教支出后占 GDP 的比重	1 734	−1.980	0.483	−3.382	0.629

7.4 基准回归

7.4.1 回归结果

高速铁路作为交通基础设施的一项重大变革，将提高可达性，大大压缩区域间时空距离，无疑将会促进人员交流、有利于经济要素的流动、提高区域间资源分配效率、扩大市场范围，从而促进市场融合。高速铁路开通为本书提供了一个准自然实验。本章利用 DID 方法评估高速铁路开通对市场融合的影响。回归结果见表 7.3。

表 7.3 中，模型(1)～模型(5)通过逐步增加控制变量的方法进行逐步回归，被解释变量是通过 16 类商品的零售价格指数构建的市场融合指数。所有估计结果表明，无论是否加入控制变量，倍差项系数均在 1%的置信水平上显著为正，表明高速铁路开通有利于打破市场分割，促进市场融合。从 HSR 回归系数上看，市场融合提高幅度为 8.05%，效果显著。

以上分析表明，高速铁路显著促进了区域市场融合，效应值为 8.05%。

下文对各影响因素进行分析。

(1) 其他交通状况：公路密度(*road*)。从表 7.3 中模型(5)可知，公路密度的系数显著为正。这可能源于近年来公路发展较快，有利于促进信息流、物流和商流，从而对市场融合的促进作用显著。

表 7.3　DID 基准回归结果

VARIABLES	(1) ln_*integ*	(2) ln_*integ*	(3) ln_*integ*	(4) ln_*integ*	(5) ln_*integ*
hsr	0.091 0*** (0.021 7)	0.081 7*** (0.021 6)	0.081 8*** (0.021 5)	0.082 0*** (0.021 5)	0.080 5*** (0.021 5)
road		0.025 6*** (0.004 7)	0.021 1*** (0.004 8)	0.021 0*** (0.004 8)	0.021 0*** (0.004 8)
ln*pop*			0.543 7*** (0.134 4)	0.532 9*** (0.134 3)	0.526 1*** (0.134 2)
ln_*gov*				−0.047 3** (0.021 6)	−0.072 0*** (0.025 4)
ln_*gdp*					0.027 3* (0.014 8)
Constant	3.790 2*** (0.008 4)	3.492 5*** (0.055 2)	0.354 1 (0.777 4)	0.324 6 (0.776 5)	−0.130 8 (0.814 3)
Observations	1 710	1 710	1 710	1 710	1 710
R-squared	0.522	0.532	0.537	0.539	0.540

（续表）

VARIABLES	(1) ln_*integ*	(2) ln_*integ*	(3) ln_*integ*	(4) ln_*integ*	(5) ln_*integ*
Control Variables	No	YES	No	No	No
Time Trend	YES	YES	YES	YES	YES
Province FE	YES	YES	YES	YES	YES
Time FE	YES	YES	YES	YES	YES

注：括号内为稳健标准误，***、**、* 分别表示在1%、5%和10%置信水平上显著。进行了城市固定，限于篇幅，没有报告常数项。

(2) 人口规模(ln*pop*)。表 7.2 的模型(5)中，人口规模与市场融合呈正相关关系，且在1%的置信水平上显著，这说明人口规模决定了市场中的消费者的数量，有着促进市场融合的作用。

(3) 经济发展水平(ln*gdp*)。表 7.2 模型(5)中，GDP 总量与市场融合呈正相关关系，且在 1%的置信水平上显著。说明地区 GDP 较高时也意味着该地区市场潜力的扩大，促进了市场融合。

(4) 政府干预(ln_*gov*)。采用财政支出扣除科教支出占 GDP 的比重取对数。回归结果显示，系数显著为负，表明政府支出比重越高越不利于地区实现市场融合。这说明地方政府财政压力较大时，为维持政府的正常运转和及时提供公共服务，有激励去保护当地企业快速发展，通过政府非市场行为干预市场活动，从而造成市场分割，阻碍市场融合进程。这与范爱军等(2007)的研究一致。

7.4.2　平行趋势检验

应用 DID 方法进行估计的前提假设是处理组和对照组发展的平行趋势，否则估计将有偏误。为验证平行趋势，参考 Lin(2017)的方法，增加高速铁路开通的前项和后项虚拟变量，回归方程如下。

$$\ln\_integ_{it}^{PSM}=\delta_0+\delta_1 HSR_{it}+\sum_{m=1}^{3}\delta_m FirstHSR_{i,t-m}+\sum_{n=0}^{7}\delta_n FirstHSR_{i,t+n} \\ +\delta_\gamma X_{it}+Z_i+\varepsilon_{it} \tag{7.8}$$

式(7.8)中，$FirstHSR_{it}$ 为虚拟变量，若城市 i 在 t 年首次接入高速铁路则取值为 1，否则为 0；$FirstHSR_{i,t-m}$ 表示首次接入高速铁路的第 m 期的前项，$FirstHSR_{i,t+n}$ 表示首次接入高速铁路的第 n 期的后项，前项用于检验高速铁路开通前是否存在预期促进了市场融合，相当于安慰剂检验，后项用于检验高速铁路开通后对市场融合的后续效应。平行趋势检验系数如图 7.3 所示，T 表示首次开通高速铁路当年，$T-1$、$T-2$ 和 $T-3$ 分别表示首次开通高速铁路前1年、2年和3年，$T+1$、$T+2$、…、$T+7$ 分别表示首次开通高速铁路后第 1 年、第 2 年和第 7 年。从图 7.3 可知，除了首次开通高速铁路前一年外，高速铁路回归系数都不显著；除了首次开通高速铁路后第 1 年和第 2 年外，首次开通高速铁路后 7 年，高速铁路回归系数显著为正，这表明整体上满足双重差分(DID)平行趋势假定。高速铁路开通前 2 年和前 3 年不显著，符合预期。

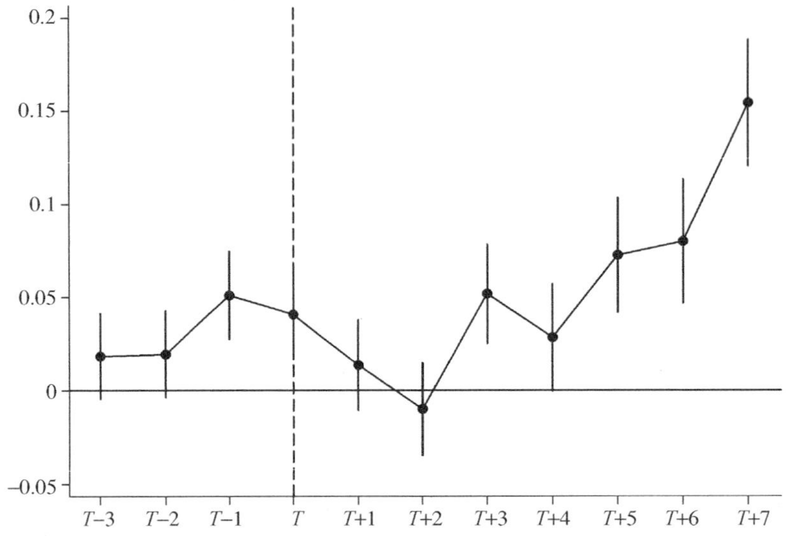

图 7.3　平行趋势检验系数图

值得注意的是，高速铁路开通前 1 年，可能是由于高速铁路即将开通，对市场的预期起作用，表现出高速铁路促进市场融合，但高速铁路开通后第 1 年和第 2 年的系数不显著，可能高速铁路的效应存在一定滞后性，但整体上高速铁路开通后呈现出显著的促进市场融合的趋势。

综述可知，经过平行趋势检验，满足双重差分法(DID)的前提条件，增强了 DID 回归结论的可靠性。

7.5　内生性处理

7.5.1　工具变量的选择

高速铁路对市场融合具有促进作用，而影响市场融合的因素很多，可能因遗漏不可观测的其他因素的作用而导致内生性问题。为此，本书采用工具变量法进行内生性处理，以期得到更稳健的估计。

工具变量法是识别交通基础设施影响的常用方法。文献研究分析显示，交通基础设施的工具变量有以下几类：①气候特征，如山体滑坡次数(张睿、张勋、戴若尘，2018)；②地理信息，如地理坡度(Duflo 和 Pande，2007)；③历史信息，如中国古代明朝驿路(张勋、王旭等，

2018)，历史年份客运量(刘勇政、李岩，2017)；④规划图和规划文本，如历史上规划图(Duranton 和 Turner，2011，2012)或历史上规划信息(Michaels，2008)。

这里分别采用两种工具变量进行对比处理，一种工具变量是采用中国 1962 年铁路长度，数据引自 Baum-Snow 等(2017)；另一种是采用“最小成本路径树”，参考 Faber(2014)、张梦婷等(2018)的方法和数据利用“最小成本路径树”原理进行工具变量的构建。

本章采用两种工具变量进行对比处理，以期增强处理结果的可靠性。

7.5.2　以 1962 年铁路长度为工具变量

合格的工具变量需要满足相关性和外生性两个条件。对中国 1962 年铁路长度相关性和外生性分析：①相关性。中国高速铁路线路有些是在原有线路上改造升级，有些是新建高速铁路专线。因此，高速铁路修建与中国 1962 年铁路相关。②外生性。中国 1962 年铁路是历史铁路一般不会直接影响市场融合。因此，选择中国 1962 年时铁路的长度作为高速铁路的工具变量是合适的。见表 7.4。

表 7.4　两类工具变量两阶段回归结果

	(1)	(2) 一阶段
	工具变量：1962 年铁路长度	
VARIABLES	ln_*integ*	*hsr*
Hsr	0.242 4*** −0.042 3	
leniv 2008		0.030 1*** −0.007 4
leniv 2008		0.043 9*** −0.007 7
leniv 2008		0.051 2*** −0.007 8
leniv 2008		0.054 3*** −0.007 8
leniv 2008		0.062 8*** −0.007 9
leniv 2008		0.062 6*** −0.007 9
Constant	3.739 1*** −0.015 1	0.165 3*** −0.015 2
Observations	1 710	1 710

（续表）

	(1)	(2) 一阶段
R-squared		0.074
Control Variables	YES	YES
Time Trend	YES	YES
Province FE	YES	YES
Time FE	YES	YES

注：括号内为稳健标准误，*** 、** 、* 分别表示在 1%、5%和 10%置信水平上显著。进行了城市固定，限于篇幅，没有报告控制变量和常数项。

7.6 稳健性检验

7.6.1 替换被解释变量

采用三种市场融合指标代替被解释变量。采用商品零售价格总指数构建市场融合指数（ln_*totalinteg*）；利用 6 类商品构建市场融合指数（宋冬林、姚常成，2019），这 6 类商品分别为饮料、服装、书报杂志、中西药品、日用品及燃料，本书通过这 6 类商品构建市场融合指标标记为 ln_*integ*6；利用 8 类商品构建市场融合指数（盛斌、毛其淋，2011），这 8 类商品分别为粮食、服装鞋帽、饮料烟酒、文体用品、书报杂志、药品、日用品和燃料，本书通过这 8 类指标构建的市场融合指数标记为 ln_*integ*8。

回归结果如表 7.5 第（1）～（4）列所示，第（1）～（3）列进行了被解释变量替代，*HSR* 的系数大小和显著性均与基准回归中类似，表明基准回归结论的稳健性。

因此，通过不同种类数商品构建的市场融合指数进行回归分析，结果均支持基准回归结论，即高速铁路显著促进了区域市场融合。

7.6.2 替换解释变量

采用核心解释变量的替代变量，即采用高速铁路开通班次（*HSR*Freq）代理高速铁路是否开通虚拟变量，这样更能体现高速铁路开通的异质性。回归时采用普通面板回归方法。

回归结果如表 7.5 中第（4）列所示。高速铁路班次代替高速铁路开通虚拟变量 *HSR*，高速铁路开通班次（*HSR*Freq）的系数显著为正，大小虽然比基准回归较小，但没有改变高速铁路促进市场融合的主要结论，这表明高速铁路开通班次越多，高速铁路促进市场融合的作用更显著。

以上分析表明，采用高速铁路开通班次（ln_HSRFreq）代理高速铁路是否开通虚拟变量进行回归，结果仍支持基准回归结论，即高速铁路开通促进区域市场融合，且高铁开通班次越多，对市场融合的促进作用更显著。

7.6.3　平滑异常值

通过平滑顶部和底部 5％的样本以消除异常观察值，来检查基准回归结果的稳健性。回归结果如表 7.5 第(5)列所示，高速铁路的系数显著为正，这显示消除异常观察值后高速铁路对市场融合的影响仍然显著。

7.6.4　改变识别策略

在基准回归中本书使用了 OLS 回归方法和固定效应回归方法，在稳健性检验中，本书又使用了广义矩估计(GMM)回归方法，回归结果如表 7.5 中第(6)列所示。使用广义矩估计回归方法后高速铁路虚拟变量(*HSR*)的系数仍然显著为正，回归结果具有稳健性。

表 7.5　稳健性检验回归结果

VARIABLES	(1) ln_*totalinteg*	(2) ln_*integ*6	(3) ln_*integ*8	(4) ln_*integ*	(5) ln_*integ*_w	(6)gmm ln_*integ*
*HSR*Freq				0.000 9*** (0.000 2)		
hsr	0.083 6* (0.042 8)	0.105 3*** (0.027 0)	0.098 8*** (0.026 7)		0.076 7*** (0.018 9)	0.026 9*** (0.007 0)
*road*1	0.059 4*** (0.009 6)	0.052 4*** (0.006 0)	0.056 4*** (0.006 0)	0.020 9*** (0.004 8)	0.019 9*** (0.004 2)	0.000 0 (0.000 4)
ln*pop*	0.220 1 (0.267 8)	0.199 3 (0.169 2)	0.193 1 (0.167 3)	0.489 8*** (0.133 8)	0.436 5*** (0.118 1)	−0.000 9 (0.006 8)
ln_*gov*	−0.076 0 (0.050 8)	−0.063 4** (0.032 1)	−0.072 0** (0.031 7)	−0.070 0*** (0.025 3)	−0.064 9*** (0.022 4)	−0.022 4** (0.008 9)
ln_*gdp*	0.050 2* (0.029 6)	0.020 1 (0.018 7)	0.020 2 (0.018 5)	0.025 1* (0.014 8)	0.022 9* (0.013 0)	0.010 3** (0.004 6)
Constant	1.931 6 (1.624 7)	−1.899 6* (1.026 3)	−2.470 5** (1.015 0)	0.132 1 (0.813 1)	0.501 5 (0.716 3)	3.398 0*** (0.061 8)
Observations	1 710	1 710	1 710	1 710	1 710	1 710
R-squared	0.657	0.673	0.682	0.545	0.566	0.560
Control Variables	No	YES	No	No	No	No
Time Trend	YES	YES	YES	YES	YES	YES
Province FE	YES	YES	YES	YES	YES	YES
Time FE	YES	YES	YES	YES	YES	YES

注：括号内为稳健标准误，***、**、* 分别表示在 1％、5％和 10％置信水平上显著。进行了城市固定，限于篇幅，没有报告控制变量和常数项。

7.7 异质性分析

7.7.1 地区异质性

从东中西三大区域、沿海与内陆、核心与外围、城市规模、经济水平和科技密度等方面进一步考察区域异质性。

中国幅员辽阔，不同区域间经济发展差距较大，资源禀赋也迥异，市场发育程度各异，地方政府基于自身发展需要，对自身市场的管控和反映力度不一。因此，高速铁路对不同区域内和不同区域间市场融合的影响可能存在异质性。本书对东中西三大区域内进行了分样本回归。

表 7.6 中第(1)～第(3)列为不同区域内的回归结果。表 7.6 第(1)、第(2)列高速铁路开通虚拟变量(*HSR*)的系数显著为正，且中部城市的系数大于东部城市的系数，但是表 7.6 中第(3)列的结果并不显著，表明高速铁路促进了每个区域内市场融合，影响从大到小依次为中部、东部和西部。这反映出，高速铁路更有利于打破相对落后与发达地区的市场分割，促进市场融合发展。

表 7.6 地区异质性检验回归结果

VARIABLES	(1)东 ln_*integ*	(2)中 ln_*integ*	(3)西 ln_*integ*
hsr	0.052 0** (0.025 6)	0.141 8*** (0.040 7)	0.027 4 (0.056 3)
*road*1	0.075 3*** (0.012 2)	0.011 1 (0.008 0)	0.025 1*** (0.007 5)
ln*pop*	1.543 6*** (0.382 2)	0.351 2** (0.174 7)	1.623 4*** (0.370 1)
ln_*gov*	−0.058 1 (0.035 3)	−0.129 1** (0.054 1)	−0.010 0 (0.043 7)
ln_*gdp*	0.018 1 (0.024 0)	0.060 5** (0.030 3)	0.023 1 (0.022 6)
Constant	−6.719 8*** (2.338 8)	0.299 1 (1.131 2)	−6.035 5*** (2.106 6)
Observations	606	600	503
R-squared	0.614	0.519	0.541
Control Variables	YES	YES	YES
Time Trend	YES	YES	YES

（续表）

VARIABLES	(1)东 ln_*integ*	(2)中 ln_*integ*	(3)西 ln_*integ*
Province FE	YES	YES	YES
Time FE	YES	YES	YES

注：括号内为稳健标准误，*** 、** 、* 分别表示在 1%、5%和 10%置信水平上显著。进行了城市固定，限于篇幅，没有报告控制变量和常数项。

7.7.2　城市异质性

本书进一步根据城市规模进行分样本回归。表 7.7 第(1)、第(2)、第(3)列分别为大规模城市、中规模城市和小规模城市回归结果，可以发现在大规模城市中 *hsr* 的系数显著为正，在中规模城市中 *hsr* 的系数和显著性均有所下降，而在小规模城市中 *hsr* 的系数不仅是最低的，其显著性也是最差的。这表明在城市人口规模越大的城市，高速铁路对市场融合的促进作用更大，可能原因是规模越大的城市，商品市场规模也越大，高速铁路开通更有利于信息交流和商品流通，更愿意融入市场的分工与合作，从而更有利于市场融合。

因此，按城市规划分样本回归，结果表明在城市人口规模越大的城市，高速铁路对市场融合的促进作用更大。

表 7.7　城市异质性检验回归结果

VARIABLES	(1)大规模城市 ln_*integ*	(2)中规模城市 ln_*integ*	(3)小规模城市 ln_*integ*
hsr	0.115 8*** (0.039 0)	0.068 4* (0.035 0)	0.036 9 (0.036 4)
*road*1	−0.021 8** (0.011 1)	0.042 9*** (0.009 1)	0.031 7*** (0.006 8)
ln*pop*	0.745 1*** (0.212 8)	1.912 7*** (0.529 5)	1.792 0*** (0.334 3)
ln_*gov*	−0.057 0 (0.044 3)	−0.127 7*** (0.045 8)	−0.047 7 (0.042 0)
ln_*gdp*	−0.001 7 (0.027 5)	0.055 0** (0.022 9)	0.031 9 (0.026 9)
Constant	0.043 5 (1.179 5)	−9.164 0*** (3.163 4)	−9.157 3*** (2.258 3)
Observations	567	569	566
R-squared	0.521	0.591	0.570
Control Variables	YES	YES	YES

(续表)

VARIABLES	(1)大规模城市 ln_*integ*	(2)中规模城市 ln_*integ*	(3)小规模城市 ln_*integ*
Time Trend	YES	YES	YES
Province FE	YES	YES	YES
Time FE	YES	YES	YES

注：括号内为稳健标准误，*** 、** 、* 分别表示在1%、5%和10%置信水平上显著。进行了城市固定，限于篇幅，没有报告控制变量和常数项。

7.7.3 行业异质性

在前文基准回归和稳健性检验中，分析了高速铁路对不同数量商品价格指数表征的市场融合的影响，均发现回归结果一致，表明高速铁路对一体化的促进作用显著，那么高速铁路对单类商品的市场融合的影响是否存在异质性？为此，本书对16类商品一一进行分析。

表7.8是对不同商品异质性回归结果。除对纺织品、书报电子出版物、运动产品、黄金和书籍一体化影响不显著外，对其他商品均在1%或5%置信水平上显著。

表7.8 行业异质性检验回归结果

VARIABLES	(1) foodinteg	(2) drinkinteg	(3) clothinginteg	(4) textileinteg
hsr	9.103 4***	12.371 1***	3.803 8**	−0.354 7
R-squared	0.606	0.122	0.572	0.178
VARIABLES	(5) electricalinteg	(6) cultureinteg	(7) dailyinteg	(8) sportsinteg
hsr	0.953 3 (1.360 8)	6.748 9*** (2.114 9)	20.627 6*** (3.979 8)	1.083 0 (2.107 1)
R-squared	0.325	0.537	0.217	0.154
VARIABLES	(9) trafficinteg	(10) furnitureinteg	(11) makeupinteg	(12) goldinteg
hsr	1.192 7** (1.285 1)	5.599 5*** (1.645 8)	5.161 9*** (1.791 9)	0.411 8 (1.311 4)
R-squared	0.388	0.213	0.398	0.200
VARIABLES	(13) drugsinteg	(14) booksinteg	(15) fuelinteg	(16) buildingsinteg
hsr	5.556 6*** (2.024 6)	3.504 2 (2.549 5)	5.228 0*** (1.716 5)	4.780 1** (1.960 6)
R-squared	0.231	0.464	0.665	0.548

注：括号内为稳健标准误，*** 、** 、* 分别表示在1%、5%和10%置信水平上显著。进行了城市固定，限于篇幅，没有报告控制变量和常数项。

可以看出，高速铁路对日常用品、餐饮用品的市场融合影响最大，可能由于高速铁路开通有利于加速信息流、商流和物流；高速铁路对纺织品、书报电子出版物、运动产品、黄金和书籍的市场融合影响不显著，可能是政府对这些商品定价的管理较多，因此，高速铁路对其影响不显著。

综合以上分析可知，高速铁路对依赖于信息流、商流和物流的商品的市场融合影响较大，对垄断性较强和受地方保护的商品市场融合影响较小。

7.8 高速铁路服务强度对市场融合的影响

7.8.1 计量模型设定

为了分析高速铁路服务强度对市场融合的影响，构建如下计量模型：

$$\ln\_integ_{it} = \alpha_0 + \alpha_1 HSRF_{it} + \sum_k \beta_k C_{k,\mathrm{i},t} + \varepsilon_{\mathrm{i},t} \tag{7.9}$$

其中，t 为年份，i 代表城市；$integ_{it}$ 为各年份高铁已开通城市的市场融合指数；$HSRF_{\mathrm{i},t}$ 为高铁频次；$\sum_k \beta_k C_{k,\mathrm{i},t}$ 为前文所述控制变量集，在此有回归方程式(7.10)：

$$\sum_k \beta_k C_{k,\mathrm{i},t} = \beta_1 \ln\ road_{\mathrm{i},t} + \beta_2 \ln\ pop_{\mathrm{i},t} + \beta_3 \ln\ GDP_{\mathrm{i},t} + \beta_4 \ln Gov_{\mathrm{i},t} \tag{7.10}$$

由于市场融合指数(*integ*)、财政支出扣除科教支出后占 GDP 的比重(*gov*)、公路密度(*road*)变量与人口数量(*pop*)、GDP 总量(GDP)变量的数量级相差较大，为消除异方差同时进行更好分析，在实证分析中对变量采用了取对数的处理方式。

前文实证分析已经证明高速铁路的开通对于市场融合的显著促进作用，本节将对高速铁路对市场融合指数的促进作用是否会随着高速铁路服务强度的提升而提升进行验证。

为进行此分析，首先从所有样本中选取高速铁路已开通城市作为研究对象，被解释变量为这些城市市场融合指数(*integ*)；解释变量为高铁服务强度(*HSRF*)，使用各城市每日高铁通车频次代理，相应数据采用盛名列车时刻表人工统计数据，具体是各地区“G”字头和“D”字头每日列车的频次。

数据整理后将高铁通车频次与样本城市市场融合数量做趋势图分析，以便从数据特征中得到高速铁路服务强度提升对市场融合影响的直观体现。从趋势图图 7.4 中可以看出，高铁通车频次与样本城市市场融合之间存在明显的正向相关关系，符合本文预期。

7.8.2 基准回归

在实证分析时，为确定采用随机效应模型还是固定效应模型型(Fixed Effects Model)，本书对样本数据进行了豪斯曼检验(Hausman Test)，结果表明应采用固定效应模型。同

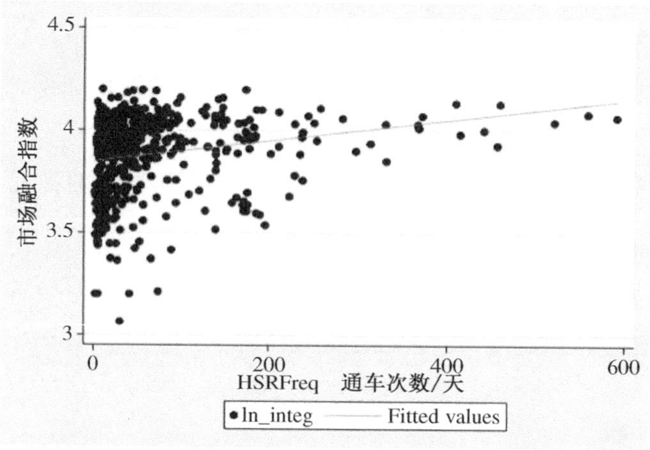

图 7.4 高铁通车频次与市场融合变化趋势图

时,由于本书的控制变量中存在多个城市层面的指标,包括 GDP 总量、人口规模、公路密度和政府干预等指标,指标之间可能存在多重共线性。因此采用 VIF 检验对于模型的共线性进行检验。*VIF* 检验的结果见表 7.9,各个变量的 *VIF* 值均小于 10,所有变量的平均 *VIF* 值同样小于 10,说明各指标之间不存在多重共线性问题。

表 7.9 VIF 检验结果

变量	*VIF* 值	1/*VIF*
ln_*gdp*	2.62	0.381 338
ln*pop*	2.26	0.442 218
*HSR*Freq	1.80	0.554 507
*road*1	1.78	0.563 150
ln_*gov*	1.17	0.851 919
平均 *VIF* 值	1.93	

根据式(7.10),使用固定效应模型,在控制省份和时间效应后基准回归结果如表 7.10 所示。

表 7.10 高铁通车频次对高铁已开通城市市场融合的影响

VARIABLES	(1) ln_*integ*	(2) ln_*integ*	(3) ln_*integ*	(4) ln_*integ*	(5) ln_*integ*
*HSR*Freq	0.001 0*** (0.000 2)	0.000 9*** (0.000 2)	0.000 9*** (0.000 2)	0.000 9*** (0.000 2)	0.000 9*** (0.000 2)
ln*road*		0.025 2*** (0.004 7)	0.021 1*** (0.004 8)	0.021 0*** (0.004 8)	0.020 9*** (0.004 8)

（续表）

VARIABLES	(1) ln_*integ*	(2) ln_*integ*	(3) ln_*integ*	(4) ln_*integ*	(5) ln_*integ*
ln*pop*			0.506 0*** (0.134 0)	0.495 0*** (0.133 9)	0.489 8*** (0.133 8)
ln*gov*				−0.047 2** (0.021 5)	−0.070 0*** (0.025 3)
ln*gdp*					0.025 1* (0.014 8)
Constant	3.801 3*** (0.005 2)	3.507 0*** (0.054 8)	0.585 3 (0.775 1)	0.556 5 (0.774 2)	0.132 1 (0.813 1)
Observations	714	714	714	714	714
VARIABLES	(1) ln_*integ*	(2) ln_*integ*	(3) ln_*integ*	(4) ln_*integ*	(5) ln_*integ*
R-squared	0.528	0.538	0.543	0.544	0.545
Province FE	YES	YES	YES	YES	YES
Time FE	YES	YES	YES	YES	YES

注：括号内为稳健标准误，***、**、* 分别表示在 1%、5%和 10%置信水平上显著。

在表 7.10 中，模型(1)是对高速铁路通车频次与市场融合指数进行直接回归，结果表明高速铁路通车频次提升对高速铁路已开通城市市场融合指数有显著正向促进作用。模型(2)至模型(5)为依次加入公路密度、人口、政府干预和 GDP 总量等控制变量后的回归结果，结果均在 1%显著性水平上表明高速铁路通车频次提升对于企业数量有明显的促进作用。在模型(5)中，公路密度、人口、GDP 总量等控制变量均对市场融合指数有显著正向影响，只有政府干预变量显著为负，这与前文高速铁路开通与否对城市市场融合指数影响中各控制变量的方向一致。

从回归结果中可以得到以下结论：随着高速铁路通车频次增加，高速铁路已开通地区对市场融合的影响也在逐渐增强，证明高速铁路开通对市场融合存在正向促进作用，且这种正向促进作用的强度随着高速铁路服务强度（高速铁路通车频次）的提升而提升，这与第 3 章中理论分析的结果一致。

7.8.3　内生性处理和稳健性检验

7.8.3.1　内生性处理

如同高速铁路建设和市场融合可能存在双向因果关系，一方面高速铁路服务强度的提升有利于市场融合程度的提高，另一方面也有可能是因为某地市场融合程度较高，导致当地经济较为活跃，进而导致人员流动增加、客运需求提升，最终导致政策制定部门在设置站点、确定停靠频次时给予了相应考虑。

为解决这一问题，仍然采用工具变量法。采用来自中科院中国海拔高度DEM空间分布数据，利用ArcGIS软件进行处理。使用每个城市的平均海拔作为工具变量，并进行二阶段回归。回归结果如表7.11所示。

表7.11 高铁通车频次对高铁已开通城市市场融合的影响(工具变量回归)

VARIABLES	(1)一阶段 *HSR*Freq	(2)二阶段 ln_*integ*
*HSR*Freq		0.008 0*** (0.001 7)
leniv 2008	−0.026*** (0.099)	
leniv 2009	−0.014 5* (0.010 7)	
leniv 2010	0.003 3 (0.012 6)	
leniv 2011	0.030 9* (0.02)	
leniv 2012	0.067 5** (0.028 5)	
leniv 2013	0.063 9** 0.026 5	
Constant	16.905 1*** (1.476 3)	3.664 0*** (0.030 0)
Observations	714	714
Control Variables	YES	YES
Province FE	YES	YES
Time FE	YES	YES

注：括号内为稳健标准误，***、**、*分别表示在1%、5%和10%置信水平上显著。进行了城市固定，限于篇幅，没有报告控制变量和常数项。

在表7.11中，模型(1)及模型(2)分别是第一阶段回归和第二阶段回归的结果，均具有1%显著性水平。在二阶段回归结果中，高速铁路通车频次在1%显著性水平上对高速铁路已开通城市市场融合产生正向促进作用，与基准回归结果一致，表明回归比较可靠。

7.8.3.2　稳健性检验

采用与前文一致的方法，分别采用替换被解释变量和平滑异常值的方法进行稳健性检验，其中模型(1)～模型(3)以商品零售价格总指数构建市场融合指数、6 类商品构建市场融合指数、8 类商品构建市场融合指数为被解释变量，模型(4)以平滑异常值为被解释变量。相应结果如表 7.12 所示。

表 7.12　高铁通车频次对高铁已开通城市市场融合的影响(稳健性检验)

VARIABLES	(1) ln_*totalinteg*	(2) ln_*integ*6	(3) ln_*integ*8	(4) ln_*integ*_w
*HSR*Freq	0.000 8** (0.000 3)	0.001 2*** (0.000 2)	0.001 1*** (0.000 2)	0.000 8*** (0.000 1)
ln*road*	0.059 7*** (0.009 6)	0.052 4*** (0.006 0)	0.056 4*** (0.005 9)	0.019 9*** (0.004 2)
ln*pop*	0.188 1 (0.268 3)	0.152 4 (0.168 5)	0.147 8 (0.166 7)	0.403 5*** (0.117 7)
ln*gov*	−0.074 8 (0.050 8)	−0.061 3* (0.031 9)	−0.069 7** (0.031 6)	−0.063 1*** (0.022 3)
ln*gdp*	0.050 0* (0.029 7)	0.017 9 (0.018 6)	0.017 8 (0.018 4)	0.021 0 (0.013 0)
Constant	2.135 0 (1.630 4)	−1.569 1 (1.023 6)	−2.147 9** (1.013 1)	0.738 4 (0.715 1)
Observations	714	714	714	714
R-squared	0.657	0.677	0.686	0.571
Province FE	YES	YES	YES	YES
Time FE	YES	YES	YES	YES

注：括号内为稳健标准误，***、**、* 分别表示在 1%、5%和 10%置信水平上显著。

从结果上看，高速铁路通车频次对市场融合的影响均通过了 1%显著性水平检验，各控制变量影响显著、方向与基准回归一致，证明高速铁路通车频次提升对高速铁路已开通城市市场融合的促进作用。

7.8.4　异质性分析

7.8.4.1　地区异质性

与前文一致，将城市分为东部、中部、西部三部分，回归结果如表 7.13 所示。

表 7.13　高铁通车频次对高铁已开通城市市场融合的影响(分地区回归)

VARIABLES	(1) 东部	(2) 中部	(3) 西部
*HSR*Freq	0.000 6*** (0.000 2)	0.001 7*** (0.000 4)	0.000 1 (0.001 2)
ln*road*	0.074 0*** (0.012 1)	0.006 0 (0.008 2)	0.024 0*** (0.007 5)
ln*pop*	1.367 0*** (0.384 3)	0.335 7* (0.173 9)	1.634 9*** (0.371 4)
ln*gov*	−0.057 2 (0.035 0)	−0.119 7** (0.053 9)	−0.008 1 (0.043 8)
ln*gdp*	0.014 2 (0.023 8)	0.053 4* (0.030 2)	0.025 3 (0.022 7)
Constant	−5.573 1** (2.355 8)	0.622 9 (1.125 6)	−6.120 6*** (2.114 3)
Observations	366	294	54
R-squared	0.620	0.522	0.543
Province FE	YES	YES	YES
Time FE	YES	YES	YES

注：括号内为稳健标准误，***、**、*分别表示在1%、5%和10%置信水平上显著。

从表7.13回归结果中可以看出：在东部地区和中部地区，高速铁路通车频次对市场融合具有显著影响，但在西部地区则影响不显著。

7.8.4.2　城市异质性

与前文一致，将城市进行三等分分为大规模城市，中规模城市和小规模城市进行回归，结果如表7.14所示。

表 7.14　高铁通车频次对高铁已开通城市市场融合的影响(分城市规模回归)

VARIABLES	(1) 0～25 ln_*integ*	(2) 25～50 ln_*integ*	(3) 50～75 ln_*integ*	(4) 75～100 ln_*integ*
*HSR*Freq	0.001 9** (0.000 8)	0.000 7 (0.000 6)	0.001 4** (0.000 6)	0.000 8*** (0.000 2)
ln*road*	−0.024 0* (0.012 8)	0.031 4** (0.012 2)	0.029 1*** (0.009 3)	0.038 1*** (0.006 8)
ln*pop*	0.686 8*** (0.227 1)	1.199 6** (0.504 0)	4.775 3*** (0.712 0)	1.059 5*** (0.326 5)

（续表）

VARIABLES	(1) 0～25 ln_*integ*	(2) 25～50 ln_*integ*	(3) 50～75 ln_*integ*	(4) 75～100 ln_*integ*
ln*gov*	−0.025 8 (0.048 7)	−0.186 8*** (0.051 6)	−0.025 0 (0.041 5)	−0.105 1 (0.072 7)
ln*gdp*	0.007 2 (0.031 5)	0.057 6** (0.028 1)	0.036 8 (0.025 5)	0.027 4 (0.039 6)
Constant	0.375 6 (1.246 0)	−4.646 0 (2.950 9)	−26.547 2*** (4.370 0)	−4.647 3** (2.347 6)
Observations	354	270	66	24
R-squared	0.519	0.574	0.634	0.607
Province FE	YES	YES	YES	YES
Time FE	YES	YES	YES	YES

注：括号内为稳健标准误，***、**、* 分别表示在 1%、5%和 10%置信水平上显著。

从回归结果可以看出，在大规模城市、中规模城市和小规模城市中，高速铁路通车频次提升对区域市场融合都有显著的正向影响。其中对于大规模城市而言，高速铁路通车频次提升对区域市场融合影响最大，中规模城市其次，高速铁路通车频次提升对小规模城市的区域市场融合影响最小。

7.8.4.3　行业异质性

那么，高速铁路对单类商品的市场融合的影响是否存在异质性？为此，本书对 16 类商品一一进行分析。

表 7.15　高铁通车频次对高铁已开通城市市场融合的影响(分行业类型)

VARIABLES	(1) foodinteg	(2) drinkinteg	(3) clothinginteg	(4) textileinteg
*HSR*Freq	0.094 0*** (0.021 5)	0.074 1*** (0.027 9)	0.043 7*** (0.014 6)	0.009 6 (0.011 9)
R-squared	0.609	0.119	0.574	0.179
VARIABLES	(5) electricalinteg	(6) cultureinteg	(7) dailyinteg	(8) sportsinteg
*HSR*Freq	0.037 7*** (0.010 6)	0.049 0*** (0.016 5)	0.121 9*** (0.031 2)	0.028 8* (0.016 4)
R-squared	0.330	0.536	0.211	0.155

（续表）

VARIABLES	(9) trafficinteg	(10) furnitureinteg	(11) makeupinteg	(12) goldinteg
*HSR*Freq	0.025 3** (0.010 0)	0.043 7*** (0.012 8)	0.034 0** (0.014 0)	0.006 7 (0.010 2)
R-squared	0.390	0.213	0.397	0.200
VARIABLES	(13) drugsinteg	(14) booksinteg	(15) fuelinteg	(16) buildingsinteg
hsr	0.014 4* (0.010 4)	0.031 1*** (0.011 5)	0.001 5*** (0.010 9)	0.023 5** (0.014 4)
R-squared	0.271	0.267	0.411	0.310

注：括号内为稳健标准误，***、**、*分别表示在1%、5%和10%置信水平上显著。进行了城市固定，限于篇幅，没有报告控制变量和常数项。

表7.15是对不同商品异质性的回归结果，除对纺织品和金银珠宝市场融合的影响不显著外，对其他商品均在1%或5%置信水平上显著。

7.9 中介效应检验

根据第3章的分析，高速铁路引发市场准入的变化，对区域市场融合产生影响，市场准入是其中的影响机制。为验证市场准入这一中介效应机制，依第5章中介效应检验方法进行检验。三步法的回归方程如下。

第一步，验证高速铁路对市场准入的影响：

$$\ln\_access_{it} = \alpha_0 + \alpha_1 HSR_{it} + \alpha_r X_{it} + Z_i + \varepsilon_{it} \tag{7.11}$$

第二步，验证市场准入对市场融合的影响：

$$\ln\_integ_{it} = \alpha_0 + \alpha_1 \ln\_access_{it} + \alpha_r X_{it} + Z_i + \varepsilon_{it} \tag{7.12}$$

第三步，将高速铁路和市场准入同时放入回归方程：

$$\ln\_integ_{it} = \gamma_0 + \gamma_1 \ln\_access_{it} + \gamma_2 HSR_{it} + \gamma_r X_{it} + Z_i + \varepsilon_{it} \tag{7.13}$$

表7.16是三步法回归结果。由第(1)列可知，高速铁路虚拟变量(*HSR*)的回归系数显著为正，中介效应检验第一步得到验证；由第(2)列可知，市场准入(ln_*access*)对市场融合(ln_*integ*)的回归中的系数显著为正，中介效应检验第二步得到验证；由第(3)列可知，市场准入(ln_*access*)的系数均显著为正，而由于市场准入(ln_*access*)的加入，高速铁路虚拟变量

(*HSR*)变得不再显著，说明存在完全中介效应，第三步得到验证。因此，市场准入影响市场融合的中介效应存在。

表 7.16　市场准入影响市场融合的中介效应检验

VARIABLES	(1) ln_*access*	(2) ln_*integ*	(3) ln_*integ*
ln_*access*		0.983 7*** (0.034 5)	0.985 2*** (0.035 1)
hsr	0.086 2*** (0.013 0)		−0.004 6 (0.017 5)
ln*pop*	0.269 3*** (0.081 6)	0.263 4** (0.108 0)	0.262 9** (0.108 1)
road	0.000 0*** (0.000 0)	−0.000 0*** (0.000 0)	−0.000 0*** (0.000 0)
ln_*gov*	−0.023 4 (0.015 5)	−0.048 8** (0.020 4)	−0.048 8** (0.020 4)
ln_*gdp*	0.006 8 (0.009 0)	0.021 4* (0.011 9)	0.021 5* (0.011 9)
Constant	10.878 0*** (0.495 4)	−10.854 5*** (0.753 3)	−10.872 8*** (0.756 7)
Observations	1 710	1 710	1 710
R-squared	0.860	0.705	0.705
Control Variables	YES	YES	YES
Time Trend	YES	YES	YES
Province FE	YES	YES	YES
Time FE	YES	YES	YES

注：括号内为稳健标准误，***、**、* 分别表示在 1%、5%和 10%置信水平上显著。进行了城市固定，限于篇幅，没有报告控制变量和常数项。

7.10　本章小结

本章在测算区域市场融合的基础上，实证分析了高速铁路促进制造业集聚的机制，即高速铁路的区域市场融合效应。按"高速铁路→市场准入→区域市场融合"的机制链条进行了检验，发现高速铁路显著促进了区域市场融合，且市场准入是影响区域市场融合的中介机制变量。具体结论有：

(1) 高速铁路的开通显著推动了区域市场融合进程。高速铁路促进区域市场融合效应值为 8.36%。分别以“最小成本路径树”和“中国 1962 年城市铁路总长度”为工具变量进行两阶段回归内生性处理，采用两种工具变量是为了做对比检验，研究发现两类工具变量的研究结果高度一致，均支持基准回归结论，增强了结论的可靠性。

(2) 通过变量替换、进行高速铁路的滞后分析以及改变时间带宽，结论依然稳健。市场融合指数分别采用了商品零售价格总指数、6 类商品、8 类商品构建，发现结论依然成立。采用高速铁路开通班次代替高速铁路开通虚拟变量 HSR，发现高速铁路开通班次越多，高速铁路促进区域市场融合的作用更显著；改变时间带宽，发现高速铁路开通时间越长，高速铁路促进区域市场融合的作用更显著。

(3) 高速铁路推动区域市场融合进程具有商品类别异质性、区域内和区域间异质性以及临近性等特征。从商品类别看，高速铁路对附加值高的商品市场融合推动作用更大，对垄断性商品市场融合推动作用较小。从区域内看，高速铁路对区域内市场融合影响从大到小依次为西部、东部和中部。从区域间看，高速铁路对区域间市场融合影响从大到小依次为东西、东中和中西。从沿海与内陆看，高速铁路对沿海地区市场融合的影响大于内陆地区；且发现高速铁路对城市规模越大、经济水平越高、科技密度越大的城市的市场融合的促进作用更大。此外，发现高速铁路抑制了与高铁抵达城市邻近的非高铁抵达城市的市场融合，加剧了其市场分割。

(4) 验证了市场准入是高速铁路促进区域市场融合的中介机制变量，且对该指标稳健性检验表明，市场准入指标是可靠的。

第 8 章 结论和政策建议

8.1 主要结论

(1) 高速铁路建设引起区域市场准入的变化，反映了高速铁路引致的区域之间潜在市场规模和可达性的差异。与现有文献采用的运输费用、可达性等指标相比，区域市场准入同时考虑了区域潜在市场规模和时间可达性，对研究高速铁路影响制造业集聚来说，是一个更恰当的机制变量。在测算区域市场准入的方法上，本书对市场准入中的衰减函数进行了比选。构建了基于中国数据衰减函数，并利用中国数据对历年衰减函数参数值进行了测算，使用普通最小二乘法(OLS)进行回归，最后测算出 285 个城市 2007—2013 年高速铁路的市场准入数值。

(2) 高速铁路通过区域市场准入，影响制造业集聚。高速铁路建设引起区域市场准入变化，意味着市场范围和市场规模的变化，也意味着到达目的市场时间可达性的变化，进而对制造企业区位选择产生影响、对区域市场融合产生影响，最后带来制造业集聚。在这个理论解释框架和理论模型中，更加突出制造业集聚的微观机制。利用 2008 至 2013 年中国工业企业库数据，计算 E-G 指数作为制造业企业集聚指标代理变量，实证分析了高速铁路开通以及服务强度提升(通车频次增加)对制造业集聚所带来的影响。研究结果表明，高速铁路开通对制造业集聚存在显著促进作用，且这种促进作用会随着高速铁路服务强度的提升(高速铁路通车频次提升)而提升。

(3) 高速铁路对制造企业区位选择具有显著影响。按照高速铁路→市场准入→企业区位选择→制造业集聚的逻辑框架，实证分析了高速铁路开通以及服务强度提升(通车频次增加)对于制造业企业选址所带来的影响。研究结果表明，高速铁路开通对制造业企业选址存在显著影响，且这种促进作用会随着高速铁路服务强度的提升(高速铁路通车频次提升)而提升。

(4) 高速铁路对区域市场融合具有显著影响。利用相对价格法测算了地级市市场融合指数，结果表明，区域市场融合指数呈现出明显的上升趋势，而且与高速铁路开通城市数呈同步上升趋势。在测算市场融合指数的基础上，实证检验了高速铁路对市场融合的影响。回归结果显示，高速铁路发展对国内市场融合程度具有显著的正向影响，表明高速铁路发展对国内市场融合进程具有明显的促进作用。

8.2 政策建议

本书就优化高速铁路规划和促进制造业集聚，提出以下政策建议。

(1) 突出重点，优化高速铁路规划布局。实证研究表明，高速铁路对制造业集聚具有显著促进作用，但也存在地区异质性、城市异质性和行业异质性。高速铁路投资大，如果建成后不能有效利用、促进产业集聚发展，就会形成浪费，形成的高额债务甚至可能拖累公共财政。目前，一些地方盲目提出市市通高铁的目标。但是，中国人口正处于史无前例的大迁移过程，总体趋势是向大城市、城市群集中，这就使得不少高速铁路开通后利用率不足。因此，不要盲目追求市市通高铁。中国新型城镇化正进入新阶段，中心城市和城市群成为承载发展要素的主要空间形态。因此，建议今后高速铁路建设突出两个重点：一是突出经济中心之间的高速铁路建设。加强中心城市之间的高速铁路建设，促进中心城市制造业合理布局和人口合理流动，并通过中心城市带动和辐射周边城市的制造业集聚发展。二是突出城市群之间的高速铁路建设。所谓城市群，是在特定地域范围内，具有相当数量的不同类型和等级规模的城市，以一个或多个中心城市为核心，经济联系紧密、共同构成一个城市集合体。按照现有规划的 19+2 个城市群，将容纳 80%以上的人口，成为今后中国最主要的产业集中区和人口聚居区。通过城市群高速铁路网建设，促进区域一体化发展，形成城市群内部城市之间的合理分工，提高资源空间配置效率。

(2) 强化高速铁路与其他交通方式的衔接。高速铁路对制造业集聚的影响机制是区域市场准入。区域市场准入，一是取决于区域本身潜在的市场规模，二是取决于达到该区域的方便程度，包括时间可达性和通行成本。在区域潜在的市场规模方面，尽管取决于多方面的因素，短期内难以改变，但在整体上看，高速铁路网络的建设进一步强化了中心城市的潜在市场规模，对周边城市具有很强的虹吸效应。在时间可达性和通行成本方面，关键是强化高速铁路与其他交通方式的衔接。不少城市的高速铁路站点设在城市外围地区，与人口集聚的中心城区距离比较远。要通过综合配置不同交通方式，不仅强化高速铁路站点不同班次高速铁路的便捷换乘，更重要的是强化高速铁路与民航、高速铁路与城市轨道交通、高速铁路与城市公共交通之间的衔接，实现不同交通方式的便捷换乘。建议高速铁路在各站点停靠班次与乘客量挂钩，促使地方政府重视围绕高速铁路站点的不同交通方式的衔接，尤其是做好中心城市与周边地区的公共交通网络建设。

(3) 优化制造业集聚布局。高速铁路网络的发展，改变区域市场准入，必然带来包括制造业在内的产业布局的调整和优化，其结果是有的地区人口密度和集聚密度持续上升，有的地区人口密度和经济密度持续下降，形成典型的“核心—边缘”空间结构。这就要求，各地在经济布局规划过程中，要根据各自的区位条件进行科学、合理调整和优化。处于核心区的城市，要立足于推动产业向高端制造业、高端服务业方向发展；处于边缘区的城市，要立足于本地优势资源，推动产业向农产品加工、生态休闲和生态经济方向转型。处于核心区和边缘区之间的城市，立足于自身区位优势，面向城市群分工和国内消费需求升级，推动区域经济向专业制造方向转型升级，建设具有区域特色的制造业城市。

(4) 推进区域市场一体化。改革开放以来，中国经济走上出口导向型战略，外向型经济对国民经济发展发挥了不可替代的作用。如今面对逆全球化时代，中国出口贸易可能面临越来越复杂、严峻的国际环境，中国将不得不更多地依赖国内市场需求的扩张，越来越多的企业将面对以国内大循环为主体、国内国际双循环相互促进的新发展格局。高速铁路网络的建设，突破了国内地理区域和崎岖地形造成的区域间贸易的物理障碍，为区域经济一体化创造了基础条件。目前，区域之间的贸易一体化虽然有了很大发展，但地方保护主义仍然不同程度地存在，产业分工不够专业化，甚至有研究文献认为，中国有的地方市场一体化程度不仅没有提高，还有所下降。20 世纪 80 年代中期那样的“羊毛大战”“丝绸之战”可能不存在了，但新形式的地方保护主义以其他方式继续存在，地方政府试图为本地制造业发展采取多形式、隐秘方式保护本地的低价原料。打破地方保护主义，推动区域市场一体化，是各个地方经济保持持续增长的重要路径。首先推动市场一体化，包括推进功能性一体化和制度性一体化。区域经济一体化包括功能性一体化与制度性一体化两个层面。功能性一体化是指经济活动本身的高度密切关系，要素和商品充分流动，从而达到资源最优化配置。这是来自于市场机制自发的内在要求，代表了经济一体化的实质性内容。制度性一体化是不同区域以一定的协议和组织形式为框架的一体化，是由政府机构进行操作的一体化进程。功能性一体化和制度性一体化互相促进、相辅相成，缺一不可。没有功能性一体化的发展，制度性一体化就成了“空中楼阁”；没有制度性一体化，功能性一体化就失去了保障而停滞不前。推动区域一体化，需要政府在功能性经济一体化与制度性经济一体化两个层面上推动。在功能一体化方面，政府需要在交通设施、信息设施、生态环境设施等基础设施领域统一规划和实施；在制度性经济一体化方面，政府需要在打破地方保护、政策协调、公共服务等方面进行协同。

(5) 推动各地区差异化发展。区域经济一体化和差异化发展是“一枚硬币”的两面，相辅相成。在高速铁路网络推动及市场机制拉动下，过去那种拼总量、同质竞争的时代正在改变，区域经济差异化发展格局正在形成。区域经济一体化过程中必然存在城市分化现象，这是城市之间产业分工深度调整的反应。区域经济一体化将推动城市之间产业的水平分工逐步弱化、垂直分工逐步增强。水平分工表现为一个城市产业自成体系，城市之间的产业结构则会雷同，进而导致同质竞争。同时，这种体系难以适应快速变革的技术发展步伐，一不留神，产业技术就过时了。垂直分工表现为产业链的分工。以某一个产业为例子，从它的管理控制、研发、设计和采购到零部件生产、加工装配，再到物流配送、市场营销、售后服务等诸多环节，可以在不同的城市之间分工完成，也可以在全球不同国家之间分布完成。这是城市分工的新形态，由过去以产业分工为主体迈向以产业链分工为主体的功能分工。在区域内部差异化发展的过程中，一个城市到底适合哪些功能，取决于这个城市的经济发展水平、区位条件和要素禀赋。

8.3 研究展望

本书存在着许多的不足,突出表现在以下两个方面:

(1) 在理论模型构建方面,没有把市场准入按照潜在市场规模和时间可达性进一步加以细分,而这两个方面对制造业集聚的作用是不同的。这影响了对高速铁路影响制造业集聚研究的深度。

(2) 在实证研究方面,对高速铁路数据,本书采取各地级城市是否开通和频次,而没有对各地区高速铁路站点的位置、与其他交通方式的配套进行分析。真正对区域市场准入产生影响的是高速铁路带来的时间可达性,这些因素是影响时间可达性的重要方面,也制约了本书分析的深度。

在未来的研究中,进一步根据高速铁路可达性特点,一方面引入更多的独立变量,使空间模型更能反映高速铁路的独特性,另一方面从多角度区分异质性区域,结合异质性产业、异质性企业,分析其对高速铁路可达性特点的反应敏感度,更深入探讨高速铁路影响制造业集聚的微观机制。

在未来的研究中,在实证分析方面,立足于高速铁路站点对更小空间尺度的制造业集聚影响,以及空间衰减程度,使研究结论更为精确。

学无止境,研究得越多,未知的东西就越多。对高速铁路与制造业集聚关系的研究,还需要持续不断地开展下去。

参 考 文 献

[1] H. H. 巴朗斯基.经济地理学论文集[M].邓静中，译.北京：科学出版社，1958.

[2] 陈建军，陈国亮，黄洁.新经济地理学视角下的生产性服务业集聚及其影响因素研究——来自中国222个城市的经验证据[J].管理世界，2009(04)：83-95.

[3] 陈强远，钱学锋，李敬子.中国大城市的企业生产率溢价之谜[J].经济研究，2016(3)：110-122.

[4] 陈荫三，肖润谋，闫晟煜等.2019中国高速公路运输量统计调查分析报告[M].北京：人民交通出版社，2020.

[5] 程艳，叶徵.流通成本变动与制造业空间集聚——基于地方保护政策的理论和实践分析[J].中国工业经济，2013(04)：146-158.

[6] 邓涛涛，王丹丹，程少勇.高速铁路对城市服务业集聚的影响[J].财经研究，2017(07)：119-132.

[7] 董艳梅，朱英明.高铁建设能否重塑中国的经济空间布局——基于就业、工资和经济增长的区域异质性视角[J].中国工业经济，2016(10)：92-108.

[8] 杜能.孤立国同农业和国民经济的关系[M].吴衡康，译.北京：商务印书馆，1986：19-20.

[9] 范爱军，李真，刘小勇.国内市场分割及其影响因素的实证分析——以我国商品市场为例[J].南开经济研究，2007，2007(5)：111-119.

[10] 范剑勇，刘念，刘莹莹.地理距离、投入产出关系与产业集聚[J].经济研究，2021，56(10)：138-154.

[11] 范剑勇.产业集聚与地区间劳动生产率差异[J].经济研究，2006(11)：72-81.

[12] 范欣，宋冬林，赵新宇.基础设施建设打破了国内市场分割吗？[J].经济研究，2017，52(02)：20-34.

[13] 傅江帆，贺灿飞，沈昊婧.中国城市生产效率差异——集聚效应还是企业选择效应？[J].城市发展研究，2013，20(4)：47-54.

[14] 桂琦寒，陈敏，陆铭，等.中国国内商品市场趋于分割还是整合：基于相对价格法的分析[J].世界经济，2006(02)：20-30.

[15] 贺灿飞，郭琪，马妍.西方经济地理学研究进展[J].地理学报，2014，69(08)：1207-1223.

[16] 贺灿飞，潘峰华，孙蕾.中国制造业的地理集聚与形成机制[J].地理学报，2007(12)：1253-1264.

[17] 胡鞍钢，刘生龙.交通运输、经济增长及溢出效应——基于中国省际数据空间经济计量的结果[J].中国工业经济，2009(05)：5-14.

[18] 黄玖立，黄俊立.市场规模与中国省区的产业增长[J].经济学(季刊)，2008，7(4)：1317-1334.

[19] 金煜，陈钊，陆铭.中国的地区工业集聚：经济地理、新经济地理与经济政策[J].经济研究，2006(04)：79-89.

[20] 李红昌，Tjia Linda，胡顺香.中国高速铁路对沿线城市经济集聚与均等化的影响[J].数量经济技术经济研究，2016(11)：127-143.

[21] 李嘉楠，孙浦阳，唐爱迪.贸易成本、市场整合与生产专业化——基于商品微观价格数据的验证[J].管理世界，2019，35(08)：30-43+83+190.

[22] 李金滟，宋德勇.新经济地理视角中的城市集聚理论述评[J].经济学动态，2008(11)：89-94.

[23] 李晓萍，李平，吕大国，等.经济集聚、选择效应与企业生产率[J].管理世界，2015(4)：14.

[24] 李雪松，孙博文.高铁开通促进了地区制造业集聚吗——基于京广高铁的准自然试验研究[J].中国软科学，2017(07)：81-90.

[25] 梁琦，李晓萍，吕大国.市场一体化、企业异质性与地区补贴——一个解释中国地区差距的新视角[J].中国工业经济，2012(2)：16-25.

[26] 梁琦，钱学锋.外部性与集聚：一个文献综述[J].世界经济，2007(02)：84-96.

[27] 列宁.列宁全集：第3卷[M].中共中央马克思、恩格斯、列宁、斯大林著作编译局，译.北京：人民出版社，1984.

[28] 林善浪，叶炜，张丽华.时间效应对制造业企业选址的影响[J].中国工业经济，2018(02)：137-156.

[29] 刘冲，周黎安.高速公路建设与区域经济发展：来自中国县级水平的证据[J].经济科学，2014(02)：55-67.

[30] 刘荷，王健.交通基础设施对制造业集聚的溢出效应：基于地区和行业的实证分析[J].东南学术，2014(04)：96-105.

[31] 刘勇政，李岩.中国的高速铁路建设与城市经济增长[J].金融研究，2017(11)：18-33.

[32] 陆铭，陈钊.分割市场的经济增长——为什么经济开放可能加剧地方保护？[J].经济研究，2009，44(03)：42-52.

[33] 路江涌，陶志刚.我国制造业区域集聚程度决定因素的研究[J].经济学(季刊)，2007(03)：801-816.

[34] 马克思，恩格斯.马克思恩格斯全集：第23卷[M].中共中央马克思、恩格斯、列宁、斯大林著作编译局，译.北京：人民出版社，1972.

[35] 马克思，恩格斯.马克思恩格斯全集：第25卷[M].中共中央马克思、恩格斯、列宁、斯大林著作编译局，译.北京：人民出版社，1972.

[36] 马克思，恩格斯.马克思恩格斯全集：第2卷[M].中共中央马克思、恩格斯、列宁、斯大林著作编译局，译.北京：人民出版社，1965.

[37] 马克思，恩格斯.马克思恩格斯全集：第46卷[M].中共中央马克思、恩格斯、列宁、斯大林著作编译局，译.北京：人民出版社，1980.

[38] 迈克尔·波特.国家竞争优势[M].北京：华夏出版社，2002.

[39] 茅锐.产业集聚和企业的融资约束[J].管理世界，2015(2)：58-71.

[40] 卿陶，黄先海.国内市场分割、双重市场激励与企业创新[J].中国工业经济，2021(12)：88-106.

[41] 萨乌什金.经济地理学：历史，理论，方法和实践[M].北京：商务印书馆，1987.

[42] 邵朝对，苏丹妮.产业集聚与企业出口国内附加值：GVC升级的本地化路径[J].管理世界，2019(8)：9-29.

[43] 沈能.工业集聚能改善环境效率吗？——基于中国城市数据的空间非线性检验[J].管理工程学报，2014，28(03)：57-63+10.

[44] 盛斌，毛其淋.贸易开放、国内市场一体化与中国省际经济增长：1985—2008年[J].世界经济，2011(11)：44-66.

[45] 盛丹,王永进.产业集聚、信贷资源配置效率与企业的融资成本——来自世界银行调查数据和中国工业企业数据的证据[J].管理世界,2013(6):85-98.

[46] 宋冬林,姚常成.高铁运营与经济协调会合作机制是否打破了城市群市场分割——来自长三角城市群的经验证据[J].经济理论与经济管理,2019(02):4-14.

[47] 孙浦阳,韩帅,许启钦.产业集聚对劳动生产率的动态影响[J].世界经济,2013(3):33-53.

[48] 孙浦阳,张甜甜,姚树洁.关税传导、国内运输成本与零售价格——基于高铁建设的理论与实证研究[J].经济研究,2019,54(03):135-149.

[49] 覃成林,杨晴晴.高速铁路对生产性服务业空间格局变迁的影响[J].经济地理,2017(02):92-99.

[50] 谭语嫣,谭之博,黄益平,等.僵尸企业的投资挤出效应:基于中国工业企业的证据[J].经济研究,2017,52(05):175-188.

[51] 王俊.经济集聚、技能匹配与大城市工资溢价[J].管理世界,2021,37(04):83-98.

[52] 王永进,张国峰.开发区生产率优势的来源:集聚效应还是选择效应?[J].经济研究,2016(7):58-71.

[53] 沃尔特·艾萨德.区位与空间经济:关于产业区位、市场区、土地利用、贸易和城市结构的一般理论[M].杨开忠,沈体雁,方森,等,译.北京:北京大学出版社,2011.

[54] 肖利平,许巍峰.工业企业数据库在企业经济行为研究中的应用——视角、合并与拓展[J].外国经济与管理,2018,40(03):137-152.

[55] 宣烨,陆静,余泳泽.高铁开通对高端服务业空间集聚的影响[J].财贸经济,2019(09):117-131.

[56] 阎钢军.产业集聚与地区竞争力研究——兼论鹰潭铜产业发展的途径[J].中国浦东干部学院学报,2009,3(1):4.

[57] 颜银根.FDI区位选择:市场潜能、地理集聚与同源国效应[J].财贸经济,2014(09):103-113.

[58] 杨仁发.产业集聚与地区工资差距——基于我国269个城市的实证研究[J].管理世界,2013(08):41-52.

[59] 张国峰,王永进,李坤望.产业集聚与企业出口:基于社交与沟通外溢效应的考察[J].世界经济,2016(2):48-74.

[60] 张梦婷,俞峰,钟昌标,等.高铁网络、市场准入与企业生产率[J].中国工业经济,2018(05):137-156.

[61] 张睿,张勋,戴若尘.基础设施与企业生产率:市场扩张与外资竞争的视角[J].管理世界,2018,34(01):88-102.

[62] 张学良,程玲,刘晴.国内市场一体化与企业内外销[J].财贸经济,2021,42(01):136-150.

[63] 张学良.中国交通基础设施促进了区域经济增长吗——兼论交通基础设施的空间溢出效应[J].中国社会科学,2012(03):60-77+206.

[64] 张勋,王旭,万广华,等.交通基础设施促进经济增长的一个综合框架[J].经济研究,2018,53(01):50-64.

[65] 赵伟,隋月红.集聚类型、劳动力市场特征与工资-生产率差异[J].经济研究,2015,50(06):33-45+58.

[66] 赵伟,张萃.FDI与中国制造业区域集聚:基于20个行业的实证分析[J].经济研究,2007(11):82-90.

[67] 赵玉奇,柯善咨.市场分割、出口企业的生产率准入门槛与"中国制造"[J].世界经济,2016,39(09):74-98.

[68] 周浩,余壮雄,杨铮.可达性、集聚和新建企业选址——来自中国制造业的微观证据[J].经济学(季刊),2015,14(04):1393-1416.

[69] Abel J R, Dey I, Gabe T M. Productivity and the density of human capital. Journal of Regional Science, 2012,52(4): 562-586.

[70] Accetturo A, Di Giacinto V, Micucci G, et al. Geography, productivity and trade: does selection explain why some locations are more productive than others? [J]. Journal of Regional Science, 2018, 58(5): 949-979.

[71] Acemoglu D. Training and innovation in an imperfect labour market[J]. The Review of Economic Studies, 1997, 64(3): 445-464.

[72] Ahlfeldt G M, Feddersen A. From periphery to core: measuring agglomeration effects using high-speed rail[J]. Journal of Economic Geography, 2018, 18(2): 355-390.

[73] Alcácer J, Chung W. Location strategies for agglomeration economies[J]. Strategic Management Journal, 2014, 35(12): 1749-1761.

[74] Alonso W. Location and land use: toward a general theory of land rent[J]. Economic Geography, 1964, 42(3).

[75] Alonso-Villar O A reflection on the effects of transport costs within the new economic geography [C]//Review of Urban & Regional Development Studies: Journal of the Applied Regional Science Conference. Melbourne, Australia: Blackwell Publishing Asia, 2007, 19(1): 49-65.

[76] Altomonte C. Regional economic integration and the location of multinational firms[J]. Review of World Economics, 2007,143(2): 277-305.

[77] Amiti M. Location of vertically linked industries: agglomeration versus comparative advantage[J]. European Economic Review, 2005,49(4): 809-832.

[78] Arimoto Y, Nakajima K, Okazaki T. Agglomeration or Selection? The Case of the Japanese Silk-reeling Clusters, 1908—1915[R]. Institute of Economic Research, Hitotsubashi University, 2011.

[79] Audretsch D B, Feldman M P. Knowledge spillovers and the geography of innovation. In Handbook of regional and urban economics(Vol.4)[M]. Elsevier, 2004: 2713-2739.

[80] Backman M, Kohlhase J. The influence of diversity on the formation, survival and growth of new firms [C]//NARSC Conference, 13-16 November 2013, Atlanta. 2013.

[81] Bagoulla C, Péridy N. Market access and the other determinants of North-South manufacturing location choice: An application to the Euro-Mediterranean area[J]. Economic Systems, 2011, 35(4): 537-561.

[82] Baldwin R E, Okubo T. Heterogeneous firms, agglomeration and economic geography: spatial selection and sorting[J]. Journal of Economic Geography, 2006, 6(3).

[83] Baron R M, Kenny D A. The moderator-mediator variable distinction in social psychological research: Conceptual, strategic, and statistical considerations[J]. Journal of personality and social psychology, 1986, 51(6): 1173.

[84] Barrett C B. Spatial market integration [R]. London: Palgrave Macmillan, 2008.

[85] Baum-Snow N, Brandt L, Henderson J V, et al. Roads, railroads, and decentralization of Chinese cities[J]. Review of Economics and Statistics, 2017, 99(3): 435-448.

[86] Behrens K, Robert-Nicoud F. Survival of the fittest in cities: Urbanisation and inequality[J]. The

Economic Journal, 2014, 124(581): 1371-1400.

[87] Behrens K, Duranton G, Robert-Nicoud F. Productive cities: Sorting, selection, and agglomeration [J]. Journal of Political Economy, 2014, 122(3): 507-553.

[88] Bhat M K. Cellulases and related enzymes in biotechnology[J]. Biotechnology advances, 2000, 18(5): 355-383.

[89] Boschma R, Frenken K. The emerging empirics of evolutionary economic geography[J]. Journal of economic geography, 2011, 11(2): 295-307.

[90] Bougheas S, Demetriades P O, Morgenroth E L W. Infrastructure, transport costs and trade[J]. Journal of international Economics, 1999, 47(1): 169-189.

[91] Burger M J, Van Oort F G, Frenken K, et al. Networks and economic agglomerations: introduction to the special issue[J]. Tijdschrift voor economische en sociale geografie, 2009, 100(2): 139-144.

[92] Burger M J, Van Oort F G, Frenken K, et al. Networks and economic agglomerations: introduction to the special issue[J]. Tijdschrift voor economische en sociale geografie, 2009, 100(2): 139-144.

[93] Cao J, Liu X C, Wang Y, et al. Accessibility impacts of China's high-speed rail network[J]. Journal of Transport Geography, 28: 12-21.

[94] Cervero R, Landis J. Twenty years of the Bay Area Rapid Transit system: Land use and development impacts[J]. Transportation Research Part A: Policy and Practice, 1997, 31(4): 309-333.

[95] Chatman D G, Noland R B, Klein N J. Firm births, access to transit, and agglomeration in Portland, Oregon, and Dallas, Texas[J]. Transportation Research Record, 2016, 2598(1): 1-10.

[96] Chen Y, Wang Y, Hu R. Sustainability by high-speed rail: The reduction mechanisms of transportation infrastructure on haze pollution[J]. Sustainability, 2020, 12(7): 27-63.

[97] Chen Z, Haynes K E. Impact of high-speed rail on regional economic disparity in China[J]. Journal of Transport Geography, 2017, 65: 80-91.

[98] Christaller W. Die zentralen Orte in Süddeutschland[M]. Tübingen: Gustav Fischer, 1933.

[99] Combes P P, Duranton G, Gobillon L, et al. The productivity advantages of large cities: Distinguishing agglomeration from firm selection[J]. Econometrica, 2012, 80(6): 2543-2594.

[100] Conforti P. Price transmission in selected agricultural markets[J]. FAO Commodity and trade policy research working paper, 2004, 7.

[101] Credit K. Transit-oriented economic development: The impact of light rail on new business starts in the Phoenix, AZ Region, USA[J]. Urban Studies, 2018, 55(13): 2838-2862.

[102] Dauth W, Findeisen S, Moretti E, et al. Matching in cities [R]. National Bureau of Economic Research, 2018.

[103] De Bok M, Van Oort F. Agglomeration economies, accessibility, and the spatial choice behavior of relocating firms[J]. Journal of Transport and Land Use, 2011, 4(1): 5-24.

[104] Di Giacinto V, Gomellini M, Micucci G, et al. Mapping local productivity advantages in Italy: industrial districts, cities or both? [J]. Journal of Economic Geography, 2014, 14(2): 365-394.

[105] Dixit A K, Stiglitz J E. Monopolistic competition and optimum product diversity[J]. The American economic review, 1977, 67(3): 297-308.

[106] Donaldson D, Hornbeck R. Railroads and American economic growth: A "market access" approach [J]. The Quarterly Journal of Economics, 2016, 131(2): 799-858.

[107] Duflo E, Pande R. Dams[J]. The Quarterly Journal of Economics, 2007, 122(2): 601-646.

[108] Duranton G, Overman H G. Testing for localization using micro-geographic data[J]. The Review of Economic Studies, 2005, 72(4): 1077-1106.

[109] Duranton G, Puga D. Micro-foundations of urban agglomeration economies [M]//Handbook of regional and urban economics. Amsterdam: Elsevier, 2004.

[110] Duranton G, Turner M A. Urban growth and transportation[J]. Review of Economic Studies, 2012, 79(4): 1407-1440.

[111] Ellison G, Glaeser E L, Kerr W R. What causes industry agglomeration? Evidence from coagglomeration patterns[J]. American Economic Review, 2010, 100(3): 1195-1213.

[112] Ellison G, Glaeser E L. Geographic concentration in US manufacturing industries: a dartboard approach[J]. Journal of political economy, 1997, 105(5): 889-927.

[113] Ellison G, Glaeser E L. The geographic concentration of industry: does natural advantage explain agglomeration? [J]. American Economic Review, 1999, 89(2): 311-316.

[114] Epifani P. Heckscher-Ohlin and agglomeration[J]. Regional Science and Urban Economics, 2005, 35(6): 645-657.

[115] Fagan J H. Do northeast Ohio's drivers derive competitive advantage from shared labor? [J]. Economic Development Quarterly, 2000, 14(1): 111-125.

[116] Fan C S, Wei X. The law of one price: evidence from the transitional economy of China[J]. The Review of Economics and Statistics, 2006, 88(4): 682-697.

[117] Feldman M P, Audretsch D B. Innovation in cities: Science-based diversity, specialization and localized competition[J]. European economic review, 1999, 43(2): 409-429.

[118] Garcia-Milà T, Montalvo J G. The impact of new highways on business location: new evidence from Spain[J]. Processed, Universitat Pompeu Fabra, 2007.

[119] Gaubert C. Firm sorting and agglomeration [J]. American Economic Review, 2018, 108(11): 3117-3153.

[120] Gerritse M, Arribas-Bel D. Concrete agglomeration benefits: do roads improve urban connections or just attract more people? [J]. Regional Studies, 2018, 52(8): 1134-1149.

[121] Geurs K T, Ritsema van Eck J R. Accessibility measures: review and applications. Evaluation of accessibility impacts of land-use transportation scenarios, and related social and economic impact[R]. RIVM rapport 408505006, 2001.

[122] Geurs K T, Van Wee B. Accessibility evaluation of land-use and transport strategies: review and research directions[J]. Journal of Transport geography, 2004, 12(2): 127-140.

[123] Ghani E, Goswami A G, Kerr W R. Highway to success: The impact of the Golden Quadrilateral project for the location and performance of Indian manufacturing[J]. The Economic Journal, 2016, 126(591): 317-357.

[124] Giuliano G, Kang S, Yuan Q. Agglomeration economies and evolving urban form[J]. The Annals of

Regional Science, 2019, 63(3): 377-398.

[125] Glaeser E L, Kallal H D, Scheinkman J A, et al. Growth in cities[J]. Journal of political economy, 1992, 100(6): 1126-1152.

[126] Glaeser E L, Kerr W R. Local industrial conditions and entrepreneurship: how much of the spatial distribution can we explain? [J]. Journal of Economics & Management Strategy, 2009, 18(3): 623-663.

[127] Glaeser E L. The Future of Urban Research: Non-Market Interactions[J]. Brookings-Wharton Papers on Urban Affairs, 2000, 2000(1): 101-138.

[128] Góes C, Matheson T. Domestic market integration and the law of one price in Brazil[J]. Applied Economics Letters, 2017, 24(5): 284-288.

[129] Goldberg P K, Knetter M M. Goods Prices and Exchange Rates: What Have We Learned? [J]. Journal of Economic Literature, 1997, 35(3): 1243-1272.

[130] Goletti F, Ahmed R, Farid N. Structural determinants of market integration: The case of rice markets in Bangladesh. The Developing Economies[J]. 1995, 33(2): 196-198.

[131] Graham D J, Gibbons S. Quantifying Wider Economic Impacts of agglomeration for transport appraisal: Existing evidence and future directions [J]. Economics of Transportation, 2019, 19: 100-121.

[132] Graham D J, Melo P C. Assessment of wider economic impacts of high-speed rail for great britain[J]. Transportation research record, 2011, 2261: 15-24.

[133] Hall P. Magic carpets and seamless webs: opportunities and constraints for high-speed trains in Europe[J]. Built Environment, 2009, 35(1): 59-69.

[134] Harris C D. The, Market as a Factor in the Localization of Industry in the United States[J]. Annals of the association of American geographers, 1954, 44(4): 315-348.

[135] Head K, Mayer T. Gravity, market potential and economic development[J]. Journal of Economic Geography, 2011, 11(2): 281-294.

[136] Head K, Mayer T. Market potential and the location of Japanese investment in the European Union [J]. Review of Economics and Statistics, 2004, 86(4): 959-972.

[137] Head K, Ries J, Swenson D. Agglomeration benefits and location choice: Evidence from Japanese manufacturing investments in the United States[J]. Journal of international economics, 1995, 38(3-4): 223-247.

[138] Henderson J V. The sizes and types of cities [J]. The American Economic Review, 1974, 64(4): 640-656.

[139] Holl A, Mariotti I. Highways and firm performance in the logistics industry[J]. Journal of Transport Geography, 2018, 72: 139-150

[140] Holl A. Manufacturing location and impacts of road transport infrastructure: empirical evidence from Spain[J]. Regional Science and Urban Economics, 2004, 34(3): 341-363.

[141] Holl A. Start-ups and relocations: Manufacturing plant location in Portugal[J]. Papers in Regional Science, 2004, 83(4): 649-668.

[142] Holl A. Transport infrastructure, agglomeration economies, and firm birth: empirical evidence from Portugal[J]. Journal of Regional Science, 2004, 44(4): 693-712.

[143] Hong T, Yu N, Storm S, et al.. How much does regional integration contribute to growth? An analysis of the impact of domestic market integration on regional economic performance in China (1997—2011)[J]. Economic Research-Ekonomska Istraživanja, 2019, 32(1): 3189-3210.

[144] Hoover E M. The Location of Economic Activity[M]. Mcgraw-Hill, 1948.

[145] Hornung E. Railroads and growth in Prussia[J]. Journal of the European Economic Association, 2015, 13(4): 699-736.

[146] Hummels D. Transportation costs and international trade in the second era of globalization[J]. Journal of Economic perspectives, 2007, 21(3): 131-154.

[147] Iammarino S. An evolutionary integrated view of regional systems of innovation: concepts, measures and historical perspectives[J]. European planning studies, 2005, 13(4): 497-519.

[148] Isard W. Introduction to Regional Science[M]. Upper saddle River, N.J.: Prentice-Hall, 1975.

[149] Jacks D S, Meissner C M, Novy D. Trade Costs, 1870—2000[J]. American Economic Review, 2008, 98(2): 529-534.

[150] Jacobs, J. The economy of cities[M]. New York: Vintage, 1970.

[151] Janelle D G.Central place development in a time-space framework[J]. The Professional Geographer, 1968, 20(1): 5-10.

[152] Jofre-Monseny J, Marín-López R, Viladecans-Marsal E. The mechanisms of agglomeration: Evidence from the effect of inter-industry relations on the location of new firms[J]. Journal of Urban Economics, 2011, 70(2-3): 61-74.

[153] Kathuria V. What Causes Agglomeration — Policy or Infrastructure? A Study of Indian Manufacturing[J]. Economic and Political Weekly, 2016: 33-44.

[154] Kemeny T, Cooke A. Spillovers from immigrant diversity in cities[J]. Journal of Economic Geography, 2018, 18(1): 213-245.

[155] Kim S. Labor Specialization and the Extent of the Market[J]. Journal of Political Economy, 1989, 97(3): 692-705.

[156] Knorringa P, Meyer-Stamer J. New dimensions in local enterprise cooperation and development: from clusters to industrial districts[J]. New Approaches to Science and Technology Cooperation and Capacity Building. New York, Geneva: United Nations (atas XI), 1998.

[157] Krugman, P R. Increasing returns, monopolistic competition, and international trade[J]. Journal of international Economics, 1979, 9(4): 469-479.

[158] Krugman P. A Dynamic Spatial Model [R]. National Bureau of Economic Research, 1992.

[159] Krugman P. First nature, second nature, and metropolitan location[J]. Journal of regional science, 1993, 33(2): 129-144.

[160] Krugman P. Geography and trade[M]. Cambridge,MIT press, 1991.

[161] Krugman P. History and industry location: the case of the manufacturing belt[J]. The American Economic Review, 1991, 81(2): 80-83.

[162] Krugman P. Increasing returns and economic geography[J]. Journal of political economy, 1991, 99(3): 483-499.

[163] Krugman P. Scale economies, product differentiation, and the pattern of trade[J]. The American Economic Review, 1980, 70(5): 950-959.

[164] Lang C. Heterogeneous transport costs and spatial sorting in a model of New Economic Geography[J]. Papers in Regional Science, 2010, 89(1): 191-202.

[165] Lang R, Knox P K. The new metropolis: Rethinking megalopolis[M]//The Futures of the City Region. London: Routledge, 2013.

[166] Larsson J. Labor division in an upland economy: workforce in a seventeenth-century transhumance system[J]. The History of the Family[J], 2014, 19(3): 393-410.

[167] Launhardt W. Die Bestimmung des zweckmässigsten Standortes einer gewerblichen Anlage[J]. Zeitschrift des Vereines deutscher Ingenieure. 1882(26): 106-115.

[168] Le Néchet F, Melo P C, Graham D J. Transportation-induced agglomeration effects and productivity of firms in megacity region of paris basin[J]. Transportation research record, 2012, 2307(1): 21-30.

[169] Lele U J. Market integration: a study of sorghum prices in Western India[J]. Journal of Farm Economics, 1967, 49(1): 147-159.

[170] Lin S, Chen Z, He Z. Rapid Transportation and Green Technology Innovation in Cities — From the View of the Industrial Collaborative Agglomeration[J]. Applied Sciences, 2021, 11(17): 8110.

[171] Lin Y. Travel costs and urban specialization patterns: Evidence from China's high speed railway system[J]. Journal of Urban Economics, 2017, 98: 98-123.

[172] Linder S B. An essay on trade and transformation[M]. Stockholm, Sweden: Almqvist & Wiksell, 1961.

[173] Liu C H, Rosenthal S S, Strange W C. The vertical city: Rent gradients, spatial structure, and agglomeration economies[J]. Journal of Urban Economics, 2020, 84: 103555.

[174] Liu C H, Rosenthal S S, Strange W C. The vertical city: Rent gradients, spatial structure, and agglomeration economies[J]. Journal of Urban Economics, 2018, 106: 101-122.

[175] Lösch A. Die RaÈumliche Ordnung der Wirtschaft: Eine Untersuchung über Standort, Wirtschaftsgebiete und internationalen Handel[M]. Tübingen: Gustav Fischer, 1940.

[176] Markusen A. Sticky places in slippery space: a typology of industrial districts[J]. Economic geography, 1996, 72(3): 293-313.

[177] Marshall, A. Principles of Economics, 8th edn(1920)[M]. London: Mcmillan, 1890.

[178] Martin P, Rogers C A. Industrial location and public infrastructure[J]. Journal of international Economics, 1995, 39(3-4): 335-351.

[179] Mcfadden D. Conditional Logit Analysis of Qualitative Choice Behavior[J]. Frontiers in Econometrics, 1973: 105-142.

[180] Mejia-Dorantes L, Paez A, Vassallo J M. Transportation infrastructure impacts on firm location: the effect of a new metro line in the suburbs of Madrid[J]. Journal of Transport Geography, 2012, 22: 236-250.

[181] Melitz M J, Ottaviano G I P. Market size, trade, and productivity[J]. The review of economic studies, 2008, 75(1): 295-316.

[182] Melitz M J. The impact of trade on intra-industry reallocations and aggregate industry productivity [J]. Econometrica, 2003, 71(6): 1695-1725.

[183] Meng X, Lin S, Zhu X. The resource redistribution effect of high-speed rail stations on the economic growth of neighbouring regions: Evidence from China[J]. Transport Policy, 2018, 68: 178-191.

[184] Meyer J. Measuring market integration in the presence of transaction costs — a threshold vector error correction approach[J]. Agricultural Economics, 2004, 31(2-3): 327-334.

[185] Michaels G. The effect of trade on the demand for skill: Evidence from the interstate highway system [J]. The Review of Economics and Statistics, 2008, 90(4): 683-701.

[186] Mion G, Naticchioni P. The spatial sorting and matching of skills and firms[J]. Canadian Journal of Economics/Revue canadienne d'économique, 2009, 42(1): 28-55.

[187] Monke E, Petzel T. Market integration: An application to international trade in cotton[J]. American Journal of Agricultural Economics, 1984, 66(4), 481-487.

[188] Mori T. A modeling of megalopolis formation: the maturing of city systems[J]. Journal of urban economics, 1997, 42(1): 133-157.

[189] Nelson R R, Winter S G. An Evolutionary Theory of Economic Change[M]. Cambridge, MA: Belknap Press of Harvard University Press, 1982.

[190] Niu Y, Ding C, Knaap G J. Employment centers and agglomeration economies: Foundations of a spatial economic development strategy[J]. Economic Development Quarterly, 2015, 29(1): 14-22.

[191] Okubo T, Forslid R. Spatial relocation with heterogeneous firms and heterogeneous sectors[J]. RIETI Discussion Papers, 2010: 10056.

[192] Okubo T, Tomiura E. Skew productivity distributions and agglomeration: Evidence from plant-level data[J]. Regional Studies, 2014, 48(9): 1514-1528.

[193] Okubo T. Antiagglomeration subsidies with heterogeneous firms[J]. Journal of regional science, 2012, 52(2): 285-299.

[194] Okubo T. Firm heterogeneity and location choice[J]. RIETI discussion paper No. DP2010-11, 2010.

[195] Oosterhaven J, Romp W E. Indirect economic effects of new infrastructure: a comparison of Dutch high speed rail variants[J]. Tijdschrift voor economische en sociale geografie, 2003, 94(4): 439-452.

[196] Ottaviano G I P, Thisse J F. Integration, agglomeration and the political economics of factor mobility [J]. Journal of Public Economics, 2002, 83(3): 429-456.

[197] Ottaviano G I P. 'New' new economic geography: firm heterogeneity and agglomeration economies [J]. Journal of Economic Geography, 2010, 11(2): 231-240.

[198] Ottaviano G, Tabuchi T, Thisse J F. Agglomeration and trade revisited[J]. International Economic Review, 2002: 409-435.

[199] Palander T. Beiträge zur standortstheorie[M]. Stockholm, Sweden: Almqvist & Wiksell, 1935.

[200] Parsley D C, Wei S J. Limiting Currency Volatility to Stimulate Goods Market Integration: A Price-Based Approach [R]. IMF Working Papers, 2001(197).

[201] Poncet S. A fragmented China: Measure and determinants of Chinese domestic market disintegration [J]. Review of international Economics, 2005, 13(3): 409-430.

[202] Porter M E. The competitive advantage of nations[J]. Harvard Business Review, 1990, 73: 91.

[203] Potter A, Watts H D. Evolutionary agglomeration theory: increasing returns, diminishing returns, and the industry life cycle[J]. Journal of Economic Geography, 2011, 11(3): 417-455.

[204] Pred A. Behaviour and Location, Foundations for a Geographic and Dynamic Location Theory[J]. Lund Studies in Geography, 1969(28): 152.

[205] Puga D. Urbanization patterns: European versus less developed countries[J]. Journal of Regional Science, 1998, 38(2): 231-252.

[206] Ravallion M. Testing market integration[J]. American Journal of Agricultural Economics, 1986, 68 (1): 102-109.

[207] Rawstron E M. Three principles of industrial location. Transactions and Papers (Institute of British Geographers), 1958(25), 135-142.

[208] Redding S J, Sturm D M. The costs of remoteness: Evidence from German division and reunification [J]. American Economic Review, 2008, 98(5): 1766-1797.

[209] Reggiani A, Bucci P, Russo G. Accessibility and impedance forms: empirical applications to the German commuting network[J]. International Regional Science Review, 2011, 34(2): 230-252.

[210] Reilly W J. Methods for the study of retail relationships[J]. University of Texas Bulletin, 1929, 2944: 7-56.

[211] Rosenthal S S, Strange W C. Agglomeration, Labor Supply, and the Urban Rat Race[R]. Center for Policy Research, Maxwell School, Syracuse University, 2003.

[212] Rosenthal S S, Strange W C. Evidence on the nature and sources of agglomeration economies[M]// Handbook of regional and urban economics. Amsterdam: Elsevier, 2004.

[213] Rosenthal S S, Strange W C. Geography, industrial organization, and agglomeration[J]. Review of Economics and Statistics, 2003, 85(2): 377-393.

[214] Rosenthal S S, Strange W C. How close is close? The spatial reach of agglomeration economies[J]. Journal of economic perspectives, 2020, 34(3): 27-49.

[215] Rosik P, Stępniak M, Komornicki T. The decade of the big push to roads in Poland: Impact on improvement in accessibility and territorial cohesion from a policy perspective[J]. Transport policy, 2015, 37: 134-146.

[216] Scott A J. Industrial organization and location: Division of labor, the firm, and spatial process[J]. Economic geography, 1986, 62(3): 215-231.

[217] Shao S, Tian Z, Yang L. High speed rail and urban service industry agglomeration: evidence from China's Yangtze River Delta region[J]. Journal of Transport Geography, 2017, 64: 174-183.

[218] Starrett D. Market allocations of location choice in a model with free mobility[J]. Journal of economic theory, 1978, 17(1): 21-37.

[219] Stepniak, M, Rosik, P. Accessibility improvement, territorial cohesion and spillovers: a multidimensional evaluation of two motorway sections in Poland[J]. Journal of Transport Geography,

2013，31：154-163.

[220] Stigler G J. Does economics have a useful past? [J]. History of Political Economy，1969，1(2)：217-230.

[221] Sun B，Yu H，Peng Z R，et al. High-Speed Rail and Manufacturing Agglomeration：Evidence from Beijing-Guangzhou High-Speed Rail in China[J]. Transportation Research Record，2017，2606(1)：86-95.

[222] Syverson C. Market structure and productivity：A concrete example[J]. Journal of political Economy，2004，112(6)：1181-1222.

[223] Tabuchi T，Thisse J F. Regional specialization，urban hierarchy，and commuting costs [J]. International Economic Review，2006，47(4)：1295-1317.

[224] Takatsuka H，Zeng D Z. Industrial configuration in an economy with low transportation costs[J]. The Annals of Regional Science，2013，51(2)：593-620.

[225] Tian M，Li T，Ye X，et al. The impact of high-speed rail on service industry agglomeration in peripheral cities [J]. Transportation Research Part D：Transport and Environment，2021，93：102745.

[226] Venables A J. Productivity in cities：self-selection and sorting[J]. Journal of Economic Geography，2011，11(2)：241-251.

[227] Verstraten P，Verweij G，Zwaneveld P J. Complexities in the spatial scope of agglomeration economies[J]. Journal of Regional Science，2019，59(1)：29-55.

[228] Vickerman R W. Accessibility，attraction，and potential：a review of some concepts and their use in determining mobility[J]. Environment and Planning A，1974，6(6)：675-691.

[229] Vickerman R. High-speed rail in Europe：experience and issues for future development[J]. Journal of Transport Geography，2015，42：157-165.

[230] Vickerman，R. High-speed rail in Europe：experience and issues for future development[J]. The annals of regional science，1997，31(1)：21-38.

[231] Virmani A，Mittal S. Domestic Market Integration[R]. Indian Council for Research on International Economic Relations，New Delhi，India，2006.

[232] Wang L，Liu Y，Sun C，et al. Accessibility impact of the present and future high-speed rail network：A case study of Jiangsu Province，China[J]. Journal of Transport Geography，2016，54：161-172.

[233] Weber A. Über den Standort der Industrien. Erster Teil：Reine Theorie des Standorts[M]. Tübingen：JCB Mohr，1909.

[234] Wetwitoo J，Kato，H. High-speed rail and regional economic productivity through agglomeration and network externality：A case study of inter-regional transportation in Japan[J]. Case Studies on Transport Policy，2017，5(4)：549-559.

[235] Willigers J. Van Wee B. High-speed rail and office location choices. A stated choice experiment for the Netherlands[J]. Journal of Transport Geography，2011，19(4)：745-754.

[236] Willigers J. High-speed railway developments and corporate location decisions[J]. European Regional Science Association；ERSA：Louvain-la-Neuve，Belgium，2003.

[237] Woodcock S D. Match effects[J]. Research in Economics, 2015, 69(1): 100-121.

[238] Yang X, Lin S, Li Y, et al. Can high-speed rail reduce environmental pollution? Evidence from China [J]. Journal of Cleaner Production, 2019, 239: 118-135.

[239] Yi Y, Kim E. Spatial economic impact of road and railroad accessibility on manufacturing output: Inter-modal relationship between road and railroad[J]. Journal of Transport Geography, 2018, 66: 144-153.

[240] Yu H, Jiao J, Houston E, et al. Evaluating the relationship between rail transit and industrial agglomeration: An observation from the Dallas-fort worth region, TX[J]. Journal of Transport Geography, 2018, 67: 33-52.

[241] Zheng S, Kahn M E. China's bullet trains facilitate market integration and mitigate the cost of megacity growth [J]. Proceedings of the National Academy of Sciences, 2013, 110 (14): E1248-E1253.